宅基地资格权

理论逻辑与实现路径

张雨榴 ○ 著

zhaijidi zigequan:
lilunluoji yu shixianlujing

中国社会科学出版社

图书在版编目（CIP）数据

宅基地资格权：理论逻辑与实现路径／张雨榴著 . —北京：中国社会科学出版社，2024.6
ISBN 978-7-5227-3296-1

Ⅰ.①宅⋯ Ⅱ.①张⋯ Ⅲ.①农村住宅—住宅建设—土地使用权—中国　Ⅳ.①F321.1

中国国家版本馆 CIP 数据核字（2024）第 057753 号

出 版 人	赵剑英
责任编辑	许　琳
责任校对	苏　颖
责任印制	郝美娜

出　　版	中国社会科学出版社
社　　址	北京鼓楼西大街甲 158 号
邮　　编	100720
网　　址	http://www.csspw.cn
发 行 部	010-84083685
门 市 部	010-84029450
经　　销	新华书店及其他书店
印　　刷	北京君升印刷有限公司
装　　订	廊坊市广阳区广增装订厂
版　　次	2024 年 6 月第 1 版
印　　次	2024 年 6 月第 1 次印刷

开　　本	710×1000　1/16
印　　张	16.75
插　　页	2
字　　数	225 千字
定　　价	98.00 元

凡购买中国社会科学出版社图书，如有质量问题请与本社营销中心联系调换
电话：010-84083683
版权所有　侵权必究

前　言

改革开放以来，在经济结构转型背景下，稳定的乡村共同体与中国乡村社会伦理关系发生松动，乡村人地关系转型，宅基地闲置问题突出。这一问题的根源在于现行宅基地制度与社会发展现实需求出现不相匹配的问题。2018年中央一号文件明确要求"落实宅基地集体所有权，保障农户宅基地资格权和农民房屋财产权，适度放活宅基地和农民房屋使用权"，这标志着宅基地制度在经历了单一产权、两权分离等多次改革后进入了"三权分置"探索阶段。2023年中央一号文件进一步提出："稳慎推进农村宅基地制度改革试点，切实摸清底数，加快房地一体宅基地确权登记颁证，加强规范管理，妥善化解历史遗留问题"，在此要求探索宅基地"三权分置"有效实现形式。本书的研究起源于对北京市大兴区几个试点镇宅基地制度改革探索的调研。在调研中发现，无论是大兴区级政府部门还是试点乡镇政府，对于本轮宅基地制度改革与以往改革的认知和理解都存在疑惑，尤其是对于"三权分置"在实践中的应用比较模糊，最集中的困惑就在于"宅基地资格权"的内涵定位与实现形式。而鉴于大兴区本身较为特殊的区位特点和常住人口结构，其实践经验具有比较典型的个案特色。

宅基地"三权分置"核心在于平衡人地关系改变下宅基地的农村人口居住保障功能与土地资产化趋势之间的关系，从而协调在乡村人地关系变化的现实下宅基地制度改革"稳定"与"放活"之间的矛盾。通过充分落实农民居住保障制度，减少农民在宅基地制度改革中对于未来风险性与不确定性的担忧，凝聚农村土地制度改革共识，从而最终实现农村宅基地制度盘活。然而，相对于集体土地的所有权内涵、使用权在《物权法》中明确的用益物权塑造，"宅基地资格权"仅是政策性术语，权利性质与内容均不明朗。从权利构造来看，权利的本质是利益。而作为一项新设权利，宅基地资格权需要转化为实际的利益为权利人所获得，权利设立才具有现实意义，否则资格权乃至"三权分置"都将是纸面象征。与此同时，在已经展开的地方试点中，各个地方对于宅基地资格权的理解出现较大差异，而由于宅基地资格权的理论基础缺失，地方很难围绕"资格权"展开实践，"三权分置"改革试点面临实际困难。

　　基于宅基地制度改革的现实、困境和出路，本书希望通过对宅基地制度"三权分置"改革中最核心、最关键、争议最大的资格权议题进行深刻的讨论，为宅基地制度改革中宅基地资格权的理论完善提供一些思路。在后续的内容中，本书将竭力回答以下几个问题：（1）历史渊源问题。宅基地资格权的逻辑起点是什么，与现行宅基地制度的关系是什么？（2）法理基础问题。宅基地资格权的法律逻辑是什么，权利性质与权利的客体是什么，权利的法律边界在哪里？围绕资格权形成的"三权"关系是什么？（3）入法路径问题。宅基地资格权在实现中应遵循什么样的规则体系，权利主体是谁，权利如何使用？（4）实现形式问题。宅基地资格权如何实现，资格权对于农民有什么样的意义？（5）实践探索与理论反馈问题。在"三权分置"背景下不同宅基地制度改革实践是否存在资格权认知和运行机制的普遍性？

　　此外，本书起源于对北京市大兴区宅基地制度改革经验的调研，因此对其最先开始探索改革的两个镇的经验进行了比较细致的探查和介绍。而在调研和写作过程中，作者也发现大兴区地处高度城市化地区的边缘地带，其试点经验对于高度或中高度城市化地区（近郊区）可能存在一定的借鉴意义；然而中国还存在更广大的低度城市化区域，其经验适用性可能大打折扣。随着作者回到西部地区工作，机缘巧合之下对重庆市梁平区的宅基地制度改革进行了比较深入的了解，因而将梁平区的经验整理出来，纳入本书内容，以期作为低度城市化地区宅基地制度改革探索经验的补充。值得注意的是，鉴于中国幅员辽阔，南北纵横、东西交错，无论是大兴区的经验还是梁平区的经验，都存在适用性不足的问题。作者并不认为其经验可以作为宅基地制度改革的样本，也不赞同将任何一个案例简单地跨区域复制。本书的主要目的是探查宅基地资格权在更广阔的区域的实现形式，以期为中国农村土地制度改革提供理论支撑和经验介绍。

张雨榴

2023 年

目　　录

第一章　制度现实、困境与出路 ……………………………（1）
　第一节　宅基地制度变迁中的逻辑悖论与趋势 ……………（1）
　第二节　宅基地制度"三权分置"改革试点中的困惑与分化 ……（8）
　第三节　宅基地资格权法理基础缺失与争议 ………………（12）
　第四节　资格权的实现面临现实困境与实现路径模式的
　　　　　问题 ……………………………………………………（15）

第二章　应然的权利与法定的保护：历史逻辑 ……………（18）
　第一节　制度的发展与保障的演化 …………………………（19）
　第二节　变化中的冲突 ………………………………………（30）
　第三节　资格权设立：保障权能从应然到法定 ……………（43）

第三章　资格的权利与权利的资格：法理逻辑 ……………（51）
　第一节　资格与权利 …………………………………………（51）
　第二节　成员的权利与公民的权利 …………………………（55）
　第三节　权利的关系 …………………………………………（70）

第四章　赋权、确权与用权 …………………………………… (76)
第一节　权利实现的意义及其规则设定 ………………………… (77)
第二节　宅基地资格权的认定：赋权 …………………………… (80)
第三节　宅基地资格权的得丧原因：确权 ……………………… (95)
第四节　宅基地资格权的行使与救济：用权 …………………… (99)

第五章　权利的实现：主体、路径与未来图景 ……………… (109)
第一节　可行能力与权利实现的评价 …………………………… (110)
第二节　福利多元主义视角下的资格权实现评价模型
　　　　构建 ………………………………………………………… (113)
第三节　资格权的福利多元实现机制构建 ……………………… (138)
第四节　资格权实现的作用机理 ………………………………… (145)

第六章　案例一：北京市大兴区两镇就地置换的试点经验 ……… (151)
第一节　研究区域的特征及典型性 ……………………………… (151)
第二节　大兴区宅基地资格权内涵及权利主体认定 …………… (170)
第三节　政府主导下资格权多元实现：大兴区两镇宅基地
　　　　改革模式 …………………………………………………… (173)
第四节　对大兴区宅基地制度改革的建议 ……………………… (188)
第五节　案例小结 ………………………………………………… (190)

第七章　案例二：重庆市梁平区竹山镇有偿流转的试点经验 …… (195)
第一节　梁平区宅基地制度改革基本情况 ……………………… (195)
第二节　梁平区宅基地资格权内涵及其权利行使 ……………… (202)
第三节　社会资本介入资格权多元实现：竹山镇闲置
　　　　宅基地盘活 ………………………………………………… (206)

第四节　案例小结 …………………………………………… (213)

第八章　两个需要讨论的问题 ……………………………… (216)

参考文献 ……………………………………………………… (221)

附录1　改革开放以来中央一号文件涉及宅基地制度的文件 …… (244)

附录2　北京市大兴区宅基地制度改革相关政策 ……………… (246)

附录3　魏善庄镇三村宅基地改造的相关资料 ………………… (248)

附录4　安定镇四村宅基地改造的相关资料 …………………… (250)

附录5　重庆市梁平区闲置宅基地盘活试验改革相关资料 ……… (253)

附录6　竹山镇闲置宅基地盘活试验相关资料 ………………… (254)

后　记 ………………………………………………………… (256)

第一章

制度现实、困境与出路

第一节 宅基地制度变迁中的逻辑悖论与趋势

中华人民共和国成立以来，中国农村逐渐建立并发展起了以保障农民居住为目的的宅基地制度，也是中国农村土地制度和住房制度的重要内容。现行宅基地制度以户籍为基础，农村集体按照"一户一宅"原则，由农户申请将宅基地无偿分配给自己无期限使用。宅基地制度的设立目标决定了宅基地被印上了保障性资源的深刻烙印。尽管在人民公社建立之前，宅基地都一直归农户私有，也有一些出租、出卖的交易行为，但随着社会主义公有化改造的全面铺开，农民土地所有权被强制转移给了集体，宅基地的出租和出卖被严格禁止，其资产和资本属性几乎完全被压制。改革开放以后，这一限制在事实上有所松动但在法律上其产权流动也一直被严格禁止。随着《物权法》的颁布，国家和法律制度正式确立了农民宅基地使用权的用益物权地位。以物权为基础进行保障性资源的界定的做法，从理论上有待商榷但也能看出国家试图通过法律赋予农民具有支配性地位的宅基地使用权，从而增强农民在多个利益主体博弈过程中的议价能力，促进农民土地权益保护。但这一物权的获取却以身份为前提，其产权流动严格受限。随着市场经济的不断深入，越来越多的隐性流转发生，同时代际更迭之下宅基地产权继承也成为产权发生流动的一个重要动因。

　　工业化、城镇化进程之下，大量农村剩余劳动力转移，原来的宅基地要么闲置要么隐性流转。而农民因为离开原来的居住地，宅基地这种实物资源所能够提供的保障性功能流于形式，更多地成为了进城农民内心的归属感。尽管在经济下行时期和城乡社会保障资源尚未充分统筹时期，宅基地制度的存在起到了兜底的作用，不至于使农民流离失所，但无论从国家制度设计还是从适应时代变化和农民需求的角度，原来的宅基地制度都亟待改变。这也是自2015年起国家在全国推进并逐步扩大宅基地制度"三权分置"改革试点的重要动因。其中最大的变化就是新设"宅基地资格权"，以期可以为原本深植于宅基地制度并附着于宅基地使用权之上的住房保障功能提供权利载体，进而纯化宅基地使用权，最终达到"保障"与"放活"兼顾的制度意图。

　　在现代化社会之中，任何一种土地资源，尤其是建设用地资源，都具有资源、资产和资本属性。这是理论界的共识。但常规理论中的"资源"实际上是指向土地作为直接生产要素投入经济部门所呈现的属性。但中国农村的宅基地尽管也具备一定的生产属性，比如存放农民从事家庭农业生产中必需的一些农具，但并非理论意义上的生产资源。因此，这里的一个问题是，我们经常谈到"宅基地资源"，到底是一种生产资源，还是保障资源，却没有明确。如果是生产资源，那么宅基地的问题分属经济领域；如果是保障资源，则分属社会领域。但显然，在中国农村宅基地制度安排中，所谈的"宅基地资源"是一种保障资源。那么既然是保障资源，就涉及谁"有资格"获取的问题。因此，可以说宅基地制度无论如何改革，都绕不开"资格"或者"身份"这个最核心、最根本的议题。那么这就是在"三权分置"中需要着重讨论宅基地资格权这个话题的价值。但要说清楚宅基地资格权，必须从宅基地制度长期以来面临的现实困境说起。这种困境主要包括经济领域的产权困境和社会领域的保障困境。

一 产权制度的困境

不可否认的是，无论是私有化阶段还是"两权分离"阶段，以产权保障形成福利供给的宅基地制度，在相当长的一段时间内对保障农村居民的基本居住权利起到了积极作用。无论是在革命时期还是社会主义公有化改造时期，这种积极作用都为转型期的社会稳定性提供了基础。改革开放以来，经济结构转型，稳定的乡村共同体与中国乡村社会伦理关系发生松动，乡村人地关系转型，尽管宅基地制度依旧发挥着社会稳定器的作用，但也出现了与社会发展现实需求不相匹配的问题。随着经济社会的进一步发展，尤其是城乡联动越发频繁，宅基地所涉及产权的商品属性逐渐凸显。在这个过程中，农民逐渐从封闭孤立的乡土社会走向开放的城乡社会，财产权利意识日益提高，天然附着于宅基地之上的财产性价值逐渐显化。无论宅基地制度是否为保障而生，在已经逐渐融合的城乡社会中，限制宅基地流转都会损害农民财产权益，也造成了资源浪费。2018 年中国社会科学院的学者组织了全国大学生，针对宅基地闲置情况进行了比较全面的调研，涵盖了全国东、中、西部近 150 多个村，涉及 7.6 万多宗宅基地（龙花楼等，2019）。根据他们的调查结果，被调查的宅基地平均闲置比例达 10.7%，其中又以东部地区闲置比例最高，达 13.5%。这一情况跟本书后文所介绍的几个案例情况出现惊人的吻合。可见，无论是从个体还是总体来看，10%—13%的宅基地闲置率应当是一个比较普遍的情况。长期外出务工、城镇有住房是宅基地闲置的两大直接原因。也就是说，城镇化之下农村出现剩余劳动力转移和常住人口迁出等情况导致了宅基地被闲置。

这里出现一个问题，就是为什么农户选择闲置宅基地？是因为客观制度制约导致的无法流转还是主观上不想流转？许多学者也展开了调研和实证，得出了与一般认知不太相符的结论。多年来，我们时常讨论宅基地制度本身存在保障性与财产性冲突的问题，因为这种冲突导致制度上对宅基地流转进行了限制，而这种限制与市场需求不相符合。这是制度约束的原因。但制度约束是不是真的严重限制了宅基地利用效率，也许有，但主观因素影响程度可能超出预期。中国的农民在很长一段时间都被"捆绑"在土地上，千百年来形成的恋土情结、乡土情结还有"祖宅""老家"的认知，使得许多农民（不仅是"农一代"，还包括"农二代"）对于宅基地及农宅的归属认知十分强烈。而曾经缺衣少粮的历史记忆以及城镇社会体系对于农民的低接纳度，使得农民始终有着比较强烈的风险认知。宅基地不仅从制度上对农民居住形成了兜底性的保障，从心理上也给予着农民极大的风险安抚。这也是为什么许多学者或者政府（包括本书中所展现的几个案例）在进行宅基地退出意愿调查时，会惊讶地发现农民自愿退出宅基地的意愿并不高。

由此，一个产权制度的困境或者说逻辑悖论就形成了："两权分离"的宅基地制度试图通过给予宅基地使用权人（具有成员资格的农户）强势的物权保护，以形成对其居住的保障，但这种产权保障使得农户越发不愿意退出或流转自己的宅基地，而且激励困难。同时虽然发达的地区农民城镇化倾向越高、宅基地闲置情况也越严重，但发达地区的土地禀赋效应和农民的心理锚定效应也更显著，因而宅基地退出意愿也更低。

二 保障制度的困境

宅基地制度的初衷是为保障农民"居者有其屋"所提供的一项土地安排。这种保障不是直接提供房屋，而是"自力建房"，因此呈现公平性和基础性的特征。在农村人口鲜少向外流动的时期，宅基地制度成为农民居住保障自不用说。甚至说，这是中国共产党充分调动农民参与和实现新民主主义革命胜利的重要支撑，是立国之本。而在农村剩余劳动力大量转移的20世纪八九十年代，宅基地制度的存在宏观上兜住了剩余劳动力转移过程中的"流离失所"底线，中观上维持了乡村治理的稳定性，微观上为农民参与到城镇化、工业化、现代化进程中起到了推动作用，给予了他们"放手一搏，大不了回老家"的勇气。然而，在进入21世纪之后，改革开放浪潮之下城乡间分化、农户间分化的趋势日益明显。而"两权分离"下的宅基地制度实际是以宅基地这种实物资源作为保障物，但土地及其附着房屋在物理空间上是不可移动的，在大量农村人口向城镇季节性或长期性迁徙的时代背景下，现行宅基地制度在保障方面的充分性、公平性和有效性开始出现问题。最突出的就是充分性和公平性同时失衡。住房保障的最终实现是"房"，以地权进行保障的方式必然出现保障不充分的情况。以"地"保障居住、农民自力建房，相对贫困的农民通常难以实现充分的自我供给，因而每个农村都存在黄土房、砖木瓦房和砖混乡村小楼并存的情况。同时一些农民为了改善生计外出务工，形成异地居住需求，农村宅基地居住保障功能形同虚设的同时大量农民工在城镇的居住条件十分有限。与此同时，相对富裕的农民实际上早已融入城镇生活，实际上根本不需要农村宅基地的兜底性保障，但因为前面谈到的产权制度困境，形成宅基地闲置。宅基地制度保障农民基本居住权利的初衷不仅没有落实，反而又随着城镇化、工业化浪潮下人地关系变化加剧了乡村贫富分化，保障资源的效率性出现损失。

在土地改革阶段，国家通过在农村进行宅基地的均等分配，农民住房需求和土地需求得到极大满足，在"耕者有其田"的基础上进一步实现了"居者有其屋"。无论当前对于宅基地制度做出如何评价，但无论从政治上还是历史上，中国的宅基地制度的确真实地给予了农民莫大保障，奠定了坚实的政治和社会基础。同时宅基地制度的存在也进一步从农民个人心理、农村社会结构、农业经济结构等方面强化了乡村社会的稳定性，一定程度上防止了社会性风险的发生。这一功绩无论如何都值得肯定。然而应当认识到的是，以不可移动、不可变更、不可转移的实物土地进行保障实际上是一种特殊历史产物。一方面是农民对于土地权利的普遍均等要求，另一方面也受到当时国家财力和社会治理考量的限制和影响。在国家经济实力已经大大改善、城乡社会风貌已经大大变化、农村状况已经大大分化的现在，制度与需求出现错配是时代必然。

值得注意的是，宅基地制度保障功能错配并不意味着农民不再需要居住保障。相反，在农村剩余劳动力转移和城镇化进程中将涉及多方利益协调的问题，而农民作为利益博弈中的相对弱势群体，给予其充分保障的重要性并不低于革命时期。根据国家统计局发布的《2018年农民工监测调查报告》，2018年全国共有约2.88亿农民工，其中租房居住的占61.3%，单位或雇主提供住房的占12.9%。而根据国家统计局数据，在发生世纪疫情的第一年即2020年，全国农民工总量较2019年减少500多万，但也达到了2.86亿，随后两年有所回升，而其中41%的农民工都是跨省流动且平均年龄逐年增加。他们中的绝大多数并没有被纳入稳定的城镇社会保险之中，约有3000万户更是举家全迁，因而宅基地的兜底性、基础性保障作用在经济下行期和农民因病因老不再被城镇"需要"时，至关重要。

社会保障资源供给目的是使贫困或低收入群体能够真实地享受到保障功能，这是社会保障资源的效率问题。即是否某种社会保障资源的供给真实地改善了其目标群体的福利水平而没有加剧社会的不公平问题。但在现实中宅基地资源在提供社会保障方面的效率显然是比较低的，即不充分、错配、浪费的问题同时存在。协调乡村人地关系一直都是我国农村土地制度的核心，也是制度改革的关键动因。如何在当前城乡协调发展、乡村振兴、共同富裕等多重战略目标下，同时满足农民对于"稳定"的需求和时代对于"放活"的要求，是宅基地制度改革的核心议题。

三 资格权：破除桎梏的关键议题

从 20 世纪 80 年代开始尝试农用地制度改革，进而到 90 年代开始的农用地承包经营权流转再到 21 世纪正式的"三权分置"探索，将具有浓厚成员权意味的农村土地权利向集体以外的人流转，社会共识实际上是比较明确的。但农用地、经营性建设用地等作为一种典型的生产要素或生产资源，效率优先导向十分明显。宅基地的生产属性是比较低的，强保障性特征也是国家启动宅基地制度改革较晚的重要原因。在"三权分置"政策学习和扩散效应下，义乌较早开始了宅基地"三权分置"尝试，随后在 2018 年中央一号文件中正式提出了探索宅基地所有权、资格权、使用权"三权分置"，要求"落实宅基地集体所有权，保障农户宅基地资格权和农民房屋财产权，适度放活宅基地和农民房屋使用权"。这标志着解决宅基地制度的产权与保障双重困境问题成为一项正式的国家级议程。而宅基地制度也在经历了单一产权、两权分离等多次变化后也终于迎来了"三权分置"探索阶段。但政策文件始终不能代替法律条文，宅基地"三权分置"政策的落实必然要在现有制度资源基础上，转化为更真实有效的制度。也就是说，宅基地"三权分置"探索必须在明确所有权、资格权和使用权三者内涵和交互关系基础上，调和政策精神与法律表达，最终完成权利体系重构和权利实现。这个时候就出现一个问题，即权利转轴的问题，即在宅基地"三权"体系中哪一项权利是能够对内联系另外两项权利、对外联系农民、农村、农业乃至城乡各类要素的。这应当是宅基地制度"三权分置"改革的关键和前提所在。

制度必须对其所处的社会关系和社会发展历史做出准确反映，并反过来作用于社会结构的变化，否则这项制度就是无效的。宅基地制度是历史产物，在经历数十年的发展后已经形成了城乡社会体系、国家经济体系乃至于政治体系的有机组成部分，而在制度发展中始终不变的就是宅基地制度改革中蕴含的居住保障内容。之所以展开宅基地"三权分置"制度改革，实际上就是为了平衡乡村人地关系改变现实宅基地制度中稳定与放活的矛盾，但成功推进改革核心在于凝聚改革共识。只有从实际上增加了农民居住保障福利，宅基地制度改革才能获得农民的支持，即提高农民意愿，从而实现以农村土地制度改革引领乡村振兴的目标。但是无论是理论探讨环节还是政策实践环节，在很长一段时间似乎都过度聚焦于宅基地的财产性内涵，忽略了一味强调提高农民财产权利认知、保护农民私有财产权利可能导致宅基地分配、占有、使用和收益中出现社会性公平性问题，并且业已出现了类似土地兼并、私人会馆等情况。而由于宅基地资格权以带有身份性的"资格"为核心，以延续保障性内容为使命，可以从某种程度上缓解因过度强调宅基地财产属性进而导致资产性分化的问题，还可以成为对内连接所有权与使用权、对外连接城乡社会保障的桥梁。因此，宅基地资格权才应当是"三权分置"改革中的关键核心权利项。

第二节　宅基地制度"三权分置"改革试点中的困惑与分化

一　在困惑中摸索

2015 年，国家划定了包括北京市大兴区等在内的 33 个试点地区，根据各地实际情况，因地制宜地开展农村土地制度改革试点。随后这些地区也先后不同程度地开始了包括宅基地在内的各项农村土地制度改革。但因为政策的不明确和当地实际情况，一些试点区域在试点开始的前几年主要集中在集体经营性建设用地和土地征收制度改革上，并没有实际推进宅基地制度改革探索。2018 年中央一号文件明确提出进行宅基地"三权分置"改革试点后，地方才逐渐开始将宅基地制度改革作为试点探索的工作重点。然而宅基地"三权分置"的尝试是地方在对农用地"三权分置"进行制度学习之下由浙江省义乌市率先试行，而后上升到国家层面并通过中央政策进行了自上而下的推动。"三权分置"是否有在全国范围内进行实践可能，存在很大争议。比如，前言中谈到了本书的形成是基于作者博士阶段的调研和学位论文，事实上在博士学位论文评审阶段就有专家学者明确提出一个观点，对全文的立意进行了质疑。这位学者提道：在2018年提出宅基地制度"三权分置"改革试点后，长达两年的时间国家层面没有再强调这个概念，实际就是已经在一定程度上否定了宅基地"三权分置"的尝试。无论这位学者的观点和论据是否准确，但也从一个侧面印证了无论是政策制定还是学术讨论，宅基地制度"三权分置"改革尝试都存在诸多分歧。

如果对具体的实践探索内容进行考察会发现，由于前述资格权法理基础的缺失，各个地方资格权及其涉及的"三权"关系出现了较大分歧甚至出现截然不同的理解，以至于在实际工作中产生了较大的困惑和分化。比如安徽省旌德县和浙江省象山县，将原宅基地使用权直接分割形成了分属不同主体的"使用权"，资格权的对象是集体经济组织成员、使用权对象是集体经济组织以外的主体，分别进行用益物权的产权登记，并以此形成了集体所有权、农户资格权、社会主体使用权的权利体系结构。值得注意的是，于农户而言，这与"两权分离"下宅基地与农宅流转、抵押受限的情况并无差异，同时从物权登记的角度也没有"宅基地资格权"这一类别。但是这种明显存在瑕疵的做法，却由于资格权法理基础缺乏和法律依据缺失，可能会是最"合法"的操作方式。而除此之外的地方试点，对于宅基地资格权的探索和尝试则显得比较简单，多数地方都仅仅是对"资格"予以明确，而从其政策文件表述中可以明显感知其意图就是理清农户的"资格"，从而赋予其相应的宅基地使用权，隐含了拥有"资格"，是获得宅基地使用权的前置条件，但却少有对于

"资格权"进行的明确界定。

本书起源于对北京市大兴区宅基地制度改革试点经验的课题调查研究。尽管北京市大兴区的工作文件中对于"宅基地资格权"进行了定义，但具体的实践工作仍然表现出对于资格权的困惑和分歧。受访人员尤其是基层政府工作人员明确表达了对于"什么是资格权""资格权和原来的使用权有什么区别"等相关困惑，提出"中央文件只说保障资格权，资格权是什么我们也只能是探索，不确定"的说法。而当被问到"你们在试点中如何落实资格权？"等类似问题时，基层工作人员要么开始介绍现在宅基地占有和使用合法性判定原则，将宅基地使用权的确权颁证直接与资格权认定等同，有的则明确回答"我们目前没有专门针对资格权进行工作"。不同部门不同乡镇，对于资格权认定及其他相关工作的认知分歧也很明显。例如，在作者列席旁听的安定镇宅基地制度改革项目论证会上，镇工作人员提出希望进行资格权登记，以便开展"一户多宅"和非集体经济组织成员保有宅基地的清查工作。但大兴区不动产统一登记部门的参会代表就提出，"按照我们目前的工作指南，只可能登记宅基地使用权，不可能登记资格权"。镇工作人员对此表现出了明显的困惑和不理解，在会上直接抛出了"那试点不就是先试吗，国家都提了资格权，我们搞试点为什么不能登记资格权呢？不登记资格权，那现在这个资格权到底是什么呢"等问题。当然，在调研中发现的问题并不仅止于对"资格权"的困惑与分歧。但由于资格权在大兴区刚刚开始试点时理论和实践基础过于匮乏，基层在讨论过程中通常采取搁置再议的态度。这种情况一方面是来源于政策的超前性使得地方官员无法相对应地采取行动，另一方面也可能来源于资格权本身就存在歧义，使得地方不得不采用"留待后效"的延迟执行策略。

二 在分化中前进

自宅基地制度"三权分置"改革探索以来，各个地方或多或少都开始了宅基地资格权的探索，并逐渐摸索和明确出落实"三权分置"的路径，几乎都意识到先行确定宅基地资格权认定原则对于展开"三权分置"改革至关重要。虽然各地宅基地"三权分置"内涵有差别、实践经验各有不同，但改革中各项权利核心职能具有一致性。截止到2021年，公开资料显示33个试点中78.8%已经明确完成了宅基地所有权的确权登记工作，并且33个试点均对宅基地资格权（或宅基地获取资格）、使用权的认定原则、权利主体与登记流程的信息进行了规定。

多数试点地区首先开展的就是"房地一体"的宅基地确权工作，部分地区还专门颁发了资格权证明（或直接按照用益物权处理进行了登记），无论是否合理，也都为保障农户原有保障权利不受侵犯提供了基础。其次，通过规定宅基地有偿和无偿使用的情形、有偿退出补偿标准等，保障了本集体经济组织成员通过宅基地进行居住、收益等活动的诉求，也在逐步实现对退出宅基地家庭户的生活质量的保障的提升。

确权工作基本上都在尊重历史、承认现实的基础上展开。针对历史原因形成的超标准占用、一户多宅、非本集体经济组织成员继承等情况，大部分地区纳入了宅基地有偿使用范围，不再延续资格权中保障性内涵。但也有一些地方采用了留待后效的做法，并没有直接采用有偿使用的方式，而是在证明文件或者确权登记书上标注"非本集体经济组织成员"等字样以示区别。

关于宅基地资格权的认定原则，大部分试点地区以户籍为主要依据，以家庭户为基本单位，综合考虑多方资料进行宅基地资格权的认定。一些地区还考虑到非本村户籍人口的宅基地使用，按照在村工作时间、是否缴纳有偿使用费等标准对这类人群进行宅基地分配，在保证本村成员生产生活的同时，积极吸引外部人员流入；同时，部分试点还尝试以人为单位进行宅基地资格权认定，以解决传统家庭户分配方式带来的宅基地分配不合理问题。

第三节 宅基地资格权法理基础缺失与争议

一 资格权法理基础构建的迫切性

相对于宅基地所有权所属的集体土地所有制、使用权在《物权法》中明确的用益物权塑造，"宅基地资格权"是根据其权利特征所设定的政策性术语，权利性质与内容还没有成熟理论支持。但全国试点已经广泛展开并且已经在更大区域进行了政策扩散。改革实施的超前性与立法滞后性形成了矛盾并导致了地方试点中围绕资格权议题出现分歧。一方面是以浙江省义乌市和德清县为代表的、较早开始宅基地制度"三权分置"改革的地区，基本以成员权为权利内容，对宅基地进行了综合改革尝试。另一方面是贵州省湄潭县、安徽省旌德县、浙江省象山县等地区将宅基地资格权作为一种专属于集体经济组织成员家庭的用益物权进行登记。2021年以前，多数地区对资格权是什么或什么人有资格基本沿用原有地方宅基地管理办法中宅基地申请条件进行判定。2022年后有一些地方开始了制度完善，对宅基地资格权进行了重新界定和认定标准的设定。但无论如何尽快建立宅基地资格权的法理基础，为已经在全国开展的宅基地制度改革提供理论基础，是一个重要议题。

二 资格权内涵延展的必然性

从权利构造来看，权利的本质是利益，利益是权利的实质性要素。然而并非所有利益都可以成为一种法定权利，一般来讲只有具有抽象意义的普遍利益才能够受到法律保护。宅基地"三权分置"改革中明确提出"资格权"概念并与已经具有事实和形式法律地位的所有权、使用权并列，显然是试图将隐含在宅基地制度之中、专属于农户的某种应有利益通过权利法定化路径予以确认和保护。但从文义上看，"资格"一词是指从事某种活动或采取某种行为应具备的条件、地位和身份。无论是国家法律还是地方现行法律法规，农民依据其成员身份向集体提出申请、由集体确认上报政府审批宅基地的流程和具体内容已经十分成熟，并不需要特别试点。如果将资格权限定在申请分配、占有和使用宅基地资源这一活动之上，宅基地制度改革不过就是多了一层确权工作而已。这也是一些学者对"资格权"设立的法理基础提出异议的原因，即仅从现行宅基地制度来看资格权只能对应"获得利益的资格"而无法对应"利益"。同时，在城乡融合的大背景下，农户宅基地资格权的保障意涵与农户作为普通公民所同等享有的社会权利有什么关系，是宅基地制度"三权分置"改革需要重点厘清的问题。宅基地资格权如果还仅限于集体或村庄内部，那么农村剩余劳动力转移过程中，这一权利是否流动、应当如何流动？这是一个非常关键的问题，直接涉及农民是否可以或者应该享有双重保障的讨论，这一讨论与社会公平性紧密联系。与此同时，如果宅基地资格权仅限于农村集体内部，实际上宅基地制度改革仍旧无法逃离固有的有效性、公平性等困境。

三 资格权制度化中的社会利益协调的问题

权利的形式无外乎三大类。一是应然权利，也就是在一定的社会制度之下人们作为公民或居民所自然享有的权利。二是法定权利，当应然权利被广泛地要求并被国家机器认为应当予以保护时（无论出于何种目的），就会通过一定的程序将这一权利通过法律形式进行确认和规范，进而以这个权利为媒介对其涉及的多主体利益诉求予以协调。三是现实权利，就是权利对应的内容或利益被权利人实际获得。现实权利并不以法定权利为必然前提，应然权利也可以直接转化为现实权利，但法定权利的设定必然以向现实权利转化为目标，否则这个权利就只具有象征意义，没有被法定化的必要。

宅基地资格权：理论逻辑与实现路径

资格权的现实悖论，就在于权利的实现没有以权利法定为前提，是应然权利直接向现实权利的转化。事实上，农民的居住保障权利一直作为一种应然权利隐含于宅基地制度之中。从"居者有其屋"的土地改革，到集体所有制建立后中央多次发文强调地方对于农民宅基地不能"想调剂就调剂、想收回就收回"，再到宅基地使用权在取得环节的身份性、使用环节的无偿性与无期限性，都体现了宅基地制度就是农民居住权益从应然转向实化的桥梁。然而，这并不意味着农民在其中获得了与其特殊的宪法地位和实际的弱势地位匹配的、实足的居住保障福利。由于法定权利的缺失，农民居住保障权利的实现很大程度依赖于政府的责任感和道德感，而非基于"权利保障"的路径。长期以来法律只保护宅基地使用权设立后农民的土地权益，只协调因宅基地使用权纠纷出现的利益冲突。使用权也正因为如此，农民在退出宅基地（实际上是退出宅基地使用权）时必然面临相当程度的风险和不确定性，这直接影响了农民宅基地退出和流转意愿。而在使用权设立以前，如果农民应然利益受到侵害时，农民无法采取权利救济措施。因此，宅基地资格权的设立可能意味着农民居住保障福利不再仅是一种应然的、潜在的利益，而将成为一种被法律保护的正式的、显化的利益。

权利的本质是利益，基于利益的诉求人们产生了利益关系。有利益关系就会有利益冲突，也就有了利益协调的必要性。权利的实现意味着利益的获得，也会伴随着利益的冲突。这就涉及宅基地资格权实现规则的构建。权利的实现前提是社会对于权利所对应的利益内容和适格主体给予广泛认可，因而制度必须设定相应的实现规则从而界定哪一些主体可以主张该种利益。在此基础上主体需要有相当程度的自由度去提出其利益主张。因此制度还需要在所有符合条件的主体之间、这些主体与其他主体之间划定合理的边界。

宅基地资格权设立意味着法律对于其潜在权利主体相应的居住福利

给予了确认。但资格权所对应的利益必然存在限度和边界,利益过低无法实现保障的目的,利益过高不符合保障的本质,还会侵犯其他主体的权益。而当权利主体基于自由意志提出利益主张时,又会涉及集体成员之间、成员与集体之间的利益冲突与协调。从人的自利性角度出发,人们总是会倾向于获得尽可能多的利益,一套可行的、相对完整的主体认定、权利确认、行使规则、救济方式等内容构成的制度体系是权利真正有效实现的保障。在这套体系之下,权利人应有的利益得到保护,过度的利益主张被严格限制。

第四节 资格权的实现面临现实困境与实现路径模式的问题

一 资格权实现的现实困境

资格权作为一项新设权利,需要在当前社会关系和社会结构中得到实现,但资格权在现行制度体系之下,要想得到充分实现需要解决一系列的问题。首先在宅基地分配"一次性"要求之下,资格权实际上存在虚置风险。现行法律法规对宅基地分配设定了"一次性"的刚性约束,即一旦获得宅基地使用权后如果出租、出卖宅基地使用权,不能再次申请。根据全国第三次农业普查公布数据,全国99.5%的农户都至少拥有一处住房,其中必然包含农村宅基地。此时新设宅基地资格权,那么农户实际上不存在行使资格权的需要。这就引发了第二个层次的问题,宅基地资格权的实现在现行制度体系之下可能存在路径固化的问题。也就是说,农户只能通过申请宅基地来实现资格权,但这显然不符合乡村人地关系松动的现实。如果延续现行制度,宅基地资格权行使过程中权利主体如果无法选择,权能必然固化。这实际上折射出一个更深层次的困境,就是当前宅基地制度改革实际上面临着严重的路径依赖乃至路径锁闭的窘境。长年以来的宅基地制度改革总是希望在集体经济组织所及的物理空间范围之内进行改革。但集体经济组织实力有限这是不争的事实。无论如何进行乡村振兴，集体经济的特殊性导致其在市场经济环境下很难广泛地具备竞争力，又不具备调动更广泛资源的能力和权利。可由于集体经济组织的存在，政府在相关供给和保障环节仅仅是项目式参与，没有也难以真正融入集体经济内部的常态化管理之中。这一问题不仅在宅基地制度中体现，也是乡村治理的固有难题。因此，在拓展资格权内涵基础上，协同构建资格权的多元实现路径和框架体系应当是农村宅基地制度改革的重要内容。

二 资格权实现中的路径构建与作用机理

从社会保障角度来看，农村宅基地制度几乎就是农村住房保障制度的全部。如果对农村宅基地制度进行改革，已经在20世纪90年代城市住房改革中出现（或者从未解决只是不再关注）的现象是否会在农村出现。这可能是许多人关心的问题。原来的单位福利分房在实行房改之后被确认至个人名下，经过一定年限之后，权利人就可以将房屋在市场上出卖。但因为数十年间房价大幅增长，当年在城市获得了产权房的人突然之间出现财富增长。农村宅基地制度改革是否要延续这种路径，又或者说是否具备延续这种路径的可能，值得商榷。根据中央2019年文件的措辞"稳慎推进宅基地制度改革"，可以看出国家层面应当是不希望宅基地制度改革中出现爆发性资产增值的情况，也不希望宅基地出现过度市场化的现象甚至侵蚀和破坏宅基地制度的保障功能。那么这个时候，宅基地资格权的实现路径构建，显得格外重要。

前面已经多次说到，集体能力不足和自力建房的模式从根本上导致了保障不均等和不充分，贫困和劳动能力低下的农民住房福利改善十分困难。而类似于以前的新农村建设、合村并居等政府以项目为路径强势介入的情况，在一定程度上的确可以改善居住福利，但这种方式很难调和农户业已分化的居住需求和偏好，还在更大范围中加剧了不平衡与不充分的问题，将农民住房保障彻底变为"政府恩赐"。同时，宅基地"三权分置"的核心在于通过分离现行宅基地制度中保障性特征和财产性特征，通过允许纯化后的使用权进行适度流转从而激发宅基地的资产属性并增加农民资产性收入。然而从宅基地制度的历史演变和其他农村实物涉及多主体利益博弈的经验中可以探知，农民利益的最终获得很大程度上取决于其他利益主体的主张。因此，如何在不同情景下通过保障和实现农户宅基地资格权进而提升农民居住福利效用，是资格权所对应的法定利益和自由能否真正被权利主体获得的重要构成，也是农村宅基地制度改革是否可以实现"稳定"目标的考察依据。

第二章

应然的权利与法定的保护：历史逻辑

每当谈论到与中国农村土地制度相关的议题，总会绕不开土地革命、土地改革、社会主义公有化改造、家庭联产承包责任制等名词。这些名词及其所代表的历史时期和历史事件，但凡对新中国或中国共产党有基本了解，即便是完全不涉猎土地或土地制度学科的人，恐怕也能说出一二。可见农村土地制度对于中国社会的重要性。但一个关键议题是：到底是谁塑造了这些制度？又或者这些制度在多大程度上塑造了中国农村社会？从法度与社会的关系来看，社会是人类交互活动的产物而不是以法律为基础的，相反法律应当以社会为基础，法律应该是"社会共同的、由一定物质生产方式所产生的利益和需要的表现"（马克思恩格斯，1961）。也就是说法律制度应当由"社会"所塑造，而不由单个人或单个群体的意志所决定。而由于社会是变化的，所以法律制度也应当随着社会变化而变化。因此，任何一项权利都无法被凭空捏造，其形成必然有其深刻的社会源泉和历史渊源。正如法社会学的奠基人埃利希（Eugen Ehrlich，奥地利）曾提出的那样，法律发展应当围绕社会本身及其变迁历程，社会秩序的演化形成了国家法律，形成"活的"法律制度（尤金·埃利希，2009年）。而博登海默（Edgar Bodenheimer，美国）则进一步提出社会秩序起源于习惯，每个社会都有一套传统和习惯，每个社会通过不断地使用这些传统和习惯，使其逐渐变成这个社会的规则（博登海默，1999）。也就是说，社会性习惯将形成社会秩序，而社会秩序的不断演化必然产生某项法律原则甚至法典；而法律制度的确定又会反过来塑造社会秩序并逐渐影响社会中的人的习惯。而一个社会的法律就是这个社会中普遍存在的民族特性和社会关系的特殊产物，同时具有历史性和时代性，而不是一套绝对的、固定的客观理性规则。

在具有浓厚农耕文明色彩的中国农村，宅基地制度的形成与发展来源于实践问题引发的诱致性制度变迁，中国共产党以及国家基于不同历史时期的政治和经济目的，从制度和政策的层面给予了引导、支持和确认。宅基地资格权虽然是一项新设权力，但仍然具有深刻的社会历史根源。在中央1号文件和大多数的研究中，"资格权"都与"保障"紧密联系。因此，对宅基地制度演化历程进行研究，尤其是对其"保障"与"稳定"等内容变化和发展过程进行深刻透析，是我们讨论宅基地资格权理论逻辑和制度路径的基础。本章将首先从保障功能的角度对宅基地制度发展历程进行梳理，然后结合乡村人地关系变化的社会现实，对宅基地制度的核心特征及其存在的固有问题进行分析，从而明晰宅基地资格权的逻辑起点，探析宅基地资格权的历史逻辑。

第一节 制度的发展与保障的演化

一 农民所有，自由流转时期（1949—1961）：保障功能的初立

（一）演变历程

正如费孝通先生描述的一样，农村的宅地和田地是私有财产，房契、地契是房屋和土地所有权凭证，可以转让、租赁甚至抵押，具有完整的占有、使用、收益和处置物权权能体系（费孝通，2001）。中华人民共和国成立以前的农村房屋及土地基本上延续了清朝以来的私有制度，农村房屋完全属于私有财产。但在封建土地所有制之下，无论是田地还是

宅地，地主和豪绅对于农村土地的占有都处在绝对优势地位。而孙中山在三民主义中首次提出了"耕者有其田，居者有其屋"的倡议。

1949年，中国人民政治协商会议第一届全体会议召开，通过了具有临时宪法性质的《中国人民政治协商会议共同纲领》，明确提出要保护农民经济利益和私有财产，其中规定"有步骤地将封建半封建的土地所有制改变为农民的土地所有制""凡已实行土地改革的地区，必须保护农民已得土地的所有权，凡尚未实行土地改革的地区，必须发动农民群众，建立农民团体，经过清除土匪恶霸、减租减息和分配土地等项步骤"。尽管没有明确提出"居者有其屋"的口号，但仍然对于地主的宅地予以没收并进行分配。1950年6月中央人民政府委员会第八次会议通过了《中华人民共和国土地改革法》，明确提出要废除地主阶级封建剥削的土地所有制，"实行农民的土地所有制"，并且通过"没收地主的土地、耕畜、农具、多余的粮食及其在农村中多余的房屋""所有没收和征收得来的土地和其他生产资料……统一地、公平合理地分配给无地少地及缺乏其他生产资料的贫苦农民所有""在原耕基础上分配土地时，原耕农民自有的土地不得抽出分配"等具体条款的规定，明确了"土地改革完成后，由人民政府发给土地所有证，并承认一切土地所有者自由经营，买卖及出租其土地的权利。"《土地改革法》从法律上明确了包括宅基地在内的农村土地为农民私有财产，且具备占有、使用、自由经营收益和处置的完整所有权的权能。1950—1951年间，全国范围内的农户几乎都领取了以户为单位发放的土地房产所有证，其中就包括了农民居住所用的宅基地，至1952年土地改革基本完成。

为了提高农业生产效率，20世纪50年代初期全国逐步开始开展农业合作化运动，全国纷纷建立了农业生产合作社。初级社阶段农用地仍然属于私有但需要"联合使用"，但随着高级社的建立，农用地被视为农村最为重要的生产资料收归集体所有，土地分红取消，形成了农村土地集体所有制度雏形。值得注意的是，宅基地在当时并未被作为一种生产资料而是被视为农民的生活资料，因而不属于必须入社的土地。结社后成员仍然保有其宅基地和农宅的所有权。《关于人民公社若干问题的决议》中就明确提出"住宅是农民的生活资料，应永远归社员所有"。早期的合作化运动和人民公社运动都没有触及农民基于宅地和农宅的权益格局，直到1962年党的八届十中全会召开后，宅基地才正式收为集体所有，农村土地私有制也到此结束。

(二) 权能特征：保障功能的初立

自1949年开始在全国范围内展开土地改革到1952年，中国农村通过一系列手段逐渐建立了宅基地农民私有制。到1962年都一直保持和延续着宅基地农民私有制。农民的宅基地权能是完整的，可以对宅基地进行转让、抵押和出租。宅基地的分配以农民个人为对象，进行平均、无偿分配，即使是地主阶级也能保有一处用于居住的宅地和住宅。各个中央文件和法律文件提及宅基地时都以"生活资料"作为定性，说明宅基地制度设计的初衷是保障农民（包括经过改造后被确认为农民的原封建地主）的居住权利。中华人民共和国成立初期这种宅基地单一产权体系制度实际上是在以土地改革为基础、以自耕农为特征的农村土地私有化制度下，将宅基地这一农民重要生活保障在这个阶段确定为归农民所有，使其可以自由流转，使用权和所有权相统一（严金明等，2019）。需要特别说明的是，与1949年中华人民共和国成立以前的封建土地私有制不同，中华人民共和国成立初期形成的宅基地私有制是以维护农民阶级权益为目的，不是传统封建社会土地私有制度的简单延续。事实上，这种宅地私有制是新民主主义时期根据地或解放区农民土地诉求的延续，中国共产党只是对这种诉求给予了回应和制度确认，并非由党凭空创造。中华人民共和国成立以后这种土地制度自然而然地在全国范围内推行，并最终塑造形成了50年代特有的农民宅基地私有制。在随后的农业生产合作化运动和人民公社早期，宅基地一直都与农宅一起保持着私有制，但逐渐权能受到抑制，从一开始的自由支配逐渐被限制交易。限制的主要原因是在土地改革完成后不久，农村依然出现了类似土地兼并的情况，为了防止出现流离失所的局面，交易逐渐被限制起来。

二 集体所有，地随房走时期（1962—1981）：保障功能的强化

（一）演变历程

1962年，党的八届十中全会通过《农村人民公社工作条例修正草案》，正式明确了生产队范围内包括宅基地在内的全部土地均归生产队所有，并且禁止了农户私下对宅基地进行出租和买卖。这标志着在农用地、自留地、自留山等农村生产性土地的归属及使用权利经历了反复变化并最终收归公有之后，宅基地也被收归集体所有，农村集体土地所有制全面建立。但在实践中出现了宅基地公有制与房屋私有制之间的冲突问题，一些基层开始扩大宅基地公有化的影响，出现了侵犯农民居住权益的事件。1963年，中共中央下发《中共中央关于各地对社员宅基地问题作一些补充规定的通知》，强调生产队拥有宅基地的所有权并在文件中首次使用了"宅基地使用权"这个概念。这个通知禁止了各地对于农民无偿占有和使用宅基地的侵犯行为，明确了宅基地使用权主体是农民，并形成了农民长期无偿按面积使用、"一户一宅"以及"地随房走"的中国农村宅基地制度基本框架。除原宅基地所有权转为使用权以外，新增宅基地使用需求依照集体成员经过申请和"一户一宅"的原则分配宅基地资源，生产队作为集体土地的基础所有者被要求对社员的宅基地使用权予以充分保护，"不能想收就收、想调剂就调剂"。但是宅基地使用权并没有以法律文书或土地证的形式予以确认，并且宅基地不能买卖和出租。但国家允许了农宅归成员个人所有，并提出如果农户之间进行农宅买卖或出租，则宅基地使用权与房屋所有权一起归新房主享有。也就是说，

宅基地不能被单独买卖和出租，如果农宅出现交易或流转，则"地随房走"。直至1975年《宪法》修订，确认了"三级所有，队为基础"的经济体制，宅基地归生产队（集体）所有的法律制度在宪法中被明确下来。

（二）权能特征：身份限制与保障功能强化

这一时期是宅基地制度演化的第一次重大变革，即宅基地从私有制转为公有制、从单一产权开始向"两权分离"过渡。宅基地集体所有制的建立也标志着新中国农村集体土地所有制度的完全确立，城乡二元制的社会主义土地公有制形成。在政社合一的人民公社体制之下，"三级所有、队为基础"的形式使得生产队成为基础的集体所有者，宅基地的占有、使用局限在队社内部。这一时期的宅基地制度中明确了集体成员是宅基地的唯一使用主体，可以获得长期、无偿的宅基地使用权。同时，为了稳定所有权转移过程中可能出现的风险，尽管没有立法但以中央文件和领导人批示的方式给了宅基地使用权比较充分的政策保护，"基本居住保障"是设立农民宅基地使用权利的核心。尽管宅基地使用权可随农宅所有权转让一并转移，但在具体规定中却又明确了对于转移对象身份的限定，宅基地分配与流转就被限定在了公社内部，即只有本合作社成员才能获得宅基地使用权。但同时国家又通过"一户一宅"的规定使得宅基地和农宅在队社内部也难以交易，进一步强化了宅基地作为保障资源的不可流通性。虽然"地随房走"的制度安排实际为未来宅基地使用权的排他性和竞争性奠定了基础，但在计划经济体制之下，宅基地使用权的财产属性被隐藏起来。

三 主体扩展，流转放开时期（1982—1997）：保障功能的弱化

（一）演变历程

改革开放以后，农村开始实行家庭联产承包责任制，人民公社走向

了历史终点,"公社、大队、生产队"三级体制被"乡、村、组"所取代,宅基地制度涉及的权利体系开始发生转变。农村集体经济组织逐渐取代原来的队和社,成为了包括宅基地在内的农村土地的集体所有权代表。1982年的《中华人民共和国宪法》从法律制度层面明确了农村土地的农民集体所有制。随后颁布的《村镇建房用地管理条例》和1985年《村镇建设管理暂行规定》先后进一步规范了权利取得流程、取得后的房屋建设程序,尤其是强调了宅基地使用权获得是"一次性"的,即如果具有集体经济组织成员资格的农户在向集体提出申请并获得宅基地、自建房屋后再出卖、出租的,不得再申请使用宅基地。这一时期明确了成员家庭可使用的宅基地面积是额定的,具体限额由各省级政府根据当地实际情况进行确定,县级政府可以根据实际人均耕地、家庭副业、民族习俗、计划生育等在限额标准内再进行宅基地标准面积细化。1986年《中华人民共和国土地管理法》颁布,宅基地获得流程、"一次性"规定、限额设定等规定在法律层面被固化和明确。值得注意的是,1986年《土地管理法》将宅基地的使用权主体扩展至集体成员以外,规定城镇非农业户口居民建住宅,经县政府批准后,可以对包括宅基地在内的集体土地实行有偿使用。这一规定是市场经济探索中的一次尝试,但是也造成了90年代集体宅基地资源的流失和一定程度的滥用,随后在1992年国家相关部委发文禁止了宅基地向集体外部主体流转的行为,并在随后的《土地管理法》修订中给予了明确。

(二)权能特征:流转放开与保障功能的弱化

随着改革开放的到来,人民公社体系逐渐弱化并最终退出了历史舞台,"农民集体"取代"生产队"成为了农村土地所有权主体。面积限定、取得的一次性等规定充分体现了宅基地制度中基础性、公平性的保障特征。但与此同时,在市场经济的探索过程中,集体土地使用权出现了短暂的向集体外主体开放的阶段,满足一定条件的城镇居民或企业经审批可以有偿使用农村宅基地。尽管没有被正式法律条款所确认,但"有偿使用"标志着宅基地使用权的物权属性逐渐成为一种社会共识。由于改革开放,宅基地使用权的权能需求从简单的占有和使用,开始出现收益甚至是处置需求。

在这样的历史演化下,宅基地制度中保障性与财产性并存的特征被集中和突出地表现出来。改革开放初期的政策以追求经济发展和结构转型的效率与速度为主要目标,宅基地保障性功能在效率至上的价值导向冲击之下被弱化。而由于人民公社解散后,过去由集体统一组织生产和生活的方式也随之消失,"集体"被概念化,农村土地所有权主体出现虚置趋势,集体土地的管制力放松。在城市化、工业化的强大虹吸作用下,导致包括耕地、宅基地在内的农村集体土地流失,取得的一次性、"一户一宅"、"面积限定"等规定并没有被有效地执行,仍然出现了大量"一户多宅"和超面积使用的情况。在这种情况下,国家公权力再一次强势介入了宅基地制度及相关权利管理体系之中,从禁止向城镇居民流转发展到全面流转限制,越发严格地对宅基地流转进行了限制的给予了。宅基地的财产权能在这一时期经历了从开始显化到释放再到收缩的过程,其保障权能强度虽在后来得到一定程度加强,但总体呈现弱化趋势。

四 主体限制,登记管理时期(1998—2012):保障功能的错配

(一)演变历程

由于在改革开放初期过于超前的市场化尝试,城镇居民涌入农村通过申请宅基地修建住房,造成权力寻租、集体土地权益被侵蚀、耕地流失、环境破坏等一系列问题,1998年《土地管理法》修订,不再允许城镇居民取得宅基地使用权,将宅基地使用权限制在了集体成员内部并将"一户一宅"首次以法律条款固定下来。1999年国务院印发的《关于加

强土地转让管理严禁炒卖土地的通知》明确禁止了城镇居民购买农民住宅或占用农村集体土地修建城镇居民住宅的情形。2004年《土地管理法》再次修订，延续和强化了宅基地使用权取得的"一次性"，提出如果农村村民在初次取得宅基地使用权后出卖、出租其农宅，则不可再申请宅基地使用权。2007年《物权法》颁布实施，宅基地制度迎来了新的时期，即物权化时期。但尽管《物权法》确立了宅基地使用权用益物权地位，却仅明确赋予占有和使用权能，收益和处置权能选择了模糊处理。2008年原建设部颁布了《房屋登记办法》则进一步将农村住房所有权限制在了本集体内部，提出如果农村住房交易中所有权受让人为非本农村集体经济组织成员，则不予办理登记。

（二）权能特征：限制流转与保障功能的错配

这一时期延续了集体所有、农户使用的"两权分离"体系，但随着市场经济探索和农村剩余劳动力转移的不断加深，制度性问题进一步加深，国家从法律和政策层面给予了一定关注，但效果甚微。首先是主体更加虚置。虽然改革开放初期在"集体"取代队社的过程中，出现了所有权主体概念化的情况，但由于村民之间的联系仍然紧密、户籍管理尚十分严格，乡村熟人社会的治理作用仍然明显，村民们的集体认同感仍然强烈。而随着城镇化、工业化速度不断加快，农村剩余劳动力转移速度和程度越发加深，同时随着时间推移又出现了代际更迭，"农二代""农三代"对乡村和集体的认同感不断降低。因而宅基地的集体所有权主体不仅从概念上被虚化，在事实上也越发虚化。尽管《物权法》等法律法规试图对集体作出界定，但是并没有事实上明确"集体"所对应的具体主体，仅以"农民集体"代指。主体的虚化直接导致权利行使的虚化，除了保有一定的处分权能（宅基地分配）之外，流转的限制使得集体无法基于宅基地获益，也不能自由处分宅基地。甚至于这一时期的土地征收补偿内容都仅根据土地利用现状进行收益补偿，没有对"土地所有权"本身进行补偿。

其次,虽然宅基地使用权的用益物权地位被明确下来,对于保护农民土地权益具有一定积极作用(总比没有好),但又纠结于延续宅基地的保障功能,限制了用益物权收益和处分权能。在这样的状况下,一些政策规定甚至出现了自相矛盾的情况。例如,宅基地使用权不能向包括本集体成员在内的任何人转让,但农村住房却可以在本集体成员内部转让并登记,为宅基地"一户多宅"创造了制度空间。总体而言,基于对改革开放初期集体土地流转乱象的反思,这一时期宅基地制度安排相对保守,体现出强烈的保障功能意味。因此这一时期宅基地成为一种社会保障物品,具有专属性、非收益性特征。然而在快速城镇化的过程中,这种制度安排却没有起到其被期望起到的作用。尤其是在经济较发达的城市的郊区,农民对包括宅基地在内的土地权利财产认知不断觉醒,出现了大量的隐形流转,而宅基地居住功能和生活生产功能随着农村剩余劳动力转移也逐渐减弱,无法充分发挥其应有作用,反而还陷入了我们在前面描述的困境之中。

五 权能分离,权利重构时期(2013年至今):保障功能的重置

(一)演变历程

党的十八大以来中央一号文件对宅基地改革越来越关注,明确改革和完善农村宅基地制度,依法保障农户宅基地使用权,尤其是维护进城落户农民宅基地使用权,要求稳慎推进农村宅基地制度改革。2014年12月2日,《关于农村土地征收、集体经营性建设用地入市、宅基地制度改革试点工作的意见》在中央全面深化改革领导小组第七次会议上通过审议,并在2015年1月由中共中央办公厅和国务院办公厅联合印发。在这个文件中,国家明确提出了要改革和完善宅基地制度,明确宅基地改革的出发点是解决宅基地取得困难、利用粗放和退出困难等问题,因地制

宜的探索农民住房保障的多种实现形式，并首次提出"户有所居"理念，重新强调"有偿使用"以应对"一户多宅"的现实。2015年2月27日，第十二届全国人大常委会第十三次会议审议了国务院关于提请审议《关于授权国务院在北京市大兴区等33个试点县（市、区）行政区域暂时调整实施有关法律规定的决定（草案）》的议案，允许北京市大兴区、天津市蓟县等33个试点县级行政区域暂时调整实施土地管理法等关于集体建设用地使用权不得出让等规定，允许对宅基地实行自愿有偿的退出、转让机制。2017年11月4日，第十二届全国人大常委会第三十次会议通过决定，北京市大兴区等33个农村土地制度改革试点单位，农村土地征收、集体经营性建设用地入市、宅基地管理制度改革试点期限延长一年至2018年12月31日。2018年，中央一号文件明确提出探索宅基地"三权分置"，要求"落实宅基地集体所有权，保障宅基地农户资格权和农民房屋财产权，适度放活宅基地和农民房屋使用权"，并专门提出要"严格禁止下乡利用农村宅基地建设别墅大院和私人会馆"。宅基地产权体系从"两权分离"进入"三权分置"阶段。2018年12月29日，第十三届全国人民代表大会常务委员会第七次会议决定，将《全国人民代表大会常务委员会关于授权国务院在北京市大兴区等三十三个试点县（市、区）行政区域暂时调整实施有关法律规定的决定》规定的调整实施有关法律规定的期限再一次延长一年至2019年底。2019年《土地管理法》修订案发布，宅基地方面有三大变化：一是在"一户一宅"基础上增加宅基地"户有所居"的规定；二是重新明确宅基地的"有偿使用"原则，并鼓励进城落户的农村村民"自愿有偿退出"；三是下放宅基地审批权限，由原来的镇审核、县审批调整为镇审批。此外，新《土地管理法》明确了农业农村主管部门负责全国农村宅基地改革和管理有关工作。2019年9月20日，中央农村工作领导小组办公室、农业农村部发布《关于进一步加强农村宅基地管理的通知》，依法落实基层政府属地责任,严格落实"一户一宅"等。2019年9月30日,农业农村部发布《关于积极稳妥开展农村闲置宅基地和闲置住宅盘活利用工作的通知》强调坚决守住法律和政策底线,不得违法违规买卖或变相买卖宅基地,严格禁止下乡利用农村宅基地建设别墅大院和私人会馆。在国家制度改革政策推动下,多地开展了宅基地制度改革试点,各有侧重,共同点在于所有权的实化。一是试点中多明确所有权主体为"集体经济组织",包括北京市大兴区、浙江省德清县、安徽省金寨县等,都在试点改革中清晰确认以集体经济组织为所有权主体。二是逐步开始探索使用权流转中集体与农民利益分配机制。

(二)权能特征:权能分离与保障功能的回归

从政策文件的措辞不难看出,始于党的十八大以后的最新一轮宅基地制度改革,一开始是试图在延续"两权分离"体系基础上通过提倡"户有所居"和"有偿使用"来分别实现强化宅基地居住保障和使用放活的意图。但随着改革的深入,地方试点通过"三权分置"的尝试将保障功能和财产功能分离实现了原有的保障与放活并重的意图。"三权分置"随即成为了宅基地制度改革的主线。然而由于改革伊始,"三权分置"具体权利内涵、权利关系和权能都尚不明朗,仍处在探索和研究阶段,各地试点实践中的做法也各有侧重。值得注意的是,2019年新修订的《土地管理法》并未对宅基地"三权分置"予以明确认可,随后的一段时间,也没有再明确提及这一概念。但在2020年之后国家层面又再一次通过中央1号文件的形式明确要探索"三权"的有效实现形式。这可能意味着国家从制度发展方向上基本认可了"三权分置",但目前地方试点经验并未形成国家认可的可推广实践经验。

表 2-1　　　　　宅基地制度变迁中的保障权能变化历程

时期	制度阶段	保障功能状态	变化驱动背景	保障权利特点
1949—1961 年	农民私有自由流转	初立	中华人民共和国成立土地改革	权利合一
1962—1981 年	集体公有地随房走	强化	集体土地公有制建立使用权设立	保障性的使用权利与财产性所有权分离
1982—1997 年	主体扩展流转放开	弱化	市场机制初立政策放开	权利财产功能显现保障功能成为附属
1998—2012 年	主体限制登记管理	错配	人地关系变化财产需求显化	保障功能与权利载体不兼容
2013 年至今	权能分离权利重构	重置	城乡融合深化改革	保障权利单设与内涵延展

第二节　变化中的冲突

一　集体对宅基地资源的整合

中华人民共和国通过土地改革在农村建立了宅基地农民私有制，农民居住权利得到前所未有的强化。20 世纪 60 年代随着社会主义公有化改造的时代浪潮，农村宅基地集体所有制建立，农民可以依法无偿、长期使用宅基地，宅基地的使用价值都为农民所有并受到了国家政策保护，"地随房走""一户一宅"等制度框架初步形成。由于人民公社化运动的普遍性和彻底性，除极少数特殊地区外，全国农民基本全部入社，成为了集体的一分子。集体和成员之间形成一种互相依附的关系，全部的成员组成"集体"，"集体"是成员的集体。改革开放后人民公社体制被改革为乡、村、组体制，而集体成员也就相应地变为村民小组、村、乡各自范围内的农村居民，依户籍确定集体成员的资格（韩松，2005）。在改革开放后，人民公社瓦解，"三级所有"的体系由乡、村、组取代，集体成为一个相对抽象的概念，无法作为一个具有行为能力的主体行使其所有权，因此需要设置一个代理机构来代为行使集体的权利。现行法律则明确由集体经济组织、村民小组或村民委员会以集体组织的身份，代表集体行使所有权。

生产力水平决定生产关系和生产方式，进而影响生活方式。长期以来精耕细作的小农经济农业生产使得中国乡村形成了劳作、居住一体化的生活生产方式，宅基地是农民的居住场所但也承担着一定生产功能。土地改革激发了农民的积极性，破除了封建土地所有制，但并没有从根本上提升农业生产力，农业生产向合作化经营发展、农地产权向集体归集固然有顶层设计的推动，但也是一种历史必然，而与农地紧密联系的宅基地所有权向集体转移，从根本上来说也是由农业生产力发展水平所决定的。在农村集体所有权形成过程中，中国农村社会也围绕着土地集体所有权的产生与农户使用权的分离形成了特有的成员与集体、人与地权关系，进而重新塑造了乡村面貌。而随着改革开放以后农村农业的现代化发展，农业生产力较农村土地集体所有制度建立之初已有了长足发展，乡村人地关系也已有了深刻变化。尽管就宅基地而言，集体所有制自形成以来，经过数十年的发展和改革并未发生根本性的变化，始终呈现出极强的路径依赖乃至路径锁闭特征。但集体所有制的形成却事实上形成了对于农村宅基地资源的深度整合。集体（尽管存在虚化情况）基于所有权，在宅基地事务之上拥有决策权和分配权，并以集体自治程序为路径围绕宅基地涉及的农民居住、生活、邻里关系乃至生产都形成极强的影响力。

与此同时，在宅基地集体所有制及其保障属性所形成的框架下，宅基地在集体范围内成为一种准公共物品。尽管具体的宅基地宗地具有极强的排他性和竞争性，但是由于分配的均等性，从集体宅基地资源来看是有限竞争和非排他的。集体组织作为所有权主体代表从社会公共性出发，对宅基地资源进行合理规划、管理、资源配置和使用监督。作为一种公权力，宅基地集体所有权渗透进入宅基地权利体系之中，控制各主体对宅基地的占有、使用、收益和处分等行为。在宅基地所有权的"母权"与"公权"两种属性的共同作用下,集体最终实现了对乡村宅基地资源的整合。然而宅基地集体所有权制度的建立就是公权替代私权,同时高强度的耕地保护要求之下乡村内部治权也被削弱,而国家管制权力成为"产权"与"治权"的替代不断增强,最终导致管制无效和产权无效(刘守英等,2019)。公权的首要目的是维护社会公平性,因此宅基地制度从建立到发展基本以保障作为制度核心并且弱化了具有明显私权属性的财产性权益。事实上,集体土地所有权制度的建立不是源自权利主体的自主理性选择,而是在国家公权力介入之下发生的制度变迁,服务于国家政治目标,权利主体没有选择的余地。总而言之,由于集体所有权的建立,宅基地这一原本私有性、私用性极强的土地类型,被整合成为了集体共同的资源,具备了准公共物品的特点。

二 宅基地制度的核心特征

(一)取得的身份性

制度发展的连贯性,改革的平稳性具有重要意义,连贯的制度发展也能够降低制度变迁中的摩擦成本。从宅基地集体所有制度的历史渊源来看,宅基地的初始取得应当具有身份性要求。使用权随着城镇化的不断发展,农村剩余劳动力持续转移,城乡融合不断发生,农村人口结构和人地关系已经发生了剧烈变化。在这种情况下,继续严格遵循户籍关系判定是否有资格分配宅基地资源并不一定完全适用,但并不影响宅基地在取得环节的身份性要求。同时,良性的社会体系之下,制度应当是向前发展的。取消宅基地取得环节的身份性要求不仅不符合宅基地制度的历史逻辑,还会造成新的时代问题。实际上20世纪80—90年代我们曾经向城镇放开过宅基地的获得,造成了比较负面的影响。诚然,改革开放初期即放开宅基地流转的确存在步伐过大的问题,时至今日宅基地也的确到了可以适当向城市放开的阶段。从放活宅基地使用权、盘活宅基地资源、显化土地资本属性的角度出发，宅基地的使用可以不局限于"身份"要求，但使用权初始取得应当具备"身份性"要求，意即有"资格"。

(二) 使用的保障性

中华人民共和国成立之初，出于对农民住房权利的保障，形成了宅基地私有的农村土地制度安排，并以宅基地资源分配、农民自力建房而最终实现。人民公社运动中，集体土地所有制度确立，这部分原本归农民私有的土地被无偿收为公有，过程中允许农民"保留"宅基地的使用权利作为基础保障，宅基地使用权应运而生。基于"分配私有—收归公有"的历史进程，农户所拥有的宅基地使用权是无偿获得、无期限使用的，所有权主体仅在宅基地分配环节拥有审核权利（集体这一所有权主体甚至不具备审批分配宅基地申请的权利）。而在宅基地分配给农户之后，集体对于宅基地资源仅有监督使用的权利，而在实践中除非农户出现过于明显的违规或违反当地风俗习惯的行为，所有权主体对宅基地使用情况的监督权利也流于表面。农户的无偿获得和使用使得集体无法基于宅基地获得收益，农户无期限使用又限制了所有权的处置权能，而这种情况实际上是由于集体在合作化和公社化运动中无偿取得了农民私有的生产资料所有权，作为兜底保障，集体以放弃宅基地资源的收益和处置权能为承担为农民提供包括住房在内基本保障的义务。

(三) 认知的财产性

许多研究认为农民对于宅基地的财产权利认知源于改革开放后的城镇化进程，但事实上，农民对于宅基地的财产性认知历来有之。受传统乡土情结的影响，农民及其直系后代很容易对农宅和宅基地形成"祖屋"或"祖宅"的意识。与农用地不同，在房屋的私有性和不可移动性之下，宅基地在分配后具有较高的稳定性，农民对于宅基地所有权与用益物权之间的权能差异存在主观感知模糊。因为尽管宅基地在制度上是公有的，但认知上实际存在极大的私有性。受这种私有认知影响，农民即使离开乡村从事非农工作、离开乡村融入城镇化生活，也不会轻易放弃宅基地。对于宅基地的这种财产性诉求就从实际占有和使用转化为"保有"并在代际之间传递。调研中的确发现，无论制度是否允许，农民的自发流转意愿普遍比较低，除非有巨大经济利益的吸引。这是由于农村宅基地资源在城镇化进程中出现闲置化、细碎化和非成员化。另一种情况是，随着财产权利显化诉求的提高，尤其是在旅游区、近郊区等区域，当市场引力足够大，这种私有化认知必然衍生出收益和流转的诉求，形成了宅基地隐性流转的法外之地。

三 乡村人地关系转型

千百年来，从事农耕生产的家庭为了方便生产通常选择毗邻农场的地方居住，而为了共同防卫、共建水利等原因，乡村家庭与家庭之间又聚集在一起，形成了聚落式村庄。村庄内部人与人、家庭与家庭之间通过血亲和姻亲关系凝聚在一起，形成了紧密的村庄内部关系。而因为人依附土地而生的同时形成了自然隔离，村庄与外部往往出现语言、文化、生活的差异。从农耕封建社会到新民主主义革命完成，再经历社会主义公有化改造，再进入改革开放，中国乡村社会历经了从家庭式的封闭社会、到集体式的合作社会、再到城镇化的流动社会转型过程。尽管不同村庄在不同历史阶段凝聚了不同规模和数量的家庭，形成了显著差异的乡村文化和社会习惯，但以家庭为单位构成村庄、再以村庄为单位构成乡村社会，始终没有改变。基于家庭与村庄形成的传统乡村社会关系具有极强的地方性和封闭性。农民人身与财产关系几乎全部牢牢地附着于其居住和劳作的土地之上，形成了牢固的乡村人地关系，并基于这种人地关系衍生出了中国农村特有的生产关系和经济模式，即小农经济。

在小农社会之中，人与地的关系紧密联系，人与人高度熟悉，进而凝结成了中国农村的熟人社会。受此影响，在漫长的封建历史中封建王朝在村庄层面的统治普遍采用以内部自治为基础，以连坐、编户、保甲等制度为控制的方式，以达到对农村社会的高强度控制。但这种强化熟人关系的管控方式也进一步加深了乡村人地关系的固化，农民被牢牢捆绑在土地之上不得自由，并催生了强烈的故土情结，凝结出强大的自组织能量，当王朝因种种原因式微之时轻则削弱王朝统治基础、重则爆发出类似农民起义的乱局。许多封建王朝也曾试图通过井田制、均田制、摊丁入亩等各类制度对土地进行重新调配，从而放松人与地的依附、重塑人与人的关系，从而巩固其统治基础。但这些并没有真正改变农村土地制度封建属性的"变法""新政"，无法真正激发生产力发展，反而固化了以自耕农为特征的中国小农经济形态，使得农业生产能力除了自给自足以外无法产生社会剩余产品。人们离开土地则无法生存，人口很少流动，每家每户所耕种的土地和住所也很少变动，人地关系"稳定且固定"。而正如费孝通先生所描绘的那样，封建乡村社会中，农民所感受到的是四季的转换，而非时代的更迭（费孝通，2008）。

中华人民共和国成立以后，土地改革彻底打破了传统的封建人地关系。随着农业生产合作化运动和人民公社的展开，村庄自治开始与国家基层政权深度融合。农民在包含了"工、农、商、学、兵"的大公社中共同劳动、共同生活，不能"单干"，生产生活目标也不再局限于"自给自足"。过去土地私有制度中稳定且固定的村庄人地关系和社会关系在国家政权的强制介入之下首次面临冲击，中国农村小农经济出现颠覆性变化，熟人社会被"干涉"，被迫向外部打开。改革开放后，人民公社体系解体，在坚持集体土地所有权的基础上，家庭联产责任承包制取代了集体劳动、集体分配的生产组织方式。而工业化浪潮席卷大地，农村生产力得到前所未有的发展，地均所需的农业劳动力投入大大减少，社会剩余农产品增加，农业劳动力被解放出来成为了工业劳动力，农民与土地的依附关系减弱。农村社会整体人口流动性大大增强，传统村庄的人地关系出现颠覆性改变。

(一) 人与人的关系变化

中华人民共和国成立以前，除通婚、躲避战乱等因素以外，村际间极少发生大规模人口迁徙，长期和稳固的生产生活下催生了封闭的、稳定的甚至与世隔绝的"村庄共同体"。由于土地兼并等原因，地主、富农、贫农、佃农共存，农村基于土地所有权不同产生了明显的阶级和贫富差异。除了必要的水利合作之外，生产方式多以自耕农经济为主。中华人民共和国成立以后土地改革通过打破封建土地制度，也破除了农村的阶级，但没有真正改变自耕农经济的属性。在土地改革后的短暂时期内，农村又重新出现了土地兼并的情况。出于对"工业化民主国家"的向往和提高农村生产力的需要，国家先后推行了互助生产和农业生产合作化运动。随后在人民公社浪潮席卷之下，农民将包括土地在内的生产生活资料所有权无偿让渡给了集体，农民在集体组织中共同劳动、集中分配。尽管"磨洋工"等"大锅饭"体制下的弊端不可避免地产生，但由于集体和集体组织的存在，人与人之间的生产联系和生活联系从家庭内部向集体内部延伸，熟人社会的特点进一步加强。但随着"知识青年下乡"的变革化的举措，新的村庄社会逐渐形成，冲击着乡村传统伦理关系。改革开放后，家庭联产责任承包制取代集体共同劳动，成为农村生产组织方式，"生产队"这个以共同生产为基础建立起来的乡村共同体解体并被村民小组所替代。而随着经济结构转型和生产力发展，农村出现大量剩余劳动力并向城市和工业转移，在以代际分工为基础的半工半耕结构下，现代村庄进入到了"半熟人社会"。21世纪后，在城乡土地价值差异和乡村生活吸引下，许多地方又出现城市人口流入农村居住、休闲、投资的情况，城乡开始出现交融式发展。农民的生活圈层和交际圈层扩大，农村出现人际关系理性化的趋势（贺雪峰，2013）。人口流动使乡村人口结构发生改变，同时在市场经济的冲击和现代传媒的渗透之下，维系乡村共同体的共同道德标准、血缘姻亲关系、熟人舆论压力等基础出现松动，农民交往的圈层也不再呈现"差序格局"，而是更加多元化和分异化。

(二) 人与地的关系变化

在生产力和经济结构变化下，"人与地"关系发生改变。中华人民共和国成立以前，农业生产力低下，自给自足的传统农业生产方式下社会没有剩余农产品，封建土地所有制和以保甲制为代表的高强度人身控制使农民与土地深度绑定。土地改革使得所有农民都平等地拥有了自己的土地，但是仅仅改变土地所有制无法从根本上提高社会生产力，人与地之间仍然呈现明显的依附关系。随着农业生产合作化和人民公社运动的逐渐展开，农村集体土地所有制建立，农民不再拥有土地所有权，生产方式从以家庭为单位的单独劳动变为以生产队为单位的集体劳动。更由于"左"的错误使得农村生产力和生产积极性都遭到了破坏，农业剩余产品的缺乏使得农民更加无法离开土地，加之严格的户籍管控和人口流动管控，人与地的依附关系反而增强。改革开放后，以生产队为单位的集体劳动方式瓦解，家庭联产责任承包制极大地提高了农民的生产积极性和生产效率，农村生产能力恢复。随着生产技术的提高和城市工业化，农村生产力得到进一步飞跃式发展，农村剩余劳动力涌入城市从事非农工作，中国农民第一次从完全的人地捆绑和对土地的人身依附中解脱出来，土地对于农民而言不再是唯一的生活来源，更多地成为农民的保障来源。

改革开放带来的不仅是人地关系的松绑，还因为经济发展水平不同产生了乡村人地关系的地区分化。最为明显的首先就是区域分化。远离城镇的乡村，人口大量流失，空心化、老龄化严重，由此带来宅基地闲置、农用地撂荒等情况，乡村土地对于农民保障性属性减弱的同时土地经济价值又难以提高。而城市近郊地区或发达地区的乡村在人口城市化的过程中又出现逆城市化倾向，土地经济价值显著增加，在市场经济的带动下土地流转需求上升，资本属性显现。其次是从代际上出现分化。无论是否长期在城里务工，"生于斯、长于斯"的"农一代"仍然存在强烈的故土和乡土情怀，对于传统乡村共同体下的熟人社会十分依赖。对于出生在城市或很小就离开农村的"农二代"而言，其中的很大一部分可能极少或从未接触过农业生产，对于集体或农村社会的身份认同感和归属感也较低。他们对于土地没有依赖情结，直接体现为土地收益和流转诉求的上升。最后，城市对于农村土地的诉求出现多样化趋势。传统人地关系之下，城市对于农村土地的诉求相对单一，即提供农业产品。而在乡村振兴、城乡协调发展、生态文明建设等新时代战略的引导下，农村各类土地产权及其附属物（而非简单的农产品）对于城市的吸引力越发增加，甚至在一些地方出现了逆城市化的情况。这直接造成了乡村地与地之间关系的进一步变化。传统人地关系下，土地利用从经济价值低的方式向经济价值高的方式单向转变。而新时代的乡村地与地之间关系转向建设用地与非建设用地的双向变化及建设用地内部变化，综合效益和结构优化成为土地利用方式转化的重要原则。

四　人地关系松动中宅基地制度的权能的冲突与变化

（一）集体宅基地所有权："母权"VS"公权"

集体土地所有权作为土地财产权的"母权"，在物权和债权等私权领域占据支配地位。然而农村集体土地所有权也是公有制的权利基础分属"公权"，对于私权利具有约束性作用。"两权分离"体系中宅基地使用权从集体土地所有权中分离出来，解决了集体所有和成员使用的矛盾，有效地延展和巩固了集体土地所有权。但是由于农民基于宅基地使用权可以长期、无偿使用宅基地，所有权的使用价值无偿由宅基地使用权主体无偿享有。这时的疑问是，财产权利束中的收益权能到底归使用权人所有还是所有权主体保留。从表面上看，由于使用权的无期限，宅基地的集体所有权主体无法基于宅基地获得收益,但因为流转限制,宅基地使用权人也无法从中所得财产性收益。但从实质上看,实际上就是宅基地资源作为保障资源而非资产的体现。又或者说,集体基于历史渊源和现实需要,将原本可以基于宅基地收益的权利转置成为集体成员的居住福利。

从处分权能来看,集体对于宅基地的分配具有一定的决定权,但在城乡土地二元制体系下,集体对于宅基地并没有真正的处分权能。不仅农民的宅基地使用权被限制流转,集体所有权更加不可能随意交易。加之集体的土地所有权对应的物理空间界线基本与"村庄"的行政界限重合,一旦土地所有权发生变动,行政界限是否变、能否变、怎么变,已经分属国家的治理权利,集体无论作为公权主体还是母权主体,都没有决定权限。

同时,人地关系的变化也带来了集体的"公权"弱化问题。所有权主体的虚置导致"公权"的权威性不足,因此在宅基地治理事务上经常依靠村庄强人的个人作用,而非公权的制度化作用。随着传统乡村伦理与乡村共同体逐渐消解,传统中国农村的熟人社会甚至半熟人社会体系开始动摇。农民与农民之间、农民与集体之间更加需要依靠制度和契约,而非血缘或姻亲,村民与村民之间的联系开始降低,过去依靠村庄强人可以有效运转的"公权"也开始弱化。从宅基地的保障属性出发,宅基地分配中公平的重要性远大于价值性和效率性。计划经济体制之下,只要保证宅基地分配时的数量公平则能实现公平。改革开放后,一部分农户先富裕起来,有条件对宅院进行翻新或重建,而一些因病因残丧失劳动力的农户却无力对农宅进行基本维护,农户分化日益加剧。然而这种差异在"某种程度"上又是无法避免的,此时就更加需要公权力对社会公共利益与对个性化需求进行均衡。而随着乡村共同体出现松动,村民之间互相的信任程度降低,传统乡村中依靠熟人共识的治理方式不再有效。"公权"的弱化使得在宅基地制度中保障农民居住权利这一最大的公共利益被忽视，弱势农民得不到切实保障。宅基地所有权"母权"与"公权"属性并存的状况使得宅基地所有权的财产性与公共性合二为一，因而集体在处理财产性强调的效率与公共性强调的公平关系时必定相互掣肘。过分强调财产属性显化和增值收益，可能会侵犯集体中相对弱势的群体利益。而如果偏重公共性，那么宅基地作为一种土地资源资产的效率性和收益性就受到损失。现有宅基地制度设计中明显在公共性与财产性之间选择了显化公共性而抑制财产性。"三权分置"之后，宅基地使用权将顺理成章地成为所有权财产性的延伸权利，而宅基地资格权就是所有权公共性部分的延伸。

（二）宅基地使用权的冲突：保障权利 vs 财产权利

在计划经济时代的乡村人地关系之下，人口几乎不流动，也不存在土地流转需求，身份性、保障性和财产性是一个相对统一的整体。然而，进入市场经济时代，乡村人地关系逐渐变化，乡村共同体日渐松动，宅基地使用权中附着的身份性、保障性同财产性内涵出现冲突。

1. 使用权的本源性冲突

宅基地制度的实质和政策初衷是一种乡村社会保障制度，保障对象是具有集体成员身份的农民，保障内容是农民的基本居住权利，保障方式是向农民提供无偿无期限的宅基地使用权、农民自力建房并获得房屋所有权。从起源来看，宅基地的取得具有身份性，使用具有保障性，保障性与身份性是一种伴生状态，而财产性并非宅基地制度的本质特征。在宅基地制度建立之初，从"居者有其屋"的表达可知，宅基地制度缘起的本质是实现作为"居者"的农民能够拥有自己的房屋，通过保障基本居住权利不受到损害，保护和团结农民阶级进而达到建立和稳定社会主义政权国家的目的。

在集体对宅基地资源的所有权整合过程中，集体宅基地所有权的形成中也充分考虑了农民之于房屋及其附着土地的居住权利，因此形成了宅基地使用权。也就是说，计划经济之下，国家之所以设立并保护宅基地使用权是为了保障农民的基本居住权利。从权利本质来看，宅基地使用权在初期就是一种专属于农民的居住保障权利，以农民无偿、无期限地占有、使用宅基地为表现。宅基地使用权的设立是为了在集体土地公有制建立后农民仍可以自由地终生居住于自己拥有的房屋之内，禁止任何团体或个人侵犯农民的基本生存权利，从而延续对农民阶级的特殊保护。因此，宅基地使用权起源主要是国家对农民居住权利的保障，宅基地制度是国家的福利制度，而非对于私有财产或土地产权的保护。因此，宅基地使用权的缘起是社会保障。

当土地仅仅作为一种资源时，可以用于各类生活和生产活动，只要"物尽其用"即可实现价值，而土地价值就是使用价值。对于宅基地资源而言，其价值体现就是保障农民"居者有其屋"，即专门用于保障农民住房的集体土地，是一种社会保障资源。然而，随着改革开放之后市场机制逐渐建立，土地的资产属性显现，土地价值除了使用价值还出现绝对地租和级差地租等在内的源于产权的价值。社会对于财产的产权观念开始强化，宅基地的价值认知也开始从"物尽其用"向增值、权利保有等内容延展。与此同时，由于法律已经明确农民拥有农宅的所有权，在"地随房走"的原则下，宅基地使用权最终被物权化并成为法定用益物权。此时，宅基地的资产属性与资源属性出现冲突。作为资源因而受到法律和制度的管制。实质问题在于现行两权分离体系将用于保障农民居住权利的社会保障资源财产权化，因而从根本上造成了宅基地使用权本源性冲突。

2. 乡村人地关系改变下的冲突强化与分化

宅基地使用权的设立背景是计划经济体制下对于农民权益的保障，因此其设立的目的并不是为了保护私有财产，而是社会主义制度下对于农民阶级的特殊保护。改革开放后，市场经济制度逐渐建立，立法过程中将宅基地使用权用益物权化，使得来源于宅基地制度的保障性属性与来源于法定物权的财产性出现冲突，这种冲突也随着人地关系转型而强化。首先是保障性属性对于农民的作用出现代际和群体的分化，这种分化使得其权利本源性冲突显化。在宅基地使用权的权利主体身份因城镇化和代际更迭产生变化的同时，宅基地保障性功能的价值分化为三类。

第一类是宅基地制度保障性功能与农民真实的住房需求出现不适配。随着经济社会和农民总体生活水平不断增强，农民对于"居住"已经超越了"居者有其屋"的基本诉求。宅基地制度中以"地"作为保障物的基础性无法充分实现农民对于更高层次的美好生活向往。而对于已经完全脱离农村的人来说，由于城乡公共服务的显著差别，返回乡村生活的可能性极低，继续保有宅基地的原因更多的是一种主观认知而非客观需要。这种主观需要中，包括了对土地资产的财产性认知、对祖宅的乡土情结和对"田园牧歌"生活的想象，还有部分对未来风险的认知。

第二类是保障功能层次性失衡。横向层次上，农民非农就业是新乡村人地关系的重要表现，仅靠农业收入维持生活的农民生活水平大多不高。然而非农就业就需要"进城"，现行宅基地制度的保障功能停留在实物保障阶段，土地的不可移动性导致进城农民无法获得真实的保障，反而在城市中面临"居无定所"的窘境。在纵向层次上，对于仍在农村生活居住的农民而言，相对富裕的农民对于宅基地的使用已经完全超出了"基本居住保障"的层次，而贫困农民却根本无力实现"自力建房"和改善住房条件。

第三类是保障功能周期性失衡。进城务工的农民尽管还没有脱离农村居民身份，但也不再实际居住于宅基地之上。对这部分农民而言，宅基地的保障性功能并不是消失了，而是从满足现实需求转向保障潜在不利情况的长远期望，即农民如果在城市无法继续生活和工作而回到农村不至于流离失所，宅基地供给与农民保障性诉求出现性周期性错配。

其次是宅基地使用权在物权化塑造后其财产性特征必然被加强，因此强化了保障性特征与财产性特征冲突。在稳固的乡村人地关系之下，使用权的财产性与保障性虽然从本源上发生冲突，但因为人不发生物理移动，所以财产性物权中对于标的物的实际"占有"与"使用"与保障性的"居住"在表现上是一致的，二者尽管有冲突但可以共存。在计划经济时代，没有"市场"，因而也就不存在以获得增值收益为目的的流转行为，此时的宅基地更多地表现为一种资源，而不是资产。但是，随着城镇化和社会发展，乡村人地关系发生改变，宅基地成为一种土地资产，财产性特征开始显现。使用权的财产性权利认知显化的结果一是由于在禀赋效应和风险厌恶等心理效应之下，农民不会轻易退出宅基地，如果自己不再需要实际使用宅基地，则要么闲置要么私下流转。二是在市场经济和城乡土地价格差异影响之下，出现了来自集体成员以外的土地需求，一些农民尤其是在城郊地区的农民开始意识到自己的宅基地"值钱"。在这种情况下，农民对于宅基地的财产性诉求从"占有"扩展为"收益"甚至是"处分"。从使用权的实际情况来看，乡村人地关系转型后，权利主体行使权利更多体现为对于财产权利的拥有，而非对于标的物物理性占有使用，保障性特征与财产性诉求无法兼容。

第三节　资格权设立：保障权能从应然到法定

一　应然权利

(一) 社会保障权利：应然权利

权利作为对人的主体性价值的肯定与阐释，是现代社会的实质要素之一，也是社会制度的核心，而法律制度所确认的权利并非是人的权利的全部。自然法（natural laws）认为在人类本性之下固然存在某种程度的道德性权利，是客观和普遍的，独立于人的主观理解，也不随国家或政治秩序而改变。这种权利在人类社会产生后就一直存在，是人们应当享有的权利，超越法律而存在。无论法律制度是否给予明确的规定应然权利都存在于人们的观念或实际生活之中，称之为"应然权利"。自然法理论认为在自然状态下的人们为了某种公共利益而形成了某种契约，也就产生了人类社会。社会的出现和发展并不以剥夺或侵犯人的"应然权利"为前提，相反，人类之所以产生公共性契约关系就是为了通过协调人们在自然状态下获得的自然权利从而使具有普遍意义的应然权利得到社会的保护，否则社会的存在就失去了根本性的意义。

与自然法相对应的是实在法（positive laws）。实在法是人类基于一定社会目的对相对利益进行协调和分配而产生的结果。孟德斯鸠（Charles Montesquieu）在《论法的精神》中对实在法进行了阐述，身处于人类社会中的人不再感到弱小，自我意识使得自然法则下的"人人平等"不复存在，每个社会以及身处其中的每个人都开始感受到了力量，于是都想方设法将社会中的核心利益（principle advantages）据为己有，于是社会与社会之间、人与人之间呈现出了"战争状态（a state of war）"；正是因为"战争状态"的出现促进了法律的产生，国家与国家之间出现了"国家权利（right of nations）"，治人者和被治者之间出现了"政治权利（political right）"，公民与公民之间出现了"民事权利（civil right）"（查理·路易·孟德斯鸠，2009）。孟德斯鸠还提出无论是政治法还是民事法，法律都应与其所在社会的政体性质和原则相吻合，同时法律还应与所处社会的自然条件、人文价值等方面相适应，即"法律是为某国的人民而制定的，所以理应十分贴切地适用于该国民众；如果这些法律适用于另一个国家，那只是极其偶然的事。"

应然权利应当是对于人类至关重要的那些权利。在自然状态下的人类，每个人都自然地享有生存、自由和追求幸福的权利，是天赋人权。

而社会状态下的人类，在私有财产、受教育、就业、获得社会必要救济等方面享有应然权利。在某种社会制度形成过程中身处于这个社会中的人理所应当地享有某些权利，这些权利来源于社会契约，也来源于历史文化以及政治体制。自然法理论体系中的"自然权利"构成了应然权利最基本的构成要素，而实在法理论体系则在自然法基础上从社会制度、政治制度和国家分异的角度对"人应该享有什么权利"进行了讨论。源于实在法的应然权利不一定具有普遍性，可能只是在某种特定政治制度和在某一特殊历史时期之中某些特定人群所应然享有的权利，也可能是人们对于某些社会服务或财产所应然享有的专属性权利。

西方学者一度否认包括居住保障在内的所有社会保障的应然性，认为社会保障是一种特权，主张社会保障中涉及的强制性收入转移与再分配只能在特定条件下才能被认为是正当的，是政府对于公民的一种恩惠和施舍。学者们认为社会保障是一种利益而非权利，没有普遍性，涉及的仅仅是特定的人，而非全体社会成员，同时由于社会保障需要国家资源的积极安排不能够立即实现，因此也不具备成为"权利"的基础。而马歇尔（T. H. Marshall，英国）的论述则批驳了社会保障权的特殊性，他认为由于社会是人类基于契约而形成的共同体，因此社会成员也就获得了共同体中的成员身份并享有民事权利、政治权利和社会权利，而社会权利就是共同体成员享有的共同体资源再分配的权利。罗尔斯（John Rawls，美国）在《正义论》中更是明确了对于特殊群体采取特殊保障本就是社会正义法则的重要组成部分。他认为在"自然分配"之下，人与人之间不可避免地存在自然条件的不平等，因此正义的社会制度需要采用"差别原则"以"不公平"实现"公平"，即对经济与社会制度进行不平等安排以使得自然分配状态下的"最不利者获得最大利益"（约翰·罗尔斯，2009）。从正义论出发，社会应当对社会资源进行再分配从而保障初始分配中的最少获利者在再分配时获得最大利益。而由于每个人都不可避免地面临成为最不利者的风险，因此社会应当赋予人们社会保障权利，以便当最不利情况出现时人们可以及时获得社会再分配资源。维尔曼（Carl Wellman，美国）则是直接从道德层面给出了社会保障权利的应然性，他提出契约关系下社会共同体中的成员在面临超出自己能够控制的情况而无法生存时，都应当享有一项请求权利，请求这一共同体为自己提供维系生存的必要帮助，这一权利就是社会保障权利。

（二）农民居住保障权的特殊性与应然性

1. 社会制度中的特殊性与应然性

首先，新民主主义革命时期，以毛泽东同志为主要代表的中国共产党人顺应农民对于土地的强烈诉求，支持和推动了农村土地权利格局的变革，并以此作为激励农民参与新民主主义革命的重要动能，并最终成功夺取了政权、建立了新中国。在这当中，农民群体的作用不容忽视。因此农民应当享有特殊的应然权利。同时，《中华人民共和国宪法》第一条明确"中华人民共和国是工人阶级领导的、以工农联盟为基础的人民民主专政的社会主义国家"。可以说农民群体作为统治阶级的重要构成，在宪法上就拥有某种特殊的应然权利。

其次，在社会主义革命和建设时期，农民让渡出原本由党和国家赋予并分配的土地私有权利，是形成农村土地集体所有权的基础，并推动了社会主义公有制的建立。在农民的支持下，农村集体成为了中国农村的社会共同体，其隐含的前置性承诺就是集体以其所获得的土地资源向农民提供包括居住在内的基本生活保障，因而集体成员应然享有居住保障权利。同时，集体宅基地所有权的获取，是在国家意志的强制性干预之下完成的，并非农民自发行为。而农民的积极配合也使得制度得以顺利变迁，农民对于社会主义公有制的建立和完善起到巨大作用，承担了因宅基地所有权让渡而带来的失去住所的风险，因而农民在作为国家公民所应该享有的社会保障权利之外，还应当享有由国家提供相应居住保障的特殊权利。

2. 社会现实中的特殊性与应然性

农民的现实境况与其特殊宪法地位极不相称,现实中农民在绝大多数情况下都是"弱势群体"。对"弱势群体"进行特殊保护是国家和社会的基本职责,更何况农民的弱势地位源于改革开放后国家在坚持和平发展原则下推进国家工业化发展,在相当长的时间里都采取了重城轻乡、以乡养城的策略。尽管从整体上农村依旧在发展,但其速度远不及城市,可以说城市的繁荣伴随着农村的相对衰落。乡村公共服务严重匮乏、农民实际社会地位远低于其宪法地位、农业产品收益能力低、人才与资本双重缺乏。农民即使进城务工,也很难融入城镇社会,农民始终生活在现代化社会的边缘。尤其是随着第一代进城务工农民逐渐老龄化,这个现象越发凸显。由于年迈后劳动风险增加、劳动能力下降,20 世纪 50 年代出生的进城务工农民已经很难再在城市找到非农生计,近几年不少农民都回到农村,"重操旧业",此时,宅基地的保障作用迅速凸显。农民包括居住保障权在内的社会保障权利不仅是罗尔斯所提"无知之幕"中人类的原初生存权利,也是社会对于农民这一享有宪法特殊地位但同时又是弱势群体的特殊保护,更是社会对农民在工业化进程中的"牺牲"的一种补偿。可以说,中国社会的政治经济制度及社会发展历程决定了农民居住保障权利的特殊性和应然性。

3. 现行宅基地制度中农民应然保障权利的失落

现行宅基地制度和法律体系中明确了农民可以向集体及国家(政府)请求居住保障,符合条件的农户可以向集体及县级政府提交宅基地分配申请,政府主管部门审核申请条件并落实宅基地指标,农户可以无偿获得法定面积宅基地的使用权。国家在法律制度建设中赋予了农民具有支配性地位的用益物权——宅基地使用权,试图通过规范和稳定农民之于宅基地的权利来实现对农民的保障,并从"房地一体"的角度实现居住保障。然而这种方式反而导致了农民应然保障权利的失落。从法理来看，使用权作为一种用益物权，保护的是权利主体之于标的物的竞争性与排他性权利，权利效力始于权利的设立，但农民所应该享有的居住保障权利在物权设立之前就应然存在。使用权只能在权利已经设立之后产生效力，农民是否可以获得这个权利来源于政府的审批，即使政府绝对公正地执行审批，但这种权利制度设计本身就使得农民的居住保障沦为"政府恩赐"而非"权利保障"。

二 保障的回归

宅基地集体所有制度的建立是农民基于革命贡献、公有化改造贡献、工业化贡献所应然享有的国家和集体对其进行兜底性居住保障的体现。这一点或许可以回答一些农民专属享有宅基地的公平性质疑。农民无偿获得并无期限保有宅基地使用权是这种应然性在一定程度上的实然体现。然而应然权利得到某种程度的实现并不代表权利获得了法律保护。一方面，法律只保护法定权利，不保护也无法保护应然但未法定的权利。没有法律制度保护的利益是脆弱的，极易受到侵犯。当《物权法》将以宅基地资源为标的物的宅基地使用权定位为用益物权的时候，法律所保护的就是权利主体之于标的物的支配性和排他性权利，而不是分属社会性权利的居住保障权。宅基地使用权作为用益物权调节的是因宅基地占有、使用、收益和处置权能而产生的民事关系，而不是农民与集体、农民与农民、农民与集体外的社会之间因资源再分配而产生的法律关系，因居住保障资源分配所产生的利益冲突根本无从协调。另一方面，由于居住保障权利不具备法律地位，农民无法针对保障利益受损而寻求权利救济。农民在获得宅基地使用权之后，当其对宅基地的排他权和支配权受到侵害的情况，可以进行用益物权的权利救济，但如果物权行使没有受到侵害但居住福利减少，是无法进行权利救济的。更重要的是宅基地使用权

第二章 应然的权利与法定的保护：历史逻辑

的获取前提是向集体申请、经政府审批核准。如果在这个阶段农民应然居住保障权利受到损害，则农民无法主张法律保护，也无法展开司法救济（见图2-1a）。

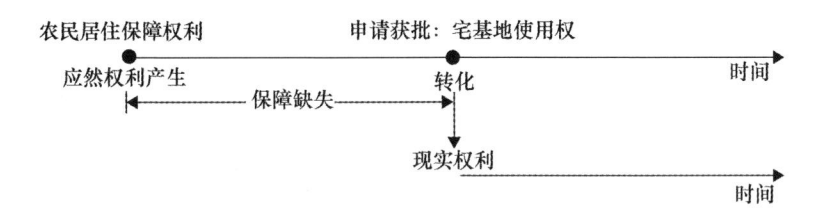

a 两权分离体系下的农民居住保障权利转化

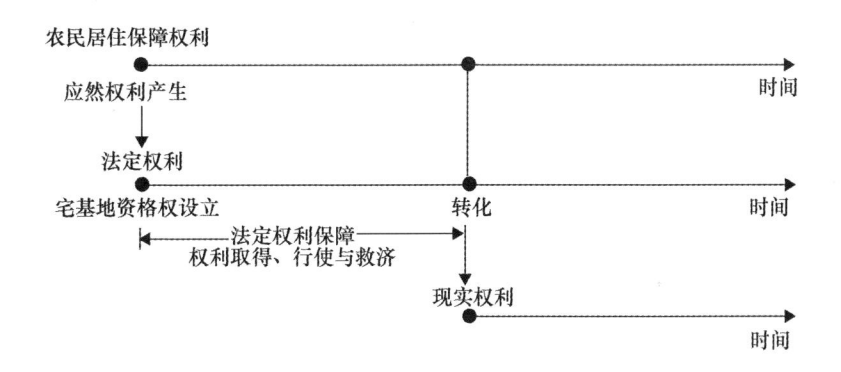

b 三权分置体系的农民居住保障权利转化

图2-1 资格权设立前后农民应然居住保障权利的转化过程

"三权分置"将使用权中用于兑现农民应然居住保障权利的部分抽取出来，形成了宅基地资格权。宅基地资格权的设立意味着农民群体对于宅基地资源及其保障性功能的应然权利成为一项法定权利。只要主体获得了宅基地资格权，就具备了法定权利，当资格权受到侵害时可以主张权利救济，这种救济不再以"政府恩赐"之下的使用权获得为依据（见图2-1b）。而资格权的设立也意味着国家、集体对于农民居住保障的义务被法律进行了一定程度的规定和确认。政府批准宅基地申请不再是一种"恩赐",而是一种由法律强制性规定的政府责任和政府义务;集体提供宅基地资源并协调着其中的各方关系也成为一种明确的法律强制义务。社会保障权利是一种人人都有的应然权利,而由于农民的宪法特殊地位与现实弱势状况,农民在社会保障方面应当具有特殊权利保护机制。资格权的设立就是从法律层面对农民居住福利权利进行的专门认可。资格权并不针对特定的少数群体,不是"特权",而是在中国社会制度之下农民拥有的、区别于非农人口的"专属权利"。

第三章

资格的权利与权利的资格：法理逻辑

为了解决宅基地使用权这一用益物权难以兼容保障性这一社会属性的制度问题，将保障权能抽取出来单设，纯化用益物权的同时强化农民基本居住保障权，是宅基地制度发展的必然结果，也是我国社会主义制度的必然要求。这是资格权确立的历史逻辑起点。资格权是对农民的承诺，也是对农民的保护，虽不是"特权"但是一种具有身份属性的专属权利。因此不得不提出几个重要的理论问题：（1）农民是集体的成员，资格权与集体所有权的关系是什么？（2）农民也是国家的公民，资格权在农民作为公民所享有的权利体系中，是什么地位？（3）新设了资格权的"三权分置"体系如何避免"两权分离"体系下的不充分、不均等问题，如何回答社会的公平性质疑？（4）权利的核心是利益，资格权的赋予是否会影响现有的社会利益分配格局？（5）中华人民共和国成立以后，国家通过土地制度及其衍生的农村产权对乡村进行了相对有效的治理，资格权的设立如何进一步推动国家的乡村治理？本章希望可以回答这些问题。

第一节 资格与权利

一 宅基地资格权的缘起与概念

尽管地方已有试点，但"资格权"首见于2018年中央1号文件，在经历了短暂的纠结之后，2021—2023年中央1号文件都再次使用了这个名词。"资格"一词最早见于唐朝的"循资格"，是一种选官制度，意指"年资"，在《封氏闻见记》有所记载，其后引申为经历、地位、身份等。《现代汉语词典》对"资格"的第一释义是"从事某种活动所应具备的条件、身份等"。因此如果从字面上理解，资格权就是以某种身份或某种情况作为前置条件所获得的一种权利。然而，从法理学的定义来看权利的本质应当是利益，"宅基地资格权"仅从字面上看，就是获得宅基地的资格，是一种获得利益的可能性，这与权利构造的法理相违背。

有学者提出，这可能是国家考虑到向劳动阶层和农民群体清晰表达政策意图而采用的刻意为之的"模糊"和白话表达，因而在探析其内涵之时则应当以"资格"为基础进行扩展，而不应局限在字面表意（靳相木，2018）。但无论是否如此，国家政策文件将"资格"成"权"也就意味着特定民事主体"基于资格获得利益"被法定化和必然化。因此本书认为，"资格权"就是"基于所具备的条件和身份，在某种活动中所获得相应利益的权利"，而宅基地资格权就应当是主体基于所具备的条件和身份，从宅基地中获得某种程度利益的权利，且应当限定于某种特殊的条件和身份中。

二 性质界定

宅基地资格权缘起于宅基地使用权中身份性、保障性与财产性冲突的问题，来源于宅基地使用权这种相对特殊的用益物权。资格权毫无疑问是一种民事权利，但对于其权利性质范畴，学者们主要形成了互不兼容的两种观点，试点经验中对于资格权的认知也呈现出相应的分歧，即用益物权说和成员权说两派。然而，从入法基础来看，用益物权的设置方式实际偏离了中国大陆的现有法律体系和理论基础，违反了大陆法系中"一物一权"的基本规则。从制度效果来看，将资格权作为用益物权实际难以真正实现宅基地的"三权分置"，所有权、资格权、使用权的实现又回到了固有的路径锁闭之中。此外，如果资格权灭失基于其衍生的二级用益物权宅基地使用权就失去了存在基础。用益物权的资格权构造不能真正解决农民居住保障权利问题，可能还会衍生新的问题。

事实上，无论制度如何变迁，都改变不了宅基地制度对农民居住权利的保障意图，也都无法改变宅基地制度实际上是一种由土地资源作为保障物的、中国特色的社会福利制度。这个保障制度因此特有的历史演化历程，是在城乡二元体制之下形成的、属于农民群体的专属保障，具有明确的身份限制。简而言之，就是集体成员基于其成员身份所获得的保障。因此，许多学者也都提出宅基地"三权分置"实际上是在通过宅基地使用权的一分为二，将其中体现带有身份限制的权利内容抽取出来，单独成权，对应的就是成员权中的资源分配请求权和获益权（韩文龙等，2018；李谦，2021）。如此一来，宅基地制度"两权分离"体系中使用权"一身二用"的问题，得以解决，资格权承载了身份性和保障性的权利内容，而使用权的用益物权属性得以纯化，财产性可以被更好地激发，从而实现农民居住保障与财产显化的动态平衡，真正破除宅基地制度改革中的现实问题，突破路径依赖下的改革困境，完成宅基地制度兼顾基本保障与资产收益的改革目标。

然而将资格权作为成员权入法的路径也存在壁垒。迄今为止，国家法律体系中并没有明确提出"成员权"的概念，这可能是"三权分置"探索几近十年却始终没有进行国家层面的资格权性质认定的原因。但这并非意味着资格权无法被塑造成成员权。即使是在现行的《物权法》中，也明确运用了"农民集体所有的不动产和动产，属于本集体成员集体所有"的表述，隐含着试图引入"成员权"概念来界定集体所有的农村土地与集体成员之间关系的可能。同时，《物权法》还提出取得宅基地使用权的主体必须是该农村集体的"集体成员"，因而可以说在"两权分离"体系之下，宅基地使用权本来就被视为一种在成员权概念基础上设立的用益物权。而《物权法》也在后续条款中做出了集体成员对集体实物资源（主要就是农用地、宅基地、集体经营性建设用地等土地资源及少量自然资源与集体所有的房屋）具有决定权、知情权和撤销权等具有明显分属成员权的详细规定。从法理基础来看，成员权本就以成员身份获取为前提、随成员身份灭失而灭失，除此之外无特殊期限限定，是否有偿获得是由"成员"与"集体"自行决定。因此如果将资格权界定为成员权能够实现对根植于中国农村宅基地制度的身份性特征直接对接。同时由于身份随人身而存在，不可转让、不可继承、不可出借，原本宅基地制度中被广泛讨论的是否可以非成员身份继承宅基地、宅基地使用权不可流转是否侵犯了农民的财产权利等一系列问题，都具备了法理上的合理性。

更重要的是，以成员权为基础内涵塑造资格权，可以有效地推动所有权实化，解决农村集体土地所有制中主体虚化这个争议最大的难题。集体土地所有权虚化的一个重要原因就是主体模糊抽象，尤其是在乡村人地关系变化、传统乡村共同体松动的情况下，集体与农民的关联度下降，农民主观上对土地具有"私有认知"，但"大家都有份、大家都负责"等同于"大家都没份、大家都无责"，集体土地甚至在某种意义上成为了一种"公地"。集体成员往往抱有"你有我也要有""我没有凭什么你有"的想法，即，农民往往更在乎集体土地使用权（无论是宅基地还是农地）配置过程和结果的公平问题，而非土地产出最大化的效率或经济问题。这种"主人翁"意识下降、自利意识上升的结果就是集体所有权的最终归属者——集体成员的集合体难以满足每个个体的需求。当集体土地权益遭受侵害后由谁主张、谁有权利主张这一问题都不明确，如果集体权益受到损害但某部分成员的利益并未受到损害甚至有所提升（这种情况实际上十分常见），集体土地权益就更难主张和维护。宅基地是一种实物资源,资格权所隐含的居住保障权利却又是一种"集体成员身份"这种以人为本的权利,以成员权作为资格权的基础不仅可以有效解决宅基地使用权"一权两用"的问题,还可以通过将成员权落到实处,这对于明确集体土地所有权主体和实化所有权也具有积极意义。

第二节 成员的权利与公民的权利

一 成员的集体与集体的成员

(一)成员在集体中的权利

从历史上说日耳曼民族可能拥有西方文明中最推崇和讲究集体主义的文化。因此,对于"团体"的研究,最早起源德国,即团体法。在研究团体与团体中的每个成员之间的关系时,德国团体法体系构建了"成员权"的概念并且给予了发展和制度化,将成员权大致定义为团体(社团或合作关系)中成员对团体的权利义务的综合。而在世界的东方,与西方在第二次世界大战后受到深刻的自由主义思潮影响不同,中国社会在中国共产党的领导和影响下,一改新民主主义革命之前"一盘散沙""各自为政"的社会状况,全社会被高度地动员和团结起来,形成了极具集体主义色彩的社会风气和社会秩序。尤其是在社会主义革命和建设时期,带有明显社会色彩的中国特色的社会主义式的集体主义社会秩序逐渐上升成为一种制度,其中最典型的就是以人民公社为政治制度、集体土地所有权制为经济制度的农村集体。这就是成员的集体。

然而与德国团体法体系中的成员权不同的是,中国的农村集体起源于农业生产合作化和人民公社运动中农民将生产资料和宅基地的所有权向集体让渡,自己成为了集体的一分子,即,集体的成员。此时就有几个关键问题:将生产资料和宅基地所有权无偿让渡给集体的农民成为集体的成员后,他们与原来属于自己的以及其他集体成员的那些土地之间的关系是什么？集体应当体现集体的利益还是成员的利益？由此还衍生出集体如果涉及治理问题时，各个成员是否或在什么程度上拥有决策权、以什么样的方式表达自己的意见？这种关系将集中体现为他们在集体中的权利，这些问题就是中国农村集体成员权形成的基础。农民的集体成员权源于以土地为核心的集体所有制的建立，而成员权就是土地集体所有制之下村庄内具有合法成员身份的农民所平等享有的集体土地的权利（刘守英，2000）。

农民集体成员权，是中国农村土地制度发展中所形成的一种特殊成员权。农民是集体的成员，集体是成员的集体。成员权的形成是基于在集体过程中让渡了生产资料和宅基地所有权为基础。谁让渡给了集体私有的生产资料和宅基地，谁就拥有了特定集体的成员身份。由此就形成了集体所有权与农民成员权的相互关系。农民的集体成员权就是在法律制度确认范围内的具有农民身份的自然人在其所属的村社集体中享有的主体地位和利益份额的法律资格（童列春，2015）。集体成员所享有的成员权应当遵循法律民俗习惯和章程，包括在集体财产权行使等集体重大事务中的管理权和收益分配权等（王利明，2007）。但值得注意的是，与生产资料（包括农用地）在集体化后成员共同参加劳动、共同享有收益的情况不同，宅基地在集体化后其使用权仍然归原来的所有者使用，且排他性极强、私有化认知尤其明显。这种差异在最近10年左右体现得格外明显。如果深入一些比较偏远的农村（往往规模化土地流转情况比较少），就会发现许多进城长期务工的农民出于人情、防止土壤板结等主客观原因，将自己的农用地"借"给自己留在农村的亲戚和邻里耕种。但几乎看不到农民将自己的宅基地乃至农房"借"给别人居住的情况。农村也往往会因为"房子"或"宅基地"由谁继承产生纠纷。

（二）成员与集体资源的关系

集体土地所有权建立的过程也是农民集体土地成员权形成的过程。

在集体所有制度建立的过程中，农民以自己私有的土地及生产资料所有权"入社"，集体财产收益、使用、处分等内容是集体与成员间法律关系的重要组成部分，显然这种法律关系之下的权利不属于人身权范畴，但农民成员与集体的法律关系也无法用传统民法产权关系中物权与债权的划分进行解释。首先，中国农村的"集体"是社会主义公有制主体的重要组成部分，集体不是私有制度下的法人，成员对于集体土地的权利也不是股权。其次，"成员集体所有"不是集体成员共有，集体所有制度从本质上讲不是成员的共有关系。共有实际上体现在个人对份额内财产私有，成员加入和离开团体都会造成团体的变化，显然中国农村的这种"集体"不会因此而变化，而即使农民脱离集体，也不能带走土地所有权。事实上传统民法中对于物权和债权的切割仅限于所有权主体整体与外部主体的关系，因此农民的集体土地成员权既不是物权也不是债权。

自集体土地所有制度建立以来，为了确保农民在土地利用中的权利主体，国家通过承认成员对集体所有土地的使用权利实现了对农村土地的权能分割。但中国的集体是以因地缘分割、姻亲、血缘所结成的自然村庄为基础，并不具备独立于成员的法律人格。因此，成员与集体资源的关系更多的是一种"总有"而非"共有"。在总有关系中，成员的整体利益和个人利益的统一，农民的集体成员权与集体所有权不是对抗或限制关系，而是辩证统一的关系（韩松，1992）。从理论上看，在总有关系中，集体资源是不可分割的，也就是说每个成员不具体针对某一集体资源享有专门性的权利。但是在经历十数年"共同劳动"的时期后，实践中发现由于中国农村集体的资源（或资产）主要是土地，使用过程中不可避免地面临极强的排他性、专用性、竞争性。如果不具体区分哪一块土地归哪一个或哪一群具体的人使用，就会变成没人使用或人人可用。因而为了提高资源利用效率、增加产出，中国农村集体成员权仍然对应着一定数量的土地资源，但实际上就是特殊的集体资源对成员权的利益份额的实体化，并非意味着成员权就以实物资源的占有和使用为内容。但值得注意的是，集体成员权是集体所有制的重要内容，但并不代表农民的集体成员权就是所有权。事实上，农民的集体成员权既包括了人身权利也包括了财产权利。成员基于身份性获得了使用集体土地、从集体获取收益等权利。然而，由于中国社会制度与经济制度的特殊性，集体所有权并非只是单纯的财产权利，还具有公权力属性以及社会属性，以民事权利为核心但超越民事权利范围。因而，中国农民集体成员权不仅承担一般意义上的成员权所包括的集体财产使用和收益权能，还包括围绕集体事务而展开的非财产性权利，以及具有从集体获取基本人权保障的权利等。成员权的内容大致可以包括分配请求权、获益权、知情权、保障权、监督权、集体公共设施使用权、参与权、选举与被选举权、表决权、退出权等内容（陈扬众，2017）。

（三）农民集体成员权的类型化

既然农民的宅基地权利（在本书中主要讨论的是"三权分置"之下的资格权）实际上是集体成员权的体现。那么集体成员权的类型化与讨论农民宅基地资格权的内容就十分重要。在这里，作者不想过多地展开对成员权权利束的讨论，这也不是本书所要探查的重点。因而在此罗列和总结了一些学者的研究结论，这些结论角度不同，但基本方向是统一的，可见集体成员权的分类和构成在学术界达成了基本共识。在现有研究中大致有四个角度的分类方式。一是有学者从权利行使的利益归属将成员权分为自益权与共益权（杜立，2015；管洪彦，2016）。自益权是指集体成员为实现自己的利益而行使的权利，例如从集体取得财产性收益的权利；共益权是指集体成员通过行使成员权而实现集体利益的权利，如集体事务的决定权。二是从权利内容上将成员权分为实体性权利和程序性权利（童列春，2015；戴威，2015）。实体性权利是涉及成员实际利益的权利，如集体利益分配请求权等；程序性权利是促进集体意志形成的权利，如表决权等。三是财产性权利和非财产性权利（张志强等，2008）。财产性权利就是涉及集体经济组织的成员权内容，如获益权等，非财产性权利就是涉及基层治理的结构，如自治中的参与权等。四是从权利形成来进行划分，有学者称为法定权利和议定权利（王乾熙，2014），也有学者称为原生权利和派生权利（祝只舟，2014）。法定（原生）权利是法律明确规定的基本权利及其行使，如成员申请土地承包权的分配请求权，议定（派生）权利是集体通过自治制度自行议定的权利及其行使，如有一些集体将成员的承包地统一进行经营流转。

这些分类是从理论上对农村集体成员权的构成进行的法理分类，然而现实中，成员权的内容区分并不如此"泾渭分明"，甚至呈现一定的交叉和模糊，这一点在宅基地权利上体现得格外明显。例如从理论上，成员权最基本的一种划分方式就是按受益对象划分，即自益权和共益权的区别。但在现实中针对农村集体这一特殊的"团体"（生活性和生产性高度统一、资源构成主要是具有物权属性的土地），很难确认哪一项权利是真正意义上的"共益"。集体召开成员大会对某征地方案进行表决，成员不会赞成一项其认为会损害自己利益的方案，而成员之所以赞成某项提案或多或少都是因为这项提案有利或不损害自己的利益。当出现意见分歧但仍然达成意见结论的时候，通常是乡村熟人治理或能人治理的结果。即使是像财产性和非财产性这种看似相互排斥的划分方式，其界限也不是完全清晰的。集体成员对某项事务进行表决，是非财产性权利，但如果所表决的事务是承包地的统一流转经营，那么就会涉及集体财产和成员获益等内容。

这种悖论深刻地内生于中国农村集体的内部构造。形成这一问题的原因来自成员权内部构造中存在的内生性，一方面，集体行动与个人利益在市场经济时代在某种程度上难以完全协同。集体是成员的集体，所以集体权利的行使（无论"公权"还是"母权"），从本质上是集体行动的过程。从人的自利性来看，在集体行动中，由于收益与否、收益程度具有比较和参照物，因此个人极少做出明显损害自己利益的决定。因此在集体成员权体系中的共益权总会呈现自益性，同时非收益性权利的行使最终都以财产收益性权益的实现为导向。另一方面，法律关系存在社会性。法社会学认为法律本就来源于社会生活，是由社会交往中真实的行为准则构成，"活的法律"就是人类社会得以整合的内在秩序和原生秩序，是法律的基本形式，与国家法共同构成社会法律体系。从内外部关系来看，法定权利是外部法律环境对集体的规定，议定权利是在集体内部之间进行的。然而现实中，处于法律环境中的集体成员行使议定权利无论如何都是在法律框架之内所进行的，而集体成员之所以可以对某些事物行使议定权利必须也是法律允许的。这些原因使得权利的类型化界定很容易出现界限不清的状况。因此，在处理成员权类型化的过程中，按照权利与集体所有权中"公权"与"母权"的划分方式对成员权进行界定更为科学。集体所有权"一权两面"，但存在明显的公法与私法之界限，属性分类互斥性较强。对于成员权而言，就可以分为实体性权利（对应"母权"）和程序性权利（对应"公权"）。在此基础上，在根据权利内容划分二级权利内容，实体性权利中主要包括集体资源分配请求权与获益权；程序性权利则主要包括集体自治过程中的成员权利，如知情权、决策参与权和监督权。

二 资格权的内容与内涵延展

很多时候我们都想要非常明确地对某一种权利进行抽象的概念描述，以便在执行层面能够更清晰、更明确地去界定其涉及的权利关系。但事实上，哪怕就是同一个权利及其主体，在不同的现实情景中都可能处于不同的法律环境中。无论是"法律之力"还是"意思之力"，都极难在复杂多变的现实情境中提取出抽象的共同，因此对一个权利从形式上进行明确界定这种意图很美好，但却是不切实际的，反而可能过度理想化而忽略了权利的法律伦理和法律目的（卡尔·拉伦茨，2003）。例如在民国时期，南京国民政府颁布了一部极具划时代意义的土地法，直至今日其中的一些思想都具有积极意义。但这一法律由于过度理想化地对一系列土地权利制度进行了界定，严重地偏离了当时现实情景，被束之高阁。因此，从现实出发，对现行宅基地制度中提取可以被划入资格权的权能，以此为基础结合"三权分置"制度意图对资格权进行权利体系塑造，才能够在执行环节探索宅基地资格权的"有效"实现形式。从宅基地制度变迁历程来看，宅基地的权利体系构建和发展始终围绕集体宅基地资源和资产的利用而展开，因此宅基地资格权首先应当是成员之于集体所有的宅基地的一种实体性权利，存在请求权和获益权两方面的内容。

（一）资格权的请求权内容

在集体建立过程中，农民将自己所有的上地所有权让渡于集体，集体也就相应承担着成员可以维持基本生活的义务，具体而言就是向农民提供一定数量的生产生活资料和一定程度的社会保障。在集体建立以前，农民就已经生活在了其在土地改革中获得的宅基地之上，因此在集体建立后，宅基地归集体所有，但使用权仍然归原来的所有者，这是农村土地制度从农民私有制向集体所有制和平过渡的基础。在这个过程中也的确出现了侵犯农户宅基地使用权的情况，中央文件和国家领导人也亲自批示，"不能想调剂就调剂，不能想收回就收回"。同时又明确了宅基地不可出卖与出租，可见对于原本就已经归农户所使用的宅基地，在集体化过程中实际上是将财产权的部分收到了集体，保留了保障权的部分。但由于宅基地作为居住基础的特性，成员在使用的过程中必然有自利性，不能以侵犯其他成员的权利为代价。对于新的宅基地需求，则需要成员提出希望得到基本保障的诉求，即提出申请，这是请求分配权。但是由于这种自利性不能以侵犯他人权利为前提，所以集体有权利也有义务对成员申请进行核查，防止集体内部的不公平问题。

值得注意的是，成员提出申请、集体进行审查是为了确保公平性，在这个基础之上，只要满足《物权法》《土地管理法》和当地关于宅基地管理规定，集体必须对成员提出的申请进行足额满足。因此，成员提出申请就是向集体发出的强制缔约要求，集体没有权利拒绝。这是成员权中分配请求权的基础。在"两权"体系下，这种法律关系没有明确的权利载体，仅通过附着于使用权之上的成员身份限制而在一定程度上体现。如果集体或政府不给予回应，成员的分配请求权并没有权利救济路径。"三权分置"将复合于使用权之上的成员权与用益物权分离，新设资格权，因此资格权就自然成为这一法律关系的载体。也就是说，宅基地资格权是集体成员向集体请求分配一定数量宅基地的权利，其请求权内容是一种分配请求权，即要求集体作为的请求。从请求权的本质出发，农户可以选择行使或保留宅基地资格权，而一旦农户行使宅基地资格权，集体的法定分配义务应当是强制性的。

(二) 资格权的获益权内容

所有权具有占有、使用、收益和处分的完整权能。按照一般产权逻辑，农村集体作为所有权主体，理应享有农村土地所产生的一切收益和增值。然而由于农村集体与农民成员之间的辩证统一关系，集体行使所有权的目的应当是实现集体成员的利益，成员对集体所有权行使所获得的收益具有分享利益的权利，这也就是成员权具有获益权内容的基础。农民的集体成员权中所包括的获益权是一个广义"收益"概念，这当中包括了从集体财产性增值中获得收益分成的部分，也包括了成员从集体获得福利保障的部分。"两权"体系下，成员基于集体宅基地这一不动产享有的获益权集中体现在宅基地使用权之上，而由于流转限制，这一获益权仅体现为福利保障，法外流转实际上是一种违规利用因此不应计算其中。而"三权分置"中，使用权被一分为二，资格权承担成员权部分,使用权承担用益物权部分,因此资格权承担成员之于宅基地的获益权利。但问题在于成员之于宅基地的获益权利包括哪些,这直接关系资格权的权利内容。

仅从成员权出发,宅基地的基本功能就是保障成员的居住权利,因此成员之于宅基地首先应具有居住福利保障权利。在宅基地流转受到严格限制的制度体系之下,集体所有权和使用权的收益和处分权能都受到限制,集体没有办法基于宅基地获取财产性收益,成员也就不存在之于宅基地获取财产性增值收益分成的可能。因此,取得一定面积的宅基地以获得居住福利保障,是"两权"体系中成员之于宅基地唯一的获益权内容。在"三权分置"中,使用权是一种被纯化的用益物权,"实化宅基地所有权"和"适度放活宅基地使用权"的表达说明,所有权与使用权都被赋予了相对完整的收益权能及一定的处分权能。通过流转宅基地资源,集体和成员可以基于宅基地获取财产性增值收益,成员之于宅基地的获益权而被赋予了新的内容,即分享集体宅基地流转增值收益的权利。但这部分内容属于宅基地财产性属性的表现,不宜与其身份性属性与保障性属性符合,因此不属于资格权内容。

宅基地资格权的保障获益权利内容与社会保障属性的内涵延展辩证统一。首先两者都可以表现为集体以宅基地资源为农民提供居住福利。其次,两者从主体法律关系上又存在区别。成员权的居住获益权是基于农民与集体之间的总有关系,是对于集体财产的经济关系,是一种民事权利;而社会保障权利内容是农民作为社会共同体成员与公权主体之间的契约关系,是一种社会权利。因此,宅基地资格权既是成员权中宅基地分配请求权与居住福利获益权的复合体,也是农民作为具有特殊宪法地位的公民所享有的一种专属社会保障权利,受到公权力保护,也形成对公权力的制约。

(三)资格权的内涵延展:社会权利

社会契约论认为,人们通过订立社会契约而建立社会共同体乃至于国家，在这个契约订立过程中人们让出一部分权利赋予这个共同体，参与订立契约的人就成为了这个共同体的成员。社会共同体以某种社会秩序运行，社会共同体有义务为成员提供生存生活保障。而人的自然存在和社会存在必然产生基本生存和发展压力，当个人由于超出自己能够控制的情况而无法生存时，应享有由此共同体提供维持生存的必要帮助的权利，公民应然享有社会权利。社会保障权利是社会权利的重要构成部分，人人平等享有，但其对应的社会资源应优先向最不利的社会群体供给。

在国家权力的干预之下农民通过订立契约而形成了集体，集体的运行依赖于农民成员之间、农民与集体之间的社会契约。这一社会契约的核心内容之一就是农民将土地所有权转移给集体，而集体需向农民给付一定的资源以保障农民的基本生存。也就是说，在集体所有制度建立中，农民作为国家公民的部分社会权利由集体承担给付义务，因为这部分权利内容由农民的集体成员权作为法律载体。具体到本书关注的基本居住保障权利，农民在转移宅基地所有权之时，也就自然获得了要求所在集体保障基本居住的权利，在很长一段时间内以获得宅基地使用权利为实现路径。同时，由于集体形成中的社会契约订立是由国家强制性推动的，实际上是由"集体"作为公权的代表与农民订立的。因此资格权衍生于成员权，但其调节的法律关系实际上是集体成员与"公权"间之于居住保障福利的权利义务。集体作为"公权"主体自然负有对成员资格权的保障义务。而当集体没有能力为农民提供有效的保障、无法足额履行义务之时，国家应当承担农民居住保障福利的供给。

（四）资格权的内容构造：权利的整合

资格权首先协调的是成员与集体在居住保障权利方面的利益关系；其次还协调着具备宪法特殊地位和现实弱势境况的农民群体与国家之间的权益关系。从权利内容来看，资格权应当是一种实体性成员权利，是成员之于宅基地资源的分配请求权，也是成员居住保障获益权的体现，是宅基地分配请求权和居住获益权的复合体。而从权利行使目的来看，宅基地资格权是一种完全的自益权。同时，农民应然具有居住保障权利，而由于同一主体不可能并行出现两种"居住"行为，因而宅基地资格权在承载宅基地制度保障性内涵的同时也就自然附着了农民群体的居住保障权利。

宅基地资格权的内容构造如图3-1所示。农民集体成员权的权利束与农民的社会权利的权利束分别是两大圆柱体。每一个圆柱体（权利束）都可以切分为若干个小的圆柱体（权利或二级权利束）。两个圆柱体重合的部分就是由集体承担的农民社会权利部分，也就是集体成员权中作为农民社会权利载体的部分。请求权和获益权分别是农民集体成员权利的构成部分，社会保障权利是农民社会权利的重要构成部分。宅基

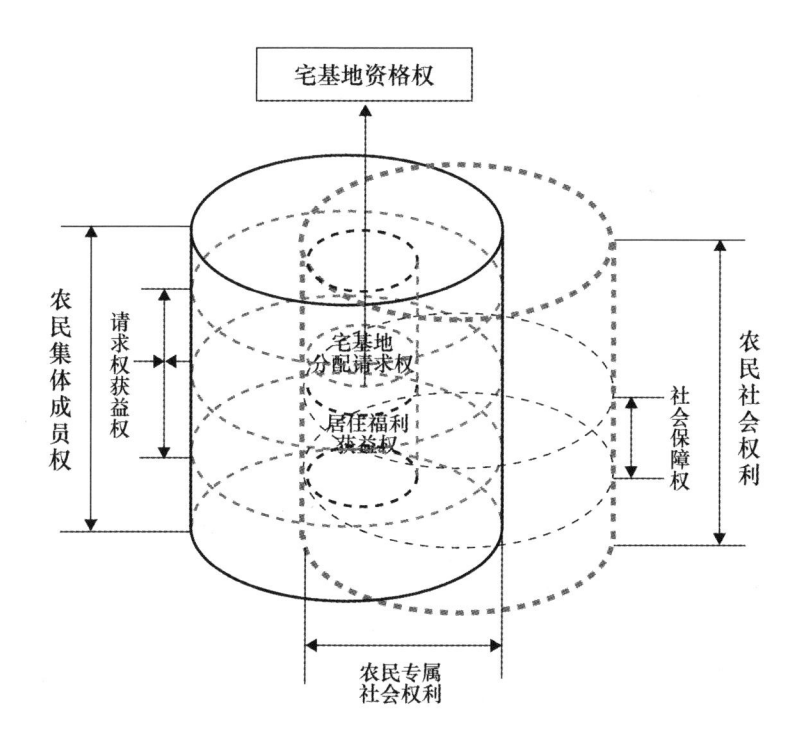

图3-1 宅基地资格权的内容构造示意

地制度本身实际上就承载了社会居住保障的作用，只是限定在了农村范围。这也是宅基地资格权具备社会权利拓展路径的制度基础，但其权利所对应的利益范围是否可以超越集体向社会延展，仍值得探讨。成员权本身承载了农民作为特殊群体所专属的社会权利，并不完全是社会权利的补充。随着制度的发展和社会环境的变化，这两大权利束的相互关系是变化的，"三权分置"也不是宅基地制度变化的终点。因此在宅基地资格权构建的过程中需要给这种可能的变化提供路径，这是向社会权利拓展的另一动因和基础。

三 资格权的特征与体系

宅基地资格权新设后成为专属于集体经济组织成员的权利。在城乡融合的现实下，宅基地制度最大的争议就是公平性问题。以此一个关键问题就是：什么是"公平"，只对一个特殊群体给予专门的保障，是否偏离了社会公平正义？罗尔斯认为一种"正义"的社会秩序应当是一种公平的协议，所有生活在此秩序下的个人利益都被平等地考虑进了这种平等的社会秩序之中（约翰·罗尔斯，2009）。然而，无论我们花费多大的力气去强调社会公平，但不得不承认一个十分残酷的现实：生活总是不公平的。我们能做的只能是促进相对公平，而无法实现绝对公平，这是自然分配所造成的无法避免的社会现实。这个现实是社会主义或者共产主义社会极力想要避免的，甚至于说我们曾经有一个时代想要消灭这种状态。但实践证明在我们当前的生产力水平之下是极难做到的。因此，我们只能接受"人生而不平等"的现实，去建立一种制度，对社会资源进行重新分配以使得自然分配中的最少受惠者获得最大利益。但国家和社会是一种比较宽泛的概念，想要在国家和社会中普遍建立这种制度是比较困难的。西方学者在理论中构建了一个"社会联合"的概念，家庭、社团等分享共同社会生活的单位构成这个社会联合，在其中的成员拥有大致相似的共有目标,成员在其中可以均等的机会获得相当程度的生活生产资料,实现内部的机会公平。

农村集体就是一个典型的"社会联合",而农村集体本身就具备公共性目的,"公平"应当是农村集体所追求的重要目标。在这种目标之下,居住资源应当是重要的构成部分,具体而言主要就是宅基地。首先是居住保障的特征。宅基地制度起源于对农民的居住保障,从私有化到公有化的变化过程改变了宅基地的所有权,但没有改变其居住保障的特征。为农民提供基本居住保障是国家强制化的公有化改造后形成的集体的义务。"两权分离"体系中,国家通过限制宅基地使用权流动,尤其是向集体之外流动,尽可能地保障了这种制度仅由当时为集体的建立做出贡献的群体或其后代所享有。但随着时代的变迁,这种保障已经难以为每个成员提供足额保障,于是"三权分置"的探索应运而生,其中资格权就是成员居住保障权利和集体居住保障义务的载体。其次是身份特征。身份性特征是资格权最直接的特征,如果没有"身份",也就没有"资格"可言。而从集体所有制度起源与乡村伦理发展来看,身份就是集体进行所有财产、收益或资源分配时的首要标准,集体是成员的集体,只要是成员就可以获得分配的权利,也可以基于集体所有的资源和资产获益。

(一) 保障性特征

资格权应当具有保障均等性特征。在国家公权力的介入下,所有农民毫无选择地让渡了土地所有权,形成了集体和集体所有权,因此成员获得保障的机会应当是均等的,即集体成员都应当就集体宅基地获得资格权。然而农民在入社之时所拥有的宅基地本就不尽相同,而"初代"宅基地使用权并没有经过分配这一过程,而是在让渡所有权的过程中自动保留的,加之代际更迭、嫁娶等原因带来农户之间家庭结构的不同,集体内部单个成员所实际占有的宅基地面积不尽相同,这也出现了某种意义上的居住保障不均衡。然而正如罗尔斯所说，制度是无法协调自然分配下的不均衡原则，因此社会保障制度的公平性只能是"相对公平"，而无法做到"绝对公平"。这也就是资格权的保障效率性特征所在，即每个人在获得基本居住水平上保证平等，而不是宅基地资源在成员间的等额分配，这种对平等的有限度追求可以被解释为制度公平和效率的有机统一，对于绝对公平的追求实际上是一种效率损失。综上所述，宅基地应当具有保障均等性和保障效率性特征，并构成资格权的保障性特征体系。保障均等性特征的内容是在成员居住权利保障方面，应当对成员"人人可保"且"应保尽保"，只要是集体成员就应当具有宅基地资格权，只要集体还有宅基地指标就应当尽可能为每一个成员提供居住保障。保障效率性特征的内容是在有限的宅基地资源范围内，集体应优先为相对贫困的成员提供居住保障。效率性和均等性是辩证统一的关系。绝对的成员间公平实际上是一种效率的损失，所以均等性并非要求成员资格权"人人平等"，而是"人人可保"。同时这种保障应当是基本的保障，即因经济水平提高所带来的改善性需求不应成为资格权的保障对象，只有这样集体才能够做到"应保尽保"，尽可能保障更多成员的基本居住需求。

（二）身份性特征

成员对于集体宅基地的成员权利因身份资格而产生，而成员对于集体所有之宅基地的应有份额是不可分割的，否则就会形成集体的私人化，而资格基于身份产生，所以不应当被转让或继承。因此宅基地资格权也具有身份专属性特征，不可分割、转让或继承。在集体规章和法律法规制度范围内，因血缘、嫁娶等原因可以获得集体成员身份，也就由此获得成员权及宅基地资格权。这种姻亲和血缘关系使得集体得以存续，但不是成员个体身份的继承或分割，每个成员自身的资格权是专属的。身份性是宅基地资格权最根本的特征并由此衍生出资格权的无期限与无偿特征。成员身份当然之下实际上隐含的是资格权的无限期性。资格权以成员身份设立而自动设立，只要成员身份一直存续，则资格权就不会灭失，不能额外设定资格权的期限。这种无期限是基于成员身份而言的，并非"永久"，自然人一旦丧失成员身份则其资格权也自动终止并灭失。而由于成员的身份当然性，资格权又具有了无偿性特征，即确认集体成员身份后即可无偿获得资格权。值得注意的是，成员在获得成员身份过程中是无偿的也可能是有偿的。如"初代"资格权的设立是以土地等生产资料所有权的无偿让渡作为代价，这实际上是一种成员身份的有偿获得；而在集体成立后，因血缘等原因获得的集体成员资格则多数是无偿和自动的。所谓资格权或成员权的无偿性是指已经成为集体成员后，权利的获得是无偿的。

（三）资格权的层次体系：特征的复合

作为一种社会秩序的法律权利载体，资格权的保障性特征与身份性特征是统一和协同的关系。"社会联合"应当是相对封闭的，因为只有在封闭的状态下才有可能形成集体道德共识。因此资格权保障的应当是集体成员，这也是其成员权性质的内核所在，即是一个仅限集体内部成员享有的权利，任何人想要获得这种保障首先应当获得身份，无身份则无保障，有身份则必然有保障。但由于封闭于集体内部的宅基地制度以集体的实体资源作为保障物并形成排他性占有，因此形成了资格权相较于其他农民集体成员权所特有的权利特点，即差异性。尽管成员权本身不能继承，身份专属，但事实上成员身份可以血缘的方式在代际之中传递。在权利的身份当然之下，农民一旦获得身份就享有权利。无论集体所拥有的宅基地是否足够充足，基于集体宅基地所产生的权利都具有极强的自益性特点。在这种情况下，成员只要"多生"就可以获得更多的宅基地。因此，为了实现集体的公共性目标，国家对于宅基地申请的规定向来以"农户"为单位,要求"户有所居",因而这也是国家政策中表述为"农户宅基地资格权"的原因。

长期以来中国农村生产单位与生活单位形成对应,以"户"为单位进行宅基地分配相对稳定和传统的乡村伦理关系之下实际上是一种公平性的彰显。然而,随着乡村人地关系转型,代际分化加剧,以"户"为单位的生活方式因此逐渐松动并对以"户"为单位的宅基地分配方式形成挑战。集体成员权利从以"农户"为主转向兼顾个人需求应当是乡村伦理变化的必然要求。但正如前文所说,过于强调个人身份的成员权利又对有限的宅基地资源的均等保障提出挑战。因此,在人地矛盾比较突出的地方以"住有所居"替代了"户有所居",以户作为宅基地实体资源的基本分配单位、以成员为单位进行差额居住利益补充。由此宅基地资格权实际上呈现出了一种双层体系:以成员所在的家庭即"户",作为成员享有宅基地分配请求权利和获益权利的基础单位;在此基础上,以成员个人的居住权利保障为最终落实,条件允许的情况下进行差额补充,这是宅基地制度中身份性特征的体现。

第三节 权利的关系

法律制度建构于复杂社会关系基础之上,社会关系会受到法律制度的规制与影响。资格权是宅基地"三权分置"体系的重要组成部分,也与农民权益、乡村治理和国家行政权力相联系。因此,宅基地资格权的外延关系也是其法理基础构造的重要组成部分,并作用于资格权之上进而影响宅基地制度变迁。本部分将分别从资格权与所有权和使用权、资格权与村民自治权、资格权与国家行政权的关系进行讨论,通过明晰资格权的外延关系完善资格权的法律基础构建。

一 资格权与所有权、使用权的关系

(一) 资格权与所有权的关系

宅基地资格权与所有权的关系实际上就是成员权利与集体权利之于宅基地资源分配、占有、使用、收益、流转等权能内容的体现。集体确认宅基地资格权的主体，对宅基地拥有管理、处分等权利，但方式是成员通过集体自治程序进行。成员对宅基地拥有分配请求权和获益权等实体性权利，同时也具有宅基地事务的知情权、参与决策权、表决权等程序性权利，还基于集体自治程序对宅基地资格权的获取前提——集体经济组织成员身份拥有表决权和知情权。

在这种情况下，农户宅基地资格权与集体的宅基地所有权形成了辩证统一关系。资格权的核心权利内容是成员基于成员身份的居住获益权利叠加宅基地这一资源的请求分配权，基础是成员权利。可以说没有具体所有权，就不存在宅基地资格权。因此集体宅基地所有权是农户宅基地资格权的前置条件，即"母权"。宅基地资格权对宅基地所有权的存在没有影响，但对宅基地所有权的实化具有重要作用。宅基地资格权作为成员权利的实现，其集合就是所有权的实现路径，宅基地资格权支撑宅基地所有权的实现。"三权分置"后资格权单独设立，资格权就与宅基地集体所有权形成相互依存的"共生"关系。

宅基地资格权与宅基地所有权也形成一定的制约行为的本质是主体内在意愿与外化表示的结合。而集体是成员的集体，无论是集体本身或其代理组织，"集体意愿"其意思形成都受到内部关系的制约。成员通过行使宅基地资格权对相关成员权涉及的内容完成自己的意愿表达。因此宅基地资格权会对宅基地所有权产生内生性制约。例如集体在利用和配置宅基地资源之时必须以成员资格权为优先，不能自由处置。除此之外，宅基地所有权对应的是集体这一公权主体，而宅基地资格权所对应的是农民作为社会共同体成员所应然具有的居住保障权利。因此，宅基地所有权与宅基地资格权之间存在某种契约关系，而且是强制缔约关系。

(二) 资格权与使用权的关系

在两权体系下资格权与使用权共同附着于使用权之上，"三权分置"后，资格权与使用权相互独立，与所有权共同构成宅基地制度的"三权"体系。宅基地"三权分置"对集体宅基地的法律权利制度安排，使得在这个制度体系之中，资格权与使用权形成了相互依存的关系。一方面，拥有宅基地资格权是取得宅基地使用权的前置性条件，即主体只要被按照一定标准和程序认定为宅基地资格权的适格主体，那么他就拥有了获得宅基地使用权的条件，可以进行宅基地申请。由于强制缔约性，基于宅基地资格权所取得的使用权应当是无偿、无期限的。这是宅基地资格权与使用权最直接也是最本质的联系，而取得宅基地使用权是主体行使资格权的目的和结果。另一方面，宅基地使用权是资格权权能效力的体现。成员对于集体总有宅基地享有占有、使用和收益的权利，在成员权体系中这些权能由资格权承载，但这种权能是一种潜在份，即需要提出明确意思表达（"申请"）才可以实际获得。从申请到审批的过程，就是成员的应有潜在份额显化并内化为宅基地使用权的过程。意即，成员基于资格权可以获得的宅基地使用权所对应的利益，就是宅基地资格权所对应的潜在利益。因而宅基地资格权不是"获得某项利益的资格"，而就是一种切切实实的利益，只是这个利益在成员提出意思表达之前是"应有"但"未获得"的状态。因此，宅基地资格权是获得使用权的一项重要限制性和前置性条件，但这种联系并不存在必然性，否则使用权放活就无从谈起。总而言之，获得使用权是主体行使宅基地资格权的结果，但由于宅基地资格权具有复合权能，因而使用权获取并不是主体行使资格权的必然结果（但在现行制度之下，这就是唯一结果）。

第三章 资格的权利与权利的资格：法理逻辑

二 资格权与成员自治权的关系

集体成员在让渡所有权的过程中保留了部分权利，其中一些权利可由成员个人独立行使即为成员权，而还有一些涉及集体所有权范围内的成员共同利益事务，成员个人无法单独行使这些权利，需要成员以民主方式形成集体决议共同决策，这些权利就是成员自治权。成员自治权应当与村民自治权相区别。村民自治是中国在农村地区实行的一项基层治理制度，属于政治制度，村民自治权利（力）是村民对其所在农村社会中与公共利益相关的事务事业进行民主管理、监督和决策的权利（杨成，2010）。两者都是自治权，区别主要在于内容和行使主体的区别上。从内容上看，根据中国《村民委员会组织法》，村民自治权基本上包含了成员自治权，成员自治权主要涉及行使成员集体所有权范围内的事务及集体所有权行使中成员公共利益相关事项，如村集体经济所得收益的使用和宅基地的使用方案等，而村民自治权在此基础上还涉及村内的公共公益事业和社会治安等内容，例如公益事业的兴办和建设项目筹资筹建等。从主体上看，成员自治权的主体是集体成员，代理机构是集体组织，而村民自治权的主体是行政村村民，代理机构是村委会。行政村村民是完全依照行政村户籍登记确定，集体成员则可能与此有所出入，而集体组织和村委会从形式和性质上都存在差异。在人民公社时期，村社合一之下，生产活动与政治活动都由公社统一组织。而由于人民公社的解散，政治属性与经济属性相分离，集体经济组织或村民小组成为了经济事务的"集体组织"，而村委会等则承担了政治属性。实际上直至今日，在许多农村地区尤其是欠发达地区，村民自治组织与集体组织实际仍然是合一的状态，二者在人员构成上基本重合，成员自治事项与村民自治事项融合并行，成员自治权内化于村民自治权。本书只对宅基地资格权与成员自治权的部分进行探讨，不涉及成员自治事项以外的村民自治内容。

成员自治权会制约宅基地资格权。首先，集体成员之于宅基地进行自治，民主议定整合宅基地使用和分配方式等方面的具体意思，而后由集体组织负责执行并最终产生自治结果，如宅基地使用方案等。个人成员行使宅基地资格权所获得的相应权益或保障内容须在成员自治结果范围内，在不考虑国家行政权干预的情况下，自治结果将会决定宅基地资格权的外延和边界。其次，成员自治权是支撑资格权实现的功能性权利。集体基于成员民主议定结果形成对涉及共同利益事务的意思表达，由集体或集体组织进行意思执行，产生的集体利益由成员共享，必然产生个体意思向集体行动的转化和集体利益向个体利益的分解两个过程。宅基地资格权行使中，成员基于自身个体意思将集体宅基地利益转化分解为个体利益，其行使规则由民主议定，涉及成员权与所有权之间的联动关系。成员自治权就是支撑资格权实现中整个联动过程的功能性权利。

三 资格权与国家行政权的关系

国家行政权是国家行政机关在宪法和法律赋予的权限范围内，对国家公共事务进行行政管理的权力，其具有国家意志性，是一种公权力，具有强制作用。国家行政机关有权对涉及全社会公共利益的事务进行强制性干预。宅基地是集体土地，也是全社会的土地资源，国家有权对宅基地相关的事务进行立法和管理，其中就涉及到国家行政权力对宅基地资格权的规范与监督。国家行政机关从公共利益出发，有权对宅基地资源进行管理，而宅基地又归成员集体所有，国家的行政管理必然会影响宅基地资格权的实现。例如，"合村并居"中农民原始宅基地被置换或调整为新的宅基地或以农村公寓楼房的方式取代独立院落，农民的居住保障权利内涵就从"地"转为"房"。

国家行政权介入和干预宅基地资格权具有现实基础。首先是土地资源利用与管理的现实必要性。随着城乡土地价值差异和乡村环境改善，

第三章 资格的权利与权利的资格：法理逻辑

现实中出现了城镇居民去农村居住生活的需求。"三权分置"的制度意图是通过适度放活使用权从而在一定限度内满足这种社会需求，保障成员基本居住权利的同时盘活宅基地资源。然而，如果国家行政权不进行介入，村集体可以通过确认城镇居民集体成员资格的方式向城镇居民违规配置无期限的宅基地使用权并自行建房，出现巨大"寻租"空间，破坏基层法治基础的同时，"严禁利用农村宅基地建设别墅大院和私人会馆"的政策要求也就无法实现。因此宅基地资格权虽然是本源性成员权利，但因为宅基地也是重要的土地资源，国家机关有权对其相关的权利行使及其产生的法律关系进行行政审批和监管。其次是实现社会公平正义的现实必然性。由于资格权受到成员自治权的制约，宅基地使用方案等都以民主议定、多数通过的方式进行表决和通过。这种方式有可能造成"多数人的暴政"，忽视少数群体的利益，现实中以自治的名义侵害弱势群体利益的情况并不鲜见。

宅基地资格权承载着宅基地制度的保障性功能价值，又应当对弱势群体予以优先保障，因此国家权力介入是资格权的内生性要求。而由于区域异质性，通过国家层面立法进行细致的规定并不现实，因此应当主要通过国家行政机关行使国家行政权力进行监督和管理。例如在成员资格认定方面，由于资格认定优先于资格权设立与行使，也就不存在行使成员撤销权的可能。国家应通过行政立法等权力施加强制性规定，对弱势群体的成员资格认定及其权利行使予以保障，从而真正实现资格权的保障性内涵，促进社会公平正义。此外，宅基地资格权作为农民专属的一项社会权利，宅基地资格权对于国家行政权具有一定的制约作用。国家行政权的行使不能侵犯宅基地资格权，并且国家行政权负有对资格权的保障义务。当权利主体的资格权受到损害时，权利主体可向国家行政机关提起行政复议并寻求公权力救济，国家行政机关必须运用其行政权力对此进行干预和调解。

第四章

赋权、确权与用权

任何一项权利的最终归属都在于权利实现。权利的实现就是应有权利、法定权利向生活事实的转化。只有可以被实现的权利才具有实际的价值，否则权利只能是一个"虚构的神话"，因此只有可以向现实权利转化的权利才具有法律意义和社会意义。权利的法定化意味着法律对于适格主体的应有权益进行了确认和保护，也对相对人的义务以及社会中的利益关系进行了规定。法社会学认为法律制度是对社会关系和社会结构的反映，也会影响社会关系和社会结构的发展，仅仅坚守法律内部的逻辑自洽会导致社会现实与法律体系的冲突。"无规矩不成方圆"，权利的实现也应当具备一套相对完善的、符合社会秩序的规则，即权利主体不可以主张超越权利所及范围的利益，也不可以据此侵犯他人利益。因此，资格权设立之后，资格权对应的利益实现应当在一定的规则范围内进行，即资格权的实现规则。

由于农民是社会成员中的特殊群体，农民既享有作为社会成员的应然权利，也享受因集体所有制度建立所获得的成员应有潜在利益。在资格权设立以前，农民的这两种权利或利益没有统一的法律载体，成员权与社会权利分离；而资格权设立以后，在本书前述构建的权利内涵体系中，资格权成为了在居住方面融合农民社会权利与成员权利的法律权利。作为社会成员的社会权利是一种自然权利，即无论集体所有制度建立与否，农民作为社会成员都拥有的权利。而成员权是农民作为特殊群体所专属的权利，因此成员权的实现应当具有更为严格的规则。从协调社会不同群体之间的利益关系角度出发，宅基地资格权的实现应当遵循更为严格的规则，否则权利的实现结果可能违背成员权所及的利益范畴。

第一节 权利实现的意义及其规则设定

一 促进权利实现的社会性和制度性意义

（一）实现权利所及的利益

身处现代社会中的人，无论社会关系复杂程度都总处在某种社会关系之中，出现社会联系的原动力就是人与人之间的利益格局。法定权利的设立就是对于社会主体间利益关系的存在确认，法律关系的本质就是制度对这种利益关系格局的协调和确认。因此，权利的实现以其相对应的利益实现为目的和结果，即权利对应的利益为主体实际获得，主体实现权利是为了获得其法定范围内的利益。但法律并不会对于私法中的主观利益实现程度做出规定，而是由权利人自行主张，只要其主张的利益是与权利相对应的即可。例如房屋买卖中，业主和买方对房屋价值认同和判定往往存在差异，但法律只会对权利标的物是房屋所有权做出界定，而不会对权利人对于利益的判断做出非对即错的认定。但利益也存在于公法领域，尤其是福利方面。由于利益存在的普遍性，法律及公权力主体无法具体确认个体的特殊需求，因此通常采用客观标准确定相对主体的利益及利益的内容。

（二）实现权利所对应的自由价值

权利的本质是利益，但其实质是制度对人所享有的自由空间的确认，即权利主体可以在多大的程度上按照自己的意愿自由抉择实现权利与否、获得多少程度的利益、利益获得的途径。而权利的实现就是权利人自由地且不受侵害地行使自己的权利。例如现代社会中人的自由、尊严等价值都是基于其权利的实现。同利益的实现类似,自由的实现也分为主观和客观两个方面。私法领域中,只要不违背法律和公序良俗,也不侵害他人权利,是否自由或自由的程度由权利人自我感知所确定。公法领域中,相对人所享有的自由程度受到法律和公权力的制约,自由的实现很大程度取决于法律对于自由空间的划定。但由于社会中的利益关系纷繁复杂,所以权利的行使必须遵守某种规则,从而形成人与人之间利益关系的协调。

(三) 形成对公权力的限制

在公法领域,人们所享有的利益与自由都是由国家在普遍性原则下依据客观标准所确定的。在私法领域,人们的自由意思表达权利本身就是国家权力的边界,但权利的法定化和权利的设立并不意味着国家权力会在边界前止步;反之,权力总是会倾向于侵犯权利。而权利的实现不仅意味着法律对于权利的认可,还意味法律保护的利益与自由没有受到国家权力的侵犯。因为在公权力的权威性和强制性作用之下,如果权利人的法定利益与自由受到公权力侵犯,权利人甚至很难通过自我主张得到权利救济。因此,权利向现实权利转化,实际上就是保护权利人应有利益与自由不受到包括国家在内的任何主体的侵犯。转化机制的构建实际上就是对国家权利边界进行明晰和固化,因而推动权利的实现可以对公权力形成有效限制。

二 权利的实现以实现规则的设定为基础

经法律确认后,即法定化程序的,应然权利就成为了法定权利,但权利法定化并不产生新的利益或自由。也就是说,制度化过程本身不会创造利益和需求,只是对已经存在于社会秩序的某些利益诉求和利益关系的确认并形成保护。然而除了有普遍共识的自然权利之外,人的主观权利需求是多样的。需求是多样的，冲突是普遍的，而实现利益的资源是有限的。即便是一些自然权利，生存权这样的已经形成社会基本共识的权利，人与人、社会与社会、文化与文化之间也存在不同程度的理解差异。制度无法确认每一种个性化诉求，因此只能去确认某项权利对应的利益主张是不是合情合理的、不侵犯他人利益的，即公序良俗的。因此应然权利法定化后也会形成对各种不同需求及其相互冲突的平衡，进而形成社会资源和个体需求间的匹配与协调，否则个人、组织、社会和国家都将在无穷无尽的利益纠葛中迷失发展的方向，失去发展的动力。因此，规则设定是推动权利实现的基本前提。法律具有平衡功能，其目的是实现社会利益的最大化。法律制度对各种纷繁复杂的个体利益诉求做出研判，衡量其对于社会利益最大化的贡献，建立协调利益关系的标准，从而形成利益边界。

确定利益边界的第一步就是权利主体的认定，即哪些人可以获得哪些利益，或某一利益应该被哪些人获得而不应被其他人获得。那些被法律制度认定为可以获得这些利益对应的权利的人，法律上称为"适格主体"。第二步是要确认这些被认为可以获得某种利益的人在何种情况下或满足什么条件的情况下可以获得、怎么获得或者应当丧失、怎么丧失该权利，即并非所有的适格主体都可以实时获得权利认定。例如，选举权的适格主体是年满18岁的国家公民，但并不是只要年满18岁的公民就可以获得权利，还需根据法律规定对其获得权利予以确认，如果发现了不可获得的情形，就不能赋予权利。第三步就是对权利行使过程的规定，即已经被确认并赋予权利的权利主体应当在什么样的自由空间范围内实现其利益主张。这个自由空间的设定就可以以帕累托最优中的社会利益最大化标准来判断，即主体利益的实现不能以其他主体合法利益受到损害为代价。第四步就是冲突的解决，即如果主体的利益受到了侵犯，权利主体可以采取哪些措施，或者侵犯者将付出什么法律代价。由于法律不可能自动探测到侵权行为，因此法律需要设置一定的渠道以便权利人可以依法主张权利，例如权利救济机制。

第二节 宅基地资格权的认定：赋权

赋予成员宅基地资格权是集体的义务，但是否只要是集体成员就可以获得宅基地资格权，或者说成员是否就是宅基地资格权的适格主体、在什么情况下可以获得宅基地资格权。这对于集体而言十分重要。因为宅基地资格权与所有权主体之间因成员权关系形成的强制缔约关系，成员一旦按照规定的程序行使资格权，集体有义务满足成员的权利要求，不能随意拒绝。出于权利义务的对等关系，集体有权利也必须设定资格权的主体认定标准。但是由于宅基地资格权实际上承担了农民的社会权利内容，因此这个标准要么需得到国家认可，要么应当由国家或代表国家的政府根据实际情况（包括调查、征求集体意见等方式）制定并颁布，一旦形成就不以特定民事主体的主观意思为转移。

宅基地资格权是集体成员对集体所有的宅基地资源及其内含的居住保障内容的权利，这决定了宅基地资格权的认定应以"身份"为首要标准。作为一项成员权利，这个"身份"主要指集体成员身份。在农村土地集体所有制建立初期，集体成员实际上就是那些以自己在土地改革阶段获得的土地等生产资料入社的"社员"。以合作社为基础形成了人民公社，政社合一、村社一体，村民就是集体成员，二者几乎完全重合。此时的身份可以是社员也可以是村民。改革开放人民公社瓦解，原来政社合一之下的"三级所有"不再适用，乡镇、村、组承担了原来人民公社的政治属性，负责基层治理；集体经济组织则承接和取代了人民公社的生产和经济属性。近年来国家也在开展农村土地"三项制度"改革、农村产权制度改革。

然而实际上许多地方在人民公社瓦解后，集体经济组织并没有真正地成立起来，或只是在"牌子"上体现，实际就是村组行使着政治和经济双重职能。因此，这里的一个问题是，集体经济组织成员以其身份可以获得宅基地资格权，但集体经济组织成员的认定首先就存在阻碍或瑕疵。此外，改革开放带来的农村剩余劳动力转移，农民出现农业生产以外的生计，逐渐脱离村域工作生活，并逐渐从事实上脱离集体经济，集体成员的范围开始模糊。在剩余劳动力转移和举家搬迁的情况中，不一定伴随农村户籍的迁移，致使户籍"村民"与集体成员之间出现差异。而随着城乡融合，农村人口结构更加复杂化，一些大城市的近郊农村甚至出现常居的外国人。因此，如何确定资格权主体范围、如何或是否仍以成员身份作为宅基地资格权认定的唯一标准，值得商榷。尤其是就宅基地而言，除了成员身份及成员资格的认定问题，还存在权利主体身份变化的问题。现状宅基地使用权的权利主体或许在取得使用权时是集体成员，但并不意味着"三权分置"后仍然可以具备取得资格权的资格，即使"三权分置"时仍具备，但在人地关系越发松动的乡村社会，不确定性和变化性是难以避免的。

一 权利主体

（一）"农户" VS "个人"

或许你已经有一个疑问：国家政策中所提是农户宅基地资格权，但农户显然不与集体成员完全对应。"农户"只能说户主大概率是集体成员，但户内其他人并不一定都拥有集体经济组织成员身份，同时一户之内也有可能不止一人是集体成员。"三权分置"的政策文件明确提出"农户宅基地资格权"，《土地管理法》2019年修订案也以"农户"为宅基地配置的基础单位。"三权分置"相关制度和政策文件中基本上所有的正式制度性文件均以"农户"作为主体。这就形成了宅基地资格权所对应的"农户"与现实之间的差距,也就加大了宅基地资格权认定中的争议和矛盾。似乎农户就是当前法律和政策中默认的宅基地资格权的赋权对象。可是如果我们仔细去翻看不专门针对宅基地的政策和法律文件,我们会发现民法体系中确认的民事权利主体主要包括公民和法人,"家庭"和"农户"不是标准意义上的民事权利主体。《民法通则》《物权法》等对于集体所有权的表述均为"农民集体",这种表述可以理解为集体是农民的集体,因此相应的集体成员权主体是农民成员,即自然人。《物权法》第十三章第一百五十四条规定"对失去宅基地的村民,应当重新分配宅基地",尽管"村民"与"成员"之间并不完全重合,有待讨论,但这一表述实际上认可以农民个人（法律上的"自然人"）为赋权对象。看起来,法律制度和政策文件在不同的表述场景中,出现了矛盾点,但为何会有这种语义上的不统一,可能要从"习惯"说起。

法律起源于习惯所形成的社会秩序,而每个社会都有一套传统和习惯,因此也会形成不同的传统和习惯。人们在这些传统和习惯中不断发生社会联系,最终使习惯逐渐变成这个社会的规则。尽管不同时期基于不同的时代背景下的价值取向、意识形态、经济水平对于习惯和秩序人法会进行主观的塑造和筛选。但是在时间纵向上,这些内容仍然可以传承和形成影响。宅基地对应的是住房,人类的居住方式是以"家庭"为单位,这是人类社会的共性。但是"家庭"的范围,不同家庭与家庭之间的连接密度,每个社会都存在差异。在以血缘和姻亲为主要关系所维系的中国传统农村社会中,在家庭内高紧密度的传统下,切分家庭内部成员个人的居住权利不具备现实操作性。例如有的家庭户主是集体成员而配偶不是,完全以个人成员份额进行宅基地配置会产生很多现实问题。还有因为传统习惯发生所必然发生的家庭内部成员身份变化,最典型的就是外嫁女与入赘婿的问题。如果完全按人头的成员身份进行划定,就会涉及宅基地或居住保障份额的调整,而因此就会涉及地上房屋及其所有权分割等复杂问题。因此以个人的成员身份作为宅基地资格权的认定基础缺乏现实操作性。因而以"户"为单位进行宅基地的配置,既是长期的习惯,可以与中国农村以家庭为单位的生产生活传统相契合,也是现实中最具操作性的做法,同时当出现乡村人地关系发生变化时能够较大程度规避因非户主家庭成员身份外迁造成的问题。因此以"农户"作为宅基地资格权的权利承载主体具有现实性和传统习惯要求,但这并不代表"户"可以完全替代成员个体权利。

在计划生育政策、进城务工求学等多重因素影响之下,有的家庭人口较多,有的家庭人口少,从而造成家庭之间人口结构不同。例如有的家庭生育两个儿子,分别结婚后就还有儿媳、孙子女等;而有的家庭生育两个女儿,女儿外嫁后按许多农村习俗就算作男方人口。这种传统认知不一定符合当前社会尤其是城市的主流价值观,但在农村仍比较明显地存在且被较广泛地认可。这时,如果以农户完全替代个人来确认其宅基地资格权,显然会出现公平性的争议。即使采用分户并新申请宅基地,也难以协调这一问题,更何况在新增宅基地指标越发紧张之下,已经有很多城郊农村没有进行过分户了。这一点在我们重点研究的大兴区体现得特别明显。此外,从资格权的保障特性出发,以农户为资格权唯一主体不利于农村中特殊群体的权利保护。尽管前面花了很长的篇幅论述了多数的农民群体在整个国家和社会中都处于相对弱势的地位,但在农村内部仍存在更弱势的群体。有一部分农村弱势群体的境况就来源于集体成员权利的争议。例如外集体成员因婚姻关系嫁入(或入赘)到本集体后,按照习俗就脱离了原集体成员身份,但也没有确认其宅基地资格权及其他成员权利。离婚后,与家庭脱离婚姻联系,也自然脱离了"户"所享有的资格权。此外,从法律本身来看,农户的确不是民法认可的民事主体,而是民事主体的自然人的联合,相应的"户"也就不具备完全的民事主体地位,无法代替成员个人行使完整的民事权利。

（二）"农户+个人"双重权利主体

单纯以户为单位认定宅基地资格权最具有现实操作性，但的确从法理、历史和保障层面存在一定的弊端。回归宅基地资格权作为成员个人的身份性权利，兼顾习惯和现实需要，宅基地资格权的适格主体应当以集体成员为基础的"农户+个人"构成双重主体。在这种体系之下，成员个人是认定宅基地资格权的基础，而"户"是实现宅基地资格权的主体。具体来说，应当是以户为基础单位，"一户一宅"，各地根据地方规定进行等额宅基地分配，如北京是每户0.3亩；在此基础上，应从各集体实际情况出发，结合宅基地指标与集体成员数量，可根据家庭实际居住需要追加额外份额，认定成员个人的部分宅基地资格权。例如当农户家庭人口较多但集体宅基地指标有限或地方规划建设控制导致无法分户时，又或者出现类似前述外嫁女或入赘婿等特殊情况，成员个人可以通过行使个人宅基地资格权，向集体申请获得一定的个人居住福利保障。这种对于成员个人资格权的追加程度和保障形式可以根据每个村集体不同的实际情况，形成制度化规则予以明确。而值得一提的是，在现实社会中并不存在绝对的公平和均等，以"公平"的规则和机制对待无法规避的"不公平"是社会制度的正义性所在。"农户+个人"的权利主体体系并无法保证绝对的公平，仍然可能存在一定程度的不均等问题。但这种兼顾个体化需求的认定方式可以在一定程度上缓解因农户分化或个体差异导致的"不公平"，落实社会权利和发展权利，促进"人"的全面发展。

二 认定标准

（一）成员身份的认定标准

作为由成员权衍生的权利，宅基地资格权应当以集体成员身份为基础。因此，认定某自然人是宅基地资格权主体的前提是确认其集体成员身份。目前中国法律对于集体成员身份的认定没有明确规定，实践中围绕集体所有土地的利用和利益分配发生了大量的纠纷。因此在资格权得丧认定时，需要明晰集体成员身份的认定标准。目前对于成员身份的认定原则存在差异，标准不一，主要包括户籍标准、事实标准、契约标准和复合标准四类。

第一类仍以户籍登记为标准。20世纪50年代以来，中国开始实行严格的户籍管理制度，城乡人口的迁移和身份变化受到严格控制，户随人走。尽管改革开放后户籍变化与人口流动的关联度下降，但处于长期的户籍管制之下，城乡居民都基于户籍形成了个体强烈的身份情结（郭玉锦，2002）。同时户籍变化是一个有章可循、有据可查的行政行为，可以清晰直观地表现身份的变化（孟勤国，2006），因此学者们提出以户籍作为成员资格认定标准具有较高的认可度，具有独特的优势（代辉等，2016）。然而，改革开放后人口流动自由度越来越高，户籍迁入迁出不再是强制性措施，户籍登记情况对于描述人口变化的能力减弱，户籍人口迁移并不意味着户口迁移。根据第六次人口普查数据显示，离开户籍地6月以上的人口较第五次人口普查时增加81%（李慧英，2016）。同时，城乡户籍一直以来都具有极强的互斥性，非此即彼，尤其在城镇化进程中人口几乎都呈现乡—城单向流动，户口迁移基本上可以代表人口迁移。因此，本书认为将户籍迁入迁出作为成员身份认定的标准存在争议，但可以将其作为丧失成员身份的基础标准。当然，对于一些特殊情况，如参军入伍、求学等，应当予以优先保障，对于这部分人的成员资格可以进行暂时保留，待其退伍复员地方或正式落户城市后再进行认定。

第二类是事实标准，即以是否实际在农村依赖集体资源生活、存在成员或村民权利义务存续（于毅，2014），是否实际拥有承包地、是否享有集体财产份额（刘竞元，2019）等事实为判定成员身份的标准。以事实作为成员资格的判断标准具有较强的社会现实性。始于2015年的国家农村集体资产股份权能改革工作中确定了29个试点地区，每个试点地区都力图对集体经济组织成员身份判断依据进行重新界定。其中，河南、内蒙古、青海、宁夏、江西、陕西等地都以是否事实拥有承包地作为成员界定的重要依据，而福建、甘肃、内蒙古对成员资格判断还提出了以婚姻事实作为重要依据的规定（马翠萍，2019）。是否实际在本村拥有土地是传统乡村中对于判断是否是"熟人"的重要依据，基于土地和祖辈生活地产生的身份认同和乡土情结是中国社会的重要特征和传统，能够相对客观地描述人与集体的财产和人身关系。然而由于现实是变化的结果，未来也可能发生变化，完全以事实作为判断标准可能会忽视历史根源问题，也会存在结果不稳定的问题。

第三类是契约标准，以集体、成员和特定民事主体的主观意思表达为判断依据。契约标准认为，既然成员身份涉及的成员权利是民事权利，协调成员与集体之于集体财产的关系，因此应以成员与集体的意思表达为判断依据（张钦等，2008）。而由于集体财产归成员集体所有，判断特定民事主体是否具有成员身份应以集体及全体成员是否接纳为依据，即可以通过成员自治程序和集体成文规章制度来进行身份认定（侯德斌，2011）。但契约标准则过分强调民事主体的主观意愿，可能陷入集体行动的逻辑陷阱，也忽略了集体最重要的财产就是土地，而土地是全社会资源，仅以集体和成员意思表达判断成员身份，进而分配集体土地资源，会损失效率性和公平性。

第四类是复合标准。复合标准以户籍为基础，将客观事实性依据与成员、集体的意思表达相结合，由国家法律在集体自治基础上对成员身份的认定标准进行规制（韩松，2005；戴威等，2012；石敏，2016）。从理论和实践意义来看，似乎复合标准更能够解释和适应当前城乡关系和乡村人地关系状况下的集体成员身份认定问题。在地方实践中，复合标准并不完全体现在前三个标准的完全符合，许多地方如内蒙古、黑龙江等地的试点中都以"户籍+事实"作为认定基础。然而，在采用复合标准时会涉及一个问题，即当客观事实与主观意思相偏离、国家规制与集体自治之间边界重叠时的标准设定问题。

秩序与自由之间的关系历来就是法律的核心议题。秩序性过强，自由就会受损。然而，自由度过高就会影响社会秩序的实现，进而又反过来影响自由的实现。无论是秩序还是自由，都应当从属于法律对于"正义"的价值追求。"正义"与否就是判断一个法律体系或社会制度中秩序与自由边界是否恰当的标准。正义的制度需要照顾处于最不利境地的社会成员，通过保障弱势群体优先获得最大利益的机会实现社会公平。成员身份的认定依据还应对诸如外嫁女、入赘婿、离婚或丧偶的妇女、农嫁非农等人群施加特殊保护，从而构建一个相对完整的成员身份认定标准。集体成员资格应以户籍为基础，以综合考虑该主体以集体土地为其基本生产生活保障来源为原则，依据法律或社会习惯、社会公平正义原则应接纳为集体成员的，集体不得拒绝，其余情况可由集体自治决定（韩松，2005）。

表4-1 四类成员身份认定标准比较

类型	核心标准	优势	劣势
户籍标准	户籍登记与迁移变化	a. 有章可循、有据可查，权威 b. 清晰直观	a. 不能描述乡村人地关系变化的现实 b. 忽视主体意愿
事实标准	是否实际在农村依赖集体资源生活	a. 具有较强社会现实性 b. 相对客观的描述人与集体的财产和人身关系	a. 忽视历史根源 b. 存在未来不确定性，不稳定问题
契约标准	集体、成员和特定民事主体的主观意思	a. 尊重主体意愿 b. 基层自治，有助于因地制宜	a. 过分强调主观意愿，忽视客观社会现实 b. 依赖基层自治能力，存在集体行动逻辑陷阱可能
复合标准	以户籍为基础，将客观事实性依据与成员、集体的意思表达相结合	更适应当前城乡关系和乡村人地关系变化的复杂状况	a. 标准难以统一 b. 相对复杂

（二）地方实践中宅基地取得资格的认定标准

资格权是"三权分置"改革的新设权利，但宅基地取得资格的认定则一直都是宅基地制度的重要构成部分。"三权分置"前，各省根据地方情况不同，对宅基地的分配和管理都有相应的政策文件，其中宅基地的取得条件可以视为各地对于宅基地取得资格的认定标准。从各地相关管理文件可知，宅基地取得条件基本以身份为核心，主要判断依据是户籍。例如，2002年出台的《河北省宅基地管理办法》中第七条"农村村民符合下列条件之一的，可以申请宅基地"表述可知，第七条所列条件就是取得资格的认定标准。合并该办法第九条中对于不予批准宅基地的情形之描述，可推导出河北省宅基地取得资格认定标准：(1)取得宅基地的民事主体应为具有本村户籍同时被集体经济组织接纳为成员的成年人。户籍和成员资格是双重要求，同时未成年人不具备资格。(2)原宅基地使用面积未达到规定标准，且确实存在分户需要的成员才可以申请新的宅基地。以"户"为单位，如果宅基地使用面积已经不能满足多代人的居住需求，即家庭人口过多或宅基地并未达最高标准的农户，子女可以分户，即具备宅基地取得资格。(3)出卖或出租过农村住房后不得再次取得。出卖或出租后不得再次取得的内在逻辑是农村住房出卖或出租实际就是流转宅基地，也就是说明该农户已不需要集体进行居住保障，因此不能再次申请。(4)最高面积根据地方实际情况设置为200平方米或230平方米。北京市对于宅基地取得资格的相关规定也基本类似。2006年《北京市国土资源局关于加强农村宅基地审批管理有关问题的通知》中规定宅基地的申请主体也必须是本集体经济组织内的农村村民，即户籍和集体成员身份的双重认定。北京市对于年龄限制是法定结婚年龄，即法定结婚年龄被认可为家庭内代际分户的标准，并不以实际婚姻关系为依据。其余省份也都采用类似的认定标准，仅在年龄认定上

第四章　赋权、确权与用权

存在一定差异。

"三权分置"改革试点中，一部分地方试点以"户籍+成员"的方式对宅基地资格权的取得予以认定。在首创宅基地"三权分置"的浙江义乌，明确"户籍在本村的集体经济组织成员"具备资格权，资格权确定后，宅基地以户为单位、按人分配。当家庭内成员的资格总份额不足或户均无法达到宅基地上限标准的农户可以进行有偿或跨村调剂。与此同时，义乌还认可了各集体可以根据实际情况和农户意愿以一定标准进行宅基地与包括产权公寓、产业用房等在内的房屋置换，其中，产业用房进行统筹建设出租，成员按资格析产，从而实现了宅基地资格权与一定居住保障替代资源的对应，完成了权利到效用的转换。江西省余江县出台的《余江县农村集体经济组织成员资格认定办法》中规定，以集体经济组织成员资格作为资格权认定的依据，同时以"户"为单位进行认定，认定过程是村民代表大会制定方案、前期核查、村民会议讨论并公示结果、村委会审核。允许子女到达一定年龄后如原有宅基地无法满足需求且在额定面积内可以申请分户，但在核查中对于不符合分户条件的，不以分户处理。2018年上海市实施了《上海市农村集体资产监督管理条例》，依集体经济组织成员资格为基础，以户为单位记载户内成员享有的总份额，这一份额一般不随户内人口变化而调整。在户的界定上，上海市试点中基本上完全依照公安机关的户籍资料为判断依据，原则上不再进行分户审批，以户内成员宅基地资格权合并分配宅基地，即户内具有成员身份的人口数乘以本集体成员人均宅基地面积即为各户所得宅基地资格权对应之宅基地面积。这种方式实际上是以认定成员个人为宅基地资格权的主体，认定成员个人的宅基地资格权，采用以户为单位的宅基地分配方式，形成了个人宅基地资格权和农户宅基地资格权的统一。但这种方式刚性太高，无法应对未来农户家庭人口变化所带来的户内实际资格权总额的变化。未来农户家庭人口结构变化就会必然带来实际个人资格权对应的权益出现分化。这一政策在后续也进行了一定调整，2019年上海市制定了《上海市农村村民住房建设管理办法》，明确规定了宅基地适用范围、申请主体等。虽然没有明确提出宅基地资格权认定，但从其表述中可以明确看出对于"有资格"申请宅基地的主体，采用了户籍认定。主要包括三大类：一是实行家庭联产承包责任制以来享有土地承包经营权，属本市农业户口且户口、生产生活在本村的；二是属本市农业户口，且因合法的婚姻、收养关系户口迁入本村的；三是属本市农业户口，且根据国家移民政策户口迁入本村的。但同时也对于户和个人诉求给予了兼顾，规定同户（以合法有效的农村宅基地使用证或者建房批准文件计户）居住人口中有两个以上（含两个）达到法定结婚年龄的未婚者，其中一人要求分户，且符合所在区人民政府规定的分户条件的，采取多种方式，保障其居住权。

表4-2 部分地方宅基地"三权分置"试点中资格权主体认定规则

认定标准	地方	认定方式	主体构成	基础主体
户籍	河北省定州市	改革试点中分户认定结果	仅农户	集体成员的家庭户
	四川省泸县	以户籍为准入标准，以人为宅基地面积核定标准，打破传统以"户"为单位的申请与分配形式	农户+个人	集体经济组织成员
	贵州省湄潭市	本集体农村户籍人口	农户+个人	集体经济组织成员
	上海市松江区	成员享有个人宅基地份额，以户为单位记载；户内总份额不随户内人口增减而调整；有分户需求的可根据实际情况给予补充分配	农户+个人	集体经济组织成员
	浙江省德清县	以户籍为基础，结合集体成员身份核定结果	农户+个人	村股份经济合作社社员
事实+契约	山西省泽州县	集体经济组织创设取得、出生取得、婚姻取得、收养关系取得、协商加入取得和特殊情形下的认定取得	以个人为主	集体经济组织成员

续表

认定标准	地方	认定方式	主体构成	基础主体
复合	海南省文昌市	以户为单位，兼顾满足条件的非本村的集体经济组织成员或原籍在本村的非农村集体经济组织成员	农户+个人	集体经济组织成员
	重庆市大足区	以农户是否形成较为固定的生产、生活，是否依赖于农村集体土地作为生活保障为基本条件，结合常住户籍登记	仅农户	具有本农村集体经济组织成员资格的家庭自然户

（三）资格权主体资格的认定标准

"户籍+成员"认定资格、以户为单位确认权利的做法在"三权分置"改革中面临几个现实挑战。一是对于新加入集体经济组织的成员在宅基地取得方面造成障碍。宅基地的取得资格以户籍为基准，但许多户籍迁入的前置条件就是宅基地，宅基地取得与户籍资格互为前置条件，导致集体经济组织成员应有利益无法实现。二是以户为单位配置宅基地的确产生了成员间宅基地资格的不均等和现实操作的难题。以"农户"为单位进行宅基地取得资格认定必然导致农民在政策正式实施前进行人为分户以获得更多的宅基地。农民正常居住需求所产生的分户申请固然应当予以满足，但宅基地制度改革的初衷是通过"三权分置"盘活宅基地资源的同时实现农村建设用地总量控制，人为地突击分户造成宅基地规模不降反升，背离改革初衷。而为了应对这种局面，在"三权分置"改革中许多地方出台管理办法，强制禁止分户，固然可以阻止一部分投机行为，但也可能破坏基层自治的制度基础，同时不利于正常宅基地利用需求的释放。

宅基地资格权兼具身份特征和保障特征，且二者互相联系、缺一不可。在进行资格权主体资格的认定时，民事主体应同时符合资格权的身份特征和保障特征的内涵要求。只有同时符合身份和保障特征的认定标准，该民事主体才可以取得宅基地资格权。

1. 依身份特征的认定标准

资格权以集体成员为基础所构成的"农户+个人"为双重主体，因此资格权主体的认定标准也应是针对农户与个人的双重体系。"农户"的认定标准是基础，在以户为单位认定了宅基地资格权后，再根据家庭实际情况和集体宅基地资源情况判断是否追加认定家庭内部其他成员的个人资格权及份额。

《农村土地承包法》和历年中央1号文件都频繁提及"农户"，宅基地"三权分置"中所要求的也是保障"农户"资格权。但从现行法律法规来看，"农户"的边界和内涵均十分模糊，唯一可以确定的是农户应当以集体成员身份为基础。《民法通则》中对"土地承包经营户"进行了界定。从法律条款来看，"土地承包经营户"不与"家庭"对等，可以是个人，也可以是部分家庭成员，也可以是全部家庭成员。然而土地承包经营户对应的是农用地的土地承包权与经营权，对生产活动而言，的确并非家庭所有成员都从事农业生产或在同一块承包地上从事农业生产就可以成立。然而对于宅基地所对应的居住权利而言，至少存在夫妻及未成年子女共同居住的情况，甚至是多代同堂的居住习惯。因此对于资格权而言，不可适用于土地承包经营户的相关规定。此外，尽管户籍迁入迁出是最为便捷和权威的认定标准，但在城乡融合之下，以户籍作为核心认定标准的效力大大下降。例如农户举家迁入城市，仅保留原户主的农村户籍进而保留原宅基地，所谓身份只存在象征意义。然而完全脱离户籍的认定标准也并不符合社会习惯和改革的渐进性，在现行制度体系之下，户籍制度的迁入迁出记录是最有章可循、最权威的依据。因此，主体资格的认定标准短期内仍应以"户籍+成员"作为基础依据，逐步过渡到以成员身份为主、户籍迁移历史作为认定参考的认定方式，也借此规避宅基地取得与户籍迁入互为前置条件的实际问题。

考虑到家庭人员的构成,"农户"一般存在 2 种情况。一是所有成年的家庭成员均为集体成员,将这一农村家庭认定为资格权的"农户"主体应当无疑义,但农户应自行确定一个家庭成员为户主。二是部分家庭成员为本集体成员,部分家庭成员不是本集体成员,应当以具备成员身份的家庭成员为户主并取得"农户"宅基地资格权身份特征认定基础。

在认定农户内部成员个人额外资格权时,需要综合考虑该成员与户主之间的关系,也存在 2 种情况。一是户主及户主的配偶应不具备额外宅基地资格权的资格,即户主与配偶的个人资格权合并为农户宅基地资格权。二是与户主有直接血缘关系的家庭成员,如子女、父母。如果该家庭成员不具备成员资格,则不具备额外资格权认定基础。如果该家庭成员为集体成员,可追加额外资格权认定,同理其配偶(如具有成员身份)不能重复认定。对于成年子女分户的情况,可视为子女将自己额外的资格权份额转化为农户资格权。如果不分户,也可行使权利,向集体申请要求实现个人额外资格权,实现方式可由集体成员自治的方式以制度化规则确定。

2. 依保障资格的认定标准

宅基地制度是中国特色的一项农村社会福利性制度,"三权分置"后制度福利性和保障性附着于资格权之上,结合宅基地资格权的身份性特征,可以说宅基地资格权是针对集体成员居住保障的制度安排。作为保障制度,宅基地资格权具备均等性与优先性,兼具公平和效率双重要求。公平与均等性对应,资格权成员"人人都可有",保障集体中所有人一旦面临"最不利"状况都可以获得保障,同时对应的保障资源分配机制公平。效率与优先性对应,资格权以基本的居住保障为优先,同时对最不利的人群实施优先保障。在首先提出宅基地"三权分置"的浙江省义乌市,就明确了户籍在本村的外嫁女等特殊人群可以根据各村社的民主程序确定其资格权。

从保护集体成员自治权的角度出发，集体可以通过自治程序自行决定是否接纳特定民事主体为集体成员，这个过程难以避免主观因素影响。例如许多农村集体以"名誉村民"的形式接纳城镇人口为集体成员，这些城镇人口即使在城镇地区也属于中上收入水平，此时以集体宅基地给予其居住保障显然背离宅基地制度保障性特征。认定某成员是否具有资格权取得资格在身份基础上还应当以该成员是否以集体为社会保障来源为原则。

首先，仍然定居在农村的集体成员或农户家庭，可以延续宅基地取得资格，取得宅基地资格权。其次，离开农村生活的集体成员或农户家庭，应以其社会保障来源作为重要依据。始于2002年的新型农村医疗合作制度是由政府、个人、集体多方筹资，在农村地区实行的、以大病统筹兼顾小病理赔为主的农民医疗互助共济制度。新农合在农村地区覆盖率不断上升，从2004年的18.4%增加至2008年的96.8%，截至2012年，新农合覆盖了全部农村地区（Zhou M. et al., 2017）。医疗、养老、住房都是公民社会保障的重要内容，鉴于新农合的高覆盖率，可将其作为民事主体在本集体宅基地资格权认定的重要标准。此时主要存在2种可能性：一是进城务工的集体成员，虽然已经脱离农村生活，但如果其在城市的居所和工作并不稳定，如果其医疗保险来源于在本集体参加的新农保，那么集体可保留他们的宅基地资格权，为其提供居住保障；二是部分成员已在城市拥有稳定居所和工作并获得了稳定的城镇居民医疗保险，其实并不符合取得资格权的保障性标准。如果集体通过自治程序仍确认其为成员资格，可以以身份特征为基础保留资格权但限制其资格权的行使及部分权利内容，待其脱离城镇社会保障后重新赋予其资格权完整权能。此外，加入农村集体的原城镇居民，取得该集体宅基地资格权的前提应当是脱离城市住房体系。

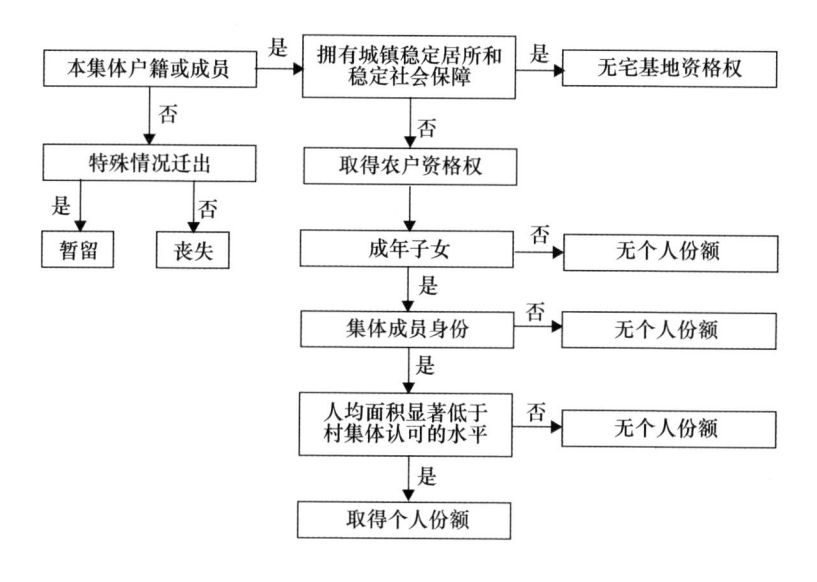

图 4-1 宅基地资格权的认定标准体系构想示意

第三节 宅基地资格权的得丧原因：确权

一 资格权的取得原因

"三权分置"试点开展以来，地方对于资格权的试点就集中在资格权取得上。例如，山西省泽州县试点中明确成员资格是指农村集体经济组织成员行使本集体经济组织相应的权利和义务，取得农村集体经济组织成员资格后即享有宅基地资格权。泽州市所确定的资格权取得原因包括：集体经济组织创设取得、出生取得、婚姻取得、收养关系取得、协商加入取得和特殊情形下的认定取得。从取得原因和时间上看，宅基地资格权的取得可以分为原始取得、法定取得和申请取得。

（一）原始取得

原始取得仅针对在人民公社中以包括宅基地在内的土地"入社"的农民个人及其所在的农户，即集体经济组织的"老户"或"坐地户"，也就是泽州县所提"集体经济组织创设取得"。这部分群体以土地入社，为集体经济建立做出了巨大贡献，对集体财产及宅基地具有原始性成员权利，在"三权分置"中可原始取得宅基地资格权。原始取得的宅基地资格权其取得时间最早可追溯至20世纪60年代初次宅基地集体所有制度建立并设立"宅基地使用权"的时期。

（二）法定取得

法定取得的主体是因婚姻关系、政策性迁入等途径获得成员资格并符合保障资格认定标准的成员个人或农户，或因出生、收养等原因成为农户家庭成员并达到法定年龄、取得资格权的集体成员个人。因婚姻关系或政策性迁入取得宅基地资格权的，取得时间可从加入集体经济组织之日算起。因出生或收养等原因取得宅基地资格权的，取得时间可从出生或收养之日算起，但其成年前宅基地资格权附着于家庭农户资格权之上且不可分割，无个人份额。对于成员的违反计划生育政策出生的子女或非婚生子女应当与计划生育政策内子女及婚生子女享有同样的取得资格，也属于法定取得，取得时间判定也相同。

（三）申请取得

对于非出生、收养、婚姻关系、政策性迁入等原因而主动加入集体经济组织的民事主体，在加入集体经济组织后可向集体经济组织提出书面申请，由集体经济组织或村委会确认成员资格后统一提交乡、镇政府审核，乡、镇政府审核通过后方可获得宅基地资格权。由于基于资格权可以获得无偿无期限的宅基地使用权，对于申请取得宅基地资格权的民事主体，应当审慎对待，尤其是对其住房保障需求进行审核。政府审核内容主要包括该民事主体是否在其他集体拥有宅基地使用权，或是否在城镇拥有住房情况等，申请取得过程中，如有配偶，还应对其配偶的相关情况一并进行审核，不接受未成年人的单独申请。经申请取得宅基地资格权的权利取得时间应从审核通过之日算起。申请取得宅基地资格权的流程可与宅基地资格权行使进行合并审核，也可单独审核。

二 资格权的丧失原因

按资格权的权利特征划分,资格权的丧失可分为身份性丧失和保障性丧失。身份性丧失是指民事主体丧失本集体经济组织的成员身份。一是主体死亡或宣告死亡。无论是成员权还是社会保障权,资格权都具有人身专属性。权利主体死亡或宣告死亡即意味着权利丧失。二是民事主体户口永久性迁入城镇,获得城镇居民户口。这当中应对因升学、入伍等情况暂时性获得城镇户口或暂时性迁出的情况进行额外规定,但需要对"暂时性"做出明确界定。如长沙市岳麓区在《关于规范农村集体经济组织成员资格认定工作的指导意见》中明确由政府安排工作并按政策安置到位的退役士兵、因升学将户口迁入学校但毕业后超过两年未回原籍入户的学生,不再保留成员资格。三是民事主体自愿申请退出本集体经济组织。四是民事主体同时在两个或以上集体经济组织登记为成员,以其自愿选择或最后加入的集体经济组织作为资格权认定集体,并自动丧失在其他集体经济组织的宅基地资格权。五是集体经济组织解散。资格权作为由成员权衍生的权利,与集体所有权辩证统一。集体经济组织解散,即集体所有权灭失,因此资格权也自动灭失。

保障性丧失是指民事主体获得了由本集体以外的主体提供的保障。这种保障性丧失包括多个维度。一是民事主体或其配偶获得了由其他集体提供的宅基地,在本集体的宅基地资格权应自动丧失。二是民事主体或其配偶在城镇购房或租房、获得城镇保障性住房的情况。由于现在城镇购房、租房或获得保障性住房并不完全以户籍为前置条件,获得城镇住房的农民并不一定就彻底融入了城市。因此,对于这部分人资格权丧失判定时,应结合其参加的养老、医疗保险情况进行综合认定。如果该成员在其他集体参加了新农合或参加了城镇居民基本医疗保险,则可根据其他条件综合判定是否丧失宅基地资格权。

三 资格权得丧的确认

资格权得丧确认应主要由集体经济组织作为执行主体，乡、镇政府进行协调、监督和审核。集体经济组织或委托所在村委会进行具体得丧认定核查工作，核查结果报乡、镇政府进行审查，审查结果在本集体公示或送达涉及的民事主体，如有异议可在规定时间内申请复核，最终结果由乡、镇政府登记并报区县级主管部门备案。资格权取得的确认可在成员行使宅基地资格权时进行合并审批，也可定期进行确认工作；资格权丧失的确认应根据实际情况不定期进行，及时处理已经丧失资格权的主体之于集体宅基地的无偿使用等问题，保护集体所有权的应有权能和集体成员的应有权利。得丧的确认应对主体的婚姻关系、户籍迁移情况、住房情况进行历史追溯性审核，防止投机行为，彰显公平。

在进行资格权得丧确认时应对弱势群体实施优先重点保护，包括外嫁女、入赘婿、离婚或丧偶的妇女、无父母的孤儿。对于这些群体，所在集体经济组织和当地乡、镇政府应在判定其是否丧失资格权的时候，以保障性资格进行首要判断。如果不符合身份性认定标准，应以保障性标准为唯一认定标准。对于因求学或入伍暂时脱离集体经济组织或本村户口、对国家和集体做出重大贡献等人群，应实施特殊保障，尤其是在进行资格权丧失的确认时应综合考虑其现实情况。如因求学或入伍暂时脱离集体并迁出本村户口的人群，可暂时保留或冻结其资格权，即不对其进行资格权丧失的确认，但这部分人群也不可行使资格权，待毕业或退伍复员后，根据其具体分配或去向进行确认。如果回到本集体，则恢复其资格权的行使；如果离开本集体在外就业，待其稳定获得城镇或其他集体保障后再进行本集体资格权丧失的确认。

资格权的丧失时间可以本人收到书面通知并确认之日算起，也可从集体经济组织自治程序确认的时间算起。但值得一提的是，居住是重要的人权，宅基地资格是重要的成员权利。过早判定或由集体单方面决定通知判定其丧失宅基地资格权，不利于公民权利和成员权利的保护。在资格权正式丧失之前，民事主体都可以采用一定途径进行申诉或权利救济。在与宅基地使用权的对接之上，宅基地资格权的得丧认定不应以现状宅基地使用权情况为前置条件，即已经获取宅基地使用权不应成为取得资格权的事实性取得标准。而宅基地资格权得丧认定也不应影响宅基地使用权向宅基地使用权转换和延续的既得事实及地上房屋财产权利的保护。对于现状宅基地使用权主体，如果确认其享有宅基地资格权，在"一户一宅"和法定面积范围内延续宅基地无偿、无期限使用；如果确认其不具备取得宅基地资格权的条件，则适用于宅基地有偿使用。

第四节 宅基地资格权的行使与救济：用权

权利的行使是权利人主张其应有权益，是权利人为了实现权利而实施的一定行为。宅基地资格权的行使就是权利主体为或不为、要求集体为或不为权利内容相关行为从而实现其权利内容的过程。宅基地资格权是一项民事权利，与宅基地所有权、使用权互相联系，应当受到一套通行规则的保障与限制。这其中涉及的行使原则、行使方式和行使程序规则是权利性质的重要体现，也是权利实现的重要条件。由于宅基地资格权本身就是农民基本居住保障权利的法定载体，因此，资格权的行使就是基本居住保障权利的行使。宅基地分配请求权和居住保障获益权是成员权中不同的权利内容，因而可以分开行使。而宅基地资格权整体承载了农民社会保障权范畴内的部分基本居住保障权利，即资格权的全部或部分行使都是资格权对应的基本居住保障权利的行使。因此本部分仅从成员权角度讨论资格权的行使，资格权的任何权利行使行为都伴随着社会保障权利中基本居住保障权利的行使。

一 权利行使原则

在确定取得权利之后,最关键的问题就是如何使用权利。权利的使用又或者法律术语中的权利的行使,必须遵循某种原则体系。不同的权利在行使时按照其权利性质和内容,需要遵循特定的原则体系。宅基地资格权是一项以成员身份为基础的权利,以户为单位确认,但依然是属于"人"的民事权利。因此第一原则就是意思自由,即权利主体(无论是人还是人组成的户)的自由意愿或自由意思的表达。在经确权认定取得宅基地资格权后,权利主体就获得了根据自身意愿行使权利的自由。但由于宅基地资格权中承载了不止一项单项权利,仅从成员权内容来看就具备分配请求权和获益权。而尤其是因为分配请求权这种主动权利的存在,权利主体可以根据自身情况自行决定是否行使权利或行使哪些权利。在此基础上,由于权利行使几乎完全按照权利主体的自由意思进行,而由于权利处在一个更广泛的社会利益格局之中,权利的行使不能以侵犯他人或公共利益为代价。因此,宅基地资格权的行使的第二原则是禁止滥用原则。也就是说,宅基地资格权的行使仅能在法律赋予主体的利益所及范围内行使,只能主张权利之内的内容,并且需要符合基本的公序良俗。具体而言,对于宅基地资格权而言,在我们的构想中,成员权的内容只能针对集体内部进行,当其外延向社会权利拓展时,实际上也只能针对集体所及的政治和经济范围。而向社会范围拓展的过程应是由集体和社会之间的权益协同或者置换的过程。我们用了几乎第 5 章所有的篇幅在详细地探讨这个过程,因此在此不具体展开。第三个原则是平等性。适格主体无论因何取得、无论何时取得,一旦被认定并确定取得资格权,在集体内部乃至于更大范围区域内,其权利的行使在各权利主体之间是平等的,可主张的利益应当是同质和等量的。或许实现形式会有不同(实物宅基地资源、实物农村住房、货币替代、其他保障形式,我们同样也会在第 5 章着重谈及这个问题），但其对应的居住福利效用，应当是无明显差别的。最典型的例子就是各地对于宅基地面积都有具体的规定，在本轮宅基地制度改革中，不少地方都对超出规定面积的宅基地占用提出了无偿退出或有偿使用的要求。此外，由于宅基地资格权分属社会保障性的权益，因此在权利行使过程中，应当优先保障弱势群体的权利行使结果，即遵循优先原则。

我们在这里探讨的宅基地资格权的四大主要行使原则之间并非是完全独立的，而是互相约束、互相支撑的。例如，之所以要遵守意思自由的原则就是为了保障所有权利人都可以平等地基于自身的自由意志行使权利而不受他人干扰，并共同受到优先性原则的制约。自由意思的表达必须在禁止滥用原则范围内进行，权利人如何自由地表达自己的意思，都不能以侵犯他人利益或属于全社会的公共利益为代价。例如，宅基地资格权的获益内容不能超出社会认定的基本保障范围，这也是各地清理"一户多宅"和超面积使用的基础。当然，宅基地资格权人可以获得的基础保障有多少，值得商榷。具体来说，各地制定面积限额的时候就划定了宅基地资格权主体的利益范围。因此，宅基地资格权行使的规则的设置本身也必须以集体成员共同意思和平等行使为基础，不能将明显保障不足、显失公平的规定纳入其中。例如，每个地方都限定了宅基地分配的面积，但这个限额的确定是否是公允的，又或者说应当以多大的区域为基础去划定这个限额，值得商榷。这就要求政府规章制度的制定必须充分征求其所辖区域涉及的集体经济组织成员乃至全社会的意见。

二　权利行使方式

宅基地资格权的行使方式是指，取得宅基地资格权的权利主体自身为或者不为、要求他人为或者不为权利内容相关行为的外在表现形式。从不同的角度，资格权的行使方式分为共同行使与单独行使、本人行使与代理行使、完整行使与部分行使。

（一）共同行使与单独行使

按照行使人数不同，可将宅基地资格权行使分为共同行使和单独行使。共同行使主要指家庭内部存在多个具有权利取得资格的成员，将其成员份额合并，以户为单位行使"农户宅基地资格权"。共同行使宅基地资格权的权利边界或权利上限是地方法律法规确定的最高面积，如北京市确定一般情况下每户最高可获得 0.3 亩宅基地。宅基地的行使应首先考虑以"户"为单位的共同行使，只有在共同行使方式无法满足需求或原家庭成员丧失共同行使权利的基础时，成员才可单独行使宅基地资格权。

单独行使即为民事主体以个人的权利取得资格单独行使个人宅基地资格权，主要包括三种类型。一是该成员所在农户家庭的现有宅基地无法满足其个人资格权的实现，如家庭现有宅基地面积未达法定面积且确实无法满足其居住需求。二是该成员已经丧失与其他成员共同行使资格权的基础，如父母去世后成年子女分家，即分别行使个人宅基地资格权。值得注意的是，在遵循意思自由原则时，如果一个农户家庭内部多个成员对于行使宅基地资格权产生分歧和争议，争议各方当事人应通过协商、调解、法律诉讼等手段解决争议。主观意思不同产生的争议或纠纷不是成员单独行使宅基地资格权的前置条件，除非争议一方的权利主张违背了平等原则和禁止滥用原则。三是基于优先原则，弱势群体可根据具体情况单独行使其宅基地资格权。如外嫁女受到来自婚姻家庭的人为侵害需要脱离家庭单独居住，而离婚诉讼需要一定时间（陈爱武，2019），该妇女可单独行使宅基地资格权。此时无论所在家庭的宅基地面积是否已经到达法定上限，集体在确认侵害事实后有义务优先满足其单独行使宅基地资格权的要求。

（二）本人行使与代理行使

根据宅基地资格权行使时权利主体的外在身份表现，可分为本人行使与代理行使。本人行使就是权利主体以本人名义或通过监护人行使本人享有的宅基地资格权。代理行使就是权利主体通过他人作为代理人行使宅基地资格权。代理行使主要适用于以"农户"为主体，合并家庭成员宅基地资格权，行使农户宅基地资格权的情形。农户宅基地资格权的行使，实际上就是以户作为单位，由一个家庭成员作为代理人，而家庭其他具备完全民事行为能力的成员将个人宅基地资格权委托给代理人进行权利行使。宅基地资格权的代理行使具有以下几个特点。

一是宅基地资格权的代理行使应为单独代理。即一个农户家庭只能指定一个家庭成员作为代理人行使农户宅基地资格权。

二是资格权的代理行使可为全权代理，也可为一般代理。全权代理意指家庭代理人可以代理涉及农户宅基地资格权行使任何事务与权利内容。

三是在代理人资格方面，代理人必须为该农户家庭成员的直系亲属且具有完全民事行为能力，可不必为户主，也不必为集体经济组织成员，代理人本身也不必拥有宅基地资格权。例如已经迁入城镇的成年子女代理父母行使农户宅基地资格权。如有需要，集体可要求代理人提供相关亲属关系证明，如结婚登记证、户口等。

四是在代理手续方面，如果代理人本身在该农户宅基地资格权占有成员份额，原则上无须经过书面委托程序，且在其代理行使权利时也无须出具相关委托证明。如果代理人本身不具有成员份额，则需要提供相关委托证明。如果被代理人失去民事行为能力无法进行委托行为，如失能老人的非成员子女代为行使其资格权的情况，可由代理人提供相关医疗证明或由集体组织或村委会以书面形式出具核实材料并作为代理行使权利的要件。

(三) 完全行使与部分行使

从权利行使内容来看，宅基地资格权的行使可分为完全行使与部分行使。完全行使就是宅基地资格权主体行使了全部权利内容，即宅基地分配请求权和居住福利保障权。部分行使就是宅基地资格权主体行使了部分权利内容。而由于宅基地制度保障性属性完全附着于资格权之上，因此宅基地资格权的部分行使仅指保留宅基地分配请求权，意即只要权利人行使宅基地资格权则必然行使居住福利保障权，权利人可选择性行使宅基地分配请求权。

三　权利行使规则

(一) 行使程序

在"两权分离"体系下，宅基地资格权的权能附着于宅基地使用权之上，因此尽管没有对资格权及其行使做出明确规定，但实际上现行的宅基地分配制度隐含了对成员之于宅基地实体性权利的行使程序。首先是成员对于居住保障和宅基地资源使用在意思自由原则上形成意思表达。其次是集体成员行使宅基地分配请求权，向集体申请获得宅基地。再次是根据申请，集体通过村民大会等民主程序对成员的申请进行讨论并形成意见。随后是由集体报政府审批。最后集体根据审批结果公布批准使用的宅基地，并将宅基地分配到以农户为单位的成员身上。从宅基地集体所有制度建立以来，宅基地的分配基本遵循这个程序。其间经历局部调整，主要集中在审批权限和申请主体方面，如2019年《土地管理法》第六十二条中规定"农村村民住宅用地，由乡（镇）人民政府审核批准"，将宅基地分配的审批权限下放至乡镇，但并没有对整体行使程序进行调整。而现行法律中宅基地的申请法律结果就是获得相应面积宅基地的使用权，因此对于宅基地申请审批流程的规定可以视为是宅基地资格权行使程序的规范。而从时效性上看，宅基地资格权的行使应不具备诉讼时效，即宅基地资格权的行使与取得时间无关。只要权利行使主体达到确认取得权利，就随时可向集体经济组织或村委会主张宅基地资格权相关权利内容且无期限限制，集体对符合条件的权利行使主张应即刻履行相关的审查和报批手续。

(二) 行使规则

1. 宅基地分配请求权的行使规则

在宅基地集体所有制建立之时，成员将自己安身之所的土地的所有权无偿交付于集体，集体就负有向成员提供必要居住所需的义务。成员之于集体财产的利益是一种期待利益，也是潜在份额，因此需要为成员设定宅基地分配请求权。请求权是发生在特定的相对人之间，一方要求相对方作为或者不作为的权利，具有相对性和非公示性的特点（王利明等，2015）。分配请求权的内容就是权利主体要求集体分配一定面积宅基地用于保障自身居住需求的权利。只要确认拥有资格权的成员提出分配请求时，在法律法规、集体经济组织章程和村规民约范围内，集体必须依法履行相应的给付义务以实现成员之于集体宅基地的应有份额，否则将承担相应的法律后果。而这一应有份额从权利上就体现为集体成员可以申请获得宅基地使用权。因而宅基地资格权的行使就是，权利主体可基于其资格权向集体提出缔结宅基地使用权合同的邀约，而集体负有强制缔约义务。宅基地分配请求权的设立也是为了集体拒绝合同缔结邀约时，成员可以依法寻求相应的救济。行使宅基地分配请求权的意思表达应以书面形式进行，农户还负有证明其具有宅基地分配请求权的主动义务。

尽管宅基地资格权的权利主体可以是农户，也可以是成员个人。然而，从宅基地使用目的、农村居住习惯和制度变迁延续性来看，宅基地分配请求权的权利行使主体只能是农户。意即，宅基地资格权的确认过程中需要在"农户"基础上充分考虑成员个人的宅基地指标份额，但成员个人份额在以"农户"行使宅基地分配请求权的过程中得以体现，除前述特殊情况。《土地管理法》中对于宅基地分配"一户一宅"的规定也隐含宅基地分配请求权的行使主体是本集体农户。值得注意的是，"三权分置"中对于"适度放活宅基地使用权"的表达可以理解为，宅基地使用权的权利主体还可以包括本集体以外的自然人或组织，因此宅基地使用权缔约的邀约主体也可以是本集体以外的自然人或组织，也是一种对宅基地的分配请求。但集体对这部分宅基地使用权的合同缔结邀约不负有强制缔约义务，需要双方合意，因而也不属于资格权范畴内的宅基地分配请求权。

宅基地分配请求权的行使目的是行使主体从其自身利益诉求出发对集体所有财产的使用要求，而宅基地的使用涉及国土空间用途管制、建设用地指标控制、空间规划实施和社会资源配置等内容。从平等原则和禁止滥用原则出发，法律应对宅基地分配请求权的行使施加限制。首先，集体对成员分配请求权行使要求的响应需在政府主管机关对权利行使资格和权利行使内容审批通过后进行。2019年《土地管理法》及此前各地的宅基地管理办法都明确了在农户表达行使宅基地分配请求权的意思后，不仅需要经过本集体内的自治程序，还需获得乡（镇）人民政府的审核。其次，请求分配的宅基地面积不得超过合理标准。根据现行制度，成员行使宅基地请求分配权后可无偿获得无期限的宅基地使用权，具有支配性物权地位。为尽可能满足集体成员合理住房需求，在建设用地总量控制约束之下，单宗宅基地面积应在合理范围之内。《土地管理法》将宅基地面积标准划定的权力设在省级政府，省级政府应结合地方实际科学划定标准。

2. 居住保障获益权的行使规则

集体成员有权利从集体土地及其收益中享受社会保障利益，这也是集体作为公有制主体之一的应尽义务，包括为成员提供基本社会保障和集体福利两大部分，并构成了成员权中的获益权内容。集体成员从集体中享受福利和保障的权利，从广义上看可以包括直接从集体土地获得利益、从集体财产性增值收益中分配利益、使用集体公共设施以获取利益和生存保障利益等；从狭义上看，就是成员从集体获得生存保障利益，这种生存保障利益就是社会保障，即集体需要对成员提供必要的社会保障。而居住保障是生存保障的重要构成，成员基于资格权可以平等获得集体提供的居住保障。因此，虽然宅基地分配请求权的主体只能是农户，但成员个人可以通过行使个人份额的居住保障获益权来要求集体及国家对自己的居住进行保障。尤其是当某成员处于"最不利"的生存状态之时，基于正义性要求，集体有义务优先为其提供基本居住保障资源。在集体资源有限性约束之下，集体需要对成员生存状态进行评估，保障集体成员平等地享有居住保障权利且弱势群体能够获得优先保障。

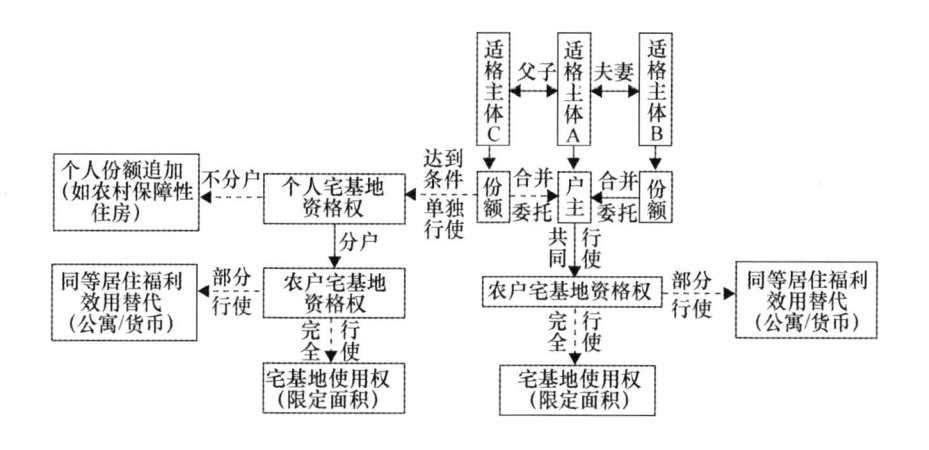

图 4-2 宅基地资格权的权利行使体系示意

因此，成员行使居住保障获益权应当具有上限，这一上限就是集体认可的"基本"居住权益。在过去的宅基地制度之下，居住保障获益权行使就是农户依规申请宅基地，即居住保障获益权等同于宅基地分配请求权。在资格权设立之后，成员可以根据自身情况以农户为单位行使宅基地分配请求权，也可以保留宅基地分配请求权，只行使个人份额的居住保障获益权。此时集体对于居住保障获益权的给付义务可以不是实际的宅基地，可以给予同等效用的保障资源，例如农村公寓住房或住房补贴。

四　权利的救济

权利行使是法定权利实现的必然过程，但权利人行使权利并不意味着一定可以实现权利。权利的存在意味着相对主体义务的存在，权利的实现意味着义务的履行。权利人行使权利并不一定伴随相对人义务的履行。当相对人无法履行或无法完全履行义务时，即使权利人提出权利主张也无法有效实现权利。有权利就必有救济，没有救济的权利是不完整的。资格权作为一项独立的民事权利，应当具有一套完整的权利救济体系，以保护权利主体可以依法依规享有和行使权利。从救济方式来看，宅基地资格权的救济可以分为自力救济、行政救济和司法救济。资格权的自力救济就是权利主体以第三方介入以外的方式进行自我权利保护等救济行为，包括与集体协商等方式。行政救济就是当宅基地资格权受到侵害时，权利主体可以向行政机关寻求帮助，通过行政协调、行政裁决等途径解决纠纷。司法救济就是当成员宅基地资格权受到侵害时，权利主体向人民法院提起诉讼以寻求救济和维护自身权益的方式。

第五章

权利的实现：主体、路径与未来图景

权利的实现涉及利益的分配和协调，而权利的实现最终以权利所对应的利益内容被权利人获得为标志。宅基地资格权的设立是城乡融合与乡村人地关系改变下宅基地制度发展的结果。宅基地资格权作为一项单设权利后，宅基地制度中蕴含的农民作为特殊群体和弱势群体的基本居住保障权利得以显化。因此，宅基地资格权的实现实际上就是农民基本居住保障权利的实现。正如前文所述，农民基本居住保障权利作为一种应然权利，并不以宅基地资格权的设立为产生，也不会因宅基地制度的变迁发展发生转变。宅基地制度乃至于以之为核心的农村住房保障制度的变迁不会影响农民基本居住保障权利的存在性，但却会深刻地影响农民这一应然权利的实现程度，因而资格权的设立和实现会对农民基本居住保障权利的实现产生影响。而资格权设立后，各个主体围绕资格权所展开的利益博弈和社会资源分配的过程就是资格权的实现过程。虽然权利的存在是客观的，但权利的实现是一个主观过程，涉及多个利益主体，而主体的"能力"对于权利实现的程度产生决定性作用。因此，本部分内容通过建构理论模型将主体的"能力"与"权利"联系起来，首先对资格权设立前农民居住保障权利的情况进行了评价，其次通过构建资格权的实现路径以明晰资格权设立后农民居住保障权利在实现过程中可能存在的机制，最后提出了通过资格权的实现提升和改善农民居住保障福利的机理和路径。

第一节 可行能力与权利实现的评价

发展经济学家阿玛蒂亚·森（Amartya Sen，印度）提出了可行能力理论，认为一个人的可行能力（capability）是他可获得的备选的功能性活动组合（combinations of functionings）。首先，可行能力高低可以用人获得备选的功能性活动组合的实质自由（substantial freedoms）的程度来衡量。实质自由就是人选择和机会的表达，每个人都可以从备选功能性活动中按照自己意愿选择一定组合，组合中的备选方案越多，选择自由度越大，则实质自由程度越高（Amartya Sen，2004）。结合森和纳斯鲍姆对于权利与能力关系的阐述，权利的实现可以从静态和动态两方面进行考察。可行能力理论的另一重要贡献者是玛莎·纳斯鲍姆（Martha Nussbaum，美国）通过提出"能力进路"（capabilities approach）建立了可行能力理论与基本权利的关联，并以此为基础建构了一套独具特色的社会正义理论。纳斯鲍姆对人的能力进行了区分，从三个层面进行了划分。第一种是基本能力（basic capability），指人的固有天赋（innate facualty），是人获得发展可能的条件（Martha C. Nussbaum，2011）。而由于人的能力从出生开始不可能完全自然发展，必然会受到各种环境的型塑，因此会产生内在能力（internal capability）。这也就是纳斯鲍姆提出的第二层次的能力，是可以经由后天训练并发展出来的可行能力。前两种能力都是纳斯鲍姆所认为的个人能力（persenal abilities），纳斯鲍姆最大的贡献在于提出了复合能力，即个人能力与整治、社会、经济等环境结合后所获得的自由与机会。这些自由与机会的组合才应是"实质自由"的内涵所在，也就是复合能力（combined capability）。

一 关于权利实现过程的评价

从过程上看，权利的实现总是通过一定路径实现的。首先，通过考察制度中某项权利实现路径的情况可以对权利转化为现实利益的可能性和自由度进行评价和判断。路径选择越多,则权利人实际获得利益的可能性和自由度就越高;路径选择越少,则权利人实际获得利益的可能性和自由度就越低,当路径选择为0时,这一权利不存在被转化为现实利益的可能性。其次,权利的实现过程必然伴随着多个主体的参与,直接参与者就是权利主体和义务主体。直接参与者的能力状况及参与主体的性质都会影响权利的实现。

权利实现过程评价涉及多个主体的参与,因为权利主体和义务主体的可行能力越强,权利越有可能被实现。当权利主体可行能力低下之时,权利实现中起决定性作用的是义务主体的可行能力和意愿。义务主体的可行能力和意愿弱,无论权利主体力量强弱,权利都可能无法真正实现,尤其是当权利主体的可行能力也较为低下时,权利就可能只能停留在"纸权"阶段,无法被转化为现实权利。此时就需要关注国家制度及相关司法、行政机关对于权利主体的保护和执行力度,同时还需要关注社会制度和法律制度是否可以有效促进权利义务双方可行能力的提升。

基于此,权利的实现可以从法律关系中各个主体的"可行能力"入手进行衡量,可以从复合能力和个人能力两方面来看。一是权利义务主体在某种制度下所获得的法律能力,主要指主体在法定权利包含的法律关系中实施或不实施特定法律行为的可能性,是一种复合能力。权利主体的法律能力主要指法律赋予的权利行使范围和获得救济的可能性,义务主体的法律能力主要指主体的真实履约能力。二是受各种环境影响的个人能力,主要指主体在权利实现过程中各个主体实现自利性目标的能力和意愿,包括法律意识、议价能力、信息获取能力、司法能力、私心程度、收益与成本权衡、社会责任感等方面。这种个人能力在多主体的社会场景下集中体现为博弈能力,即人们总是会基于自己的能力采取更利于自己的策略。权利主体博弈能力越强,权利越有可能被实现或实足实现;义务主体博弈能力越强,则权利就越无法被完全实现。主体的特征也会影响权利的实现,一般来说,道德和责任感更高的义务主体更倾向于公平、实足地履行义务并推动权利实现。博弈能力和法律能力对权利实现共同产生影响,不会单独存在。在一个权利义务关系中,法律能力较强、博弈能力较弱的义务主体与法律能力和博弈能力都较强的权利主体,相对更有利于权利的实现。如果义务主体法律和博弈能力都很强,就有可能出现类似于"店大欺客"的情况;而法律能力较强、博弈能力较弱的权利主体可能因为"面子"等原因选择"吃亏"。此外,执法、司法及从事相关事务管理的政府部门的力量和角色也十分重要。政府部门的力量越强、角色越中立,越关注于各方的"自由",就越有可能按照"契约"或法律约定的权利义务关系实现权利;而如果政府出于某种特定政治或公共管理目的倾向于某个主体的"自由",甚至于政府机构本身就是权利或义务的主体,则权利的实现更有可能朝着政府希望的那个方向发展。

二 关于权利实现结果的评价

从结果上看,权利的实现就是权利人实际获得权利所包含利益的程度,权利没有实现则意味着权利人获得利益的程度为零。而利益获得存在主观和客观两个方面,客观上的利益获得是一种社会普遍标准,主观上的利益获得是权利主体的感知和满意度。利益获得是社会个体的追求,也是权利实现的意义所在。但人的自利性会导致人们倾向于占有更多的利益,制度的作用在于协调这种诉求从而使社会利益达到相对均衡的状态。因此权利实现结果评价应当以一个社会中各主体"不一定完全满意但可以接受"的均衡状态或"门槛"为判断依据。在这个门槛之上,就可以认为权利被一定程度实现了,基准线之下则说明权利没有被实现。如果该权利是法定权利,则这种利益就是法律赋予权利主体所应获得的利益,权利实现的基准就是法定利益或与其等价的效用。如果该权利是应然权利，则这种利益就是在一定社会环境和政治体制之下的一种应然利益，主要依赖应然权利主体的主观感知。然而同一类权利中不同权利主体的个体情况和所处环境或多或少都存在差异，因此很难对应然权利的实现结果设定社会客观门槛。

第二节 福利多元主义视角下的资格权实现评价模型构建

宅基地制度进入"三权分置"后的重要任务和制度目标就是要调和"两权分离"中制度构架与现实发展之间的冲突。设立和实现资格权是为了解决农民特殊地位与现实居住保障状态不符的问题，因此对现状中农民居住保障权利的实现进行评价是构建资格权实现路径的重要基础。而在资格权设立之前，农民居住保障权利是应然权利，难以直接对权利实现结果进行客观描述。资格权的实现评价可以从过程和结果两个角度入手，过程评价主要关注于权利实现过程中各个主体的"可行能力"，结果评价主要关注于最终利益获得的情况。而在社会之中，存在各种各样的"主体"，主体的选择是一个重要问题。即，资格权的实现路径构建应首要关注社会中哪一些主体的行动会影响资格权的实现。

在现行宅基地制度之下，农民应然居住保障权利的路径选择单一，即向集体申请宅基地，因而权利实现主要受到主体的影响。由于农民的弱势地位和权利非法定状况，作为权利主体的农民群体的法律能力和博弈能力均较弱，因此，在现行制度之下农民居住保障权利的实现主要受到义务主体和政府角色与偏好的影响。从社会保障角度来看，农民居住保障权利实现中的义务主体就是保障的供给主体，政府既是供给主体的主要构成部分，也是制度管理和监督者。这当中涉及多个主体的供给能力与主体性质，多个主体共同形成农民居住保障福利的供给方或居住保障权利实现中的相对义务方，主体之间又存在联系和互动，仅对单一主体的能力进行静态描述无法勾勒出权利实现的情况。本书引入福利多元主义理论，选取考察对象，结合可行能力理论，从农民居住福利供给中多个主体的供给能力、供给方式、互动关系入手，对农民应然居住保障权利的实现现状进行描绘，从而为资格权实现路径提供基础。

一 福利多元主义理论框架

针对第二次世界大战前后社会失业和贫困问题，在凯恩斯主义影响下，西方国家逐渐建构起了凯恩斯—贝弗里奇式福利国家模式。福利国家就是国家通过政治和行政力量实施一系列福利政策，包括最低收入保障、免除失业或病残等社会风险和提供社会服务等，国家承担绝大部分社会福利供给责任，为全体国民提供有效的经济和社会保障。国家通过高税收政策维持高福利支出，然而随着20世纪70年代经济"滞胀"、政府失灵等情况的出现，过分依赖政府提供福利的福利国家模式受到质疑，西方国家纷纷对社会福利进行改良。新自由主义提出应回归市场剩余的福利供给方式，制度型福利与剩余型福利产生激烈争论。

在"第三条路"的倡议基础上，西方国家兴起了福利多元主义（Welfare Pluralism，WP）或称福利混合经济（Mixed Economy of Welfare，MEW）。福利多元主义认为福利是全社会产物，应当引入市场和社会力量对福利进行多元化的供给，将"福利国家"变为"福利社会"。福利多元主义下国家在社会福利供给之中的主导地位降低，国家也不再是社会福利供给的唯一可能工具。而对于地方政府而言，福利多元主义强调在社会政策组织实施中应多引入其他资源，而不是只依赖行政和政治的强制行动。福利多元主义打破了传统福利供给中"国家—市场"的二分体系，认为国家与市场、家庭、社会力量等都是社会福利的重要提供者，社会福利是由全社会不同主体共同的、补充的或竞争地提供福利的混合体，国家和市场提供的福利可以用金钱来衡量，但家庭和社会提供的福利虽然很难用金钱衡量但却不可或缺且现实存在。

(一) 福利供给主体多元化

西方学者根据福利国家的困境提出了福利的供给主体可以包括国家 (state)、市场 (market) 和家庭 (households)。社会总福利就是家庭、市场和国家提供的福利总和。伊瓦斯 (Adalbert Evers) 是福利多元主义的重要贡献者，他在罗斯的基础上将福利三角分析框架放入文化、经济和政治背景中进行讨论，并从组织、价值和社会成员关系对福利三角进行了描述。在组织上，国家对应公共组织，市场对应正式组织，家庭对应非正式组织；在价值上，国家追求的是平等 (equality) 与保障 (security)，市场部门追求的自主 (anonymity) 与选择 (choice) 价值，家庭追求团结 (solidarity) 和共享 (community) (Evers A., 1995) (见表5-1)。与罗斯不同，伊瓦斯提出福利多元主体之间存在交互关系，而非替代关系，每个主体所提供的福利不是简单的"混合"，而是协同共生；只有家庭和市场在福利供给失败之后，国家才承担解决危机的角色，主体之间的互动关系是动态平衡的，各个主体对于社会福利的贡献性都是不可或缺的。

表5-1　　　　　　　　伊瓦斯福利三分法研究范式

福利三角	组织	价值	社会成员关系
国家	正式组织	自主与选择	与国家的关系
市场	公共组织	平等与保障	与市场的关系
家庭	非正式组织	团结与共享	与社会的关系

资料来源：丁学娜等：《福利多元主义的发展研究——基于理论范式视角》，《中南大学学报》(社会科学版) 2013年第6期。

在伊瓦斯福利主体三分法基础上，有学者提出志愿组织（voluntary agencies）与邻里（neighbourhood）也会以互助等行动形成团结和共享价值，因此第三主体应当是包括了家庭、邻里和志愿组织等多个单元的"民间社会"。然而家庭、邻里和志愿组织等民间社会中的单元在供给意愿和供给动机存在较大的差异，但家庭以外的社会力量的确在福利供给中发挥了重要作用，因此约翰森（Norman Johnson，美国）在三分法的基础上发展出了福利供给主体四分法，将民间社会中的单元单列为福利供给主体（Norman Johnson，1999）。吉尔伯特（Neil Gilbert，美国）与特雷尔（Paul Teeerl，美国）将家庭和邻里等单元归为非正式组织，认为政府（国家）、市场、志愿组织和非正式组织都是社会福利的供给来源，在四个部门的不断互动之中社会福利得以最终实现（尼尔·吉尔伯特、保罗·特雷尔，2003）。伊瓦斯在福利多元主义四分框架中也强调了民间社会的作用，提出"民间社会"可以产生一种中介和调和作用，在理念上存在极大差异的政府、市场和社区之间形成了纽带连接，从而将个人的局部利益与社会的公共利益统一起来（Evers，1996）。尽管所用概念不同，伊瓦斯和吉尔伯特、鲍威尔（Martin Powell，英国）对于四部门划分的出发点都是相通的。伊瓦斯所提"社区"就是吉尔伯特等人所提的"非正式部门"，主要由血缘家庭构成，伊瓦斯所提"民间社会"主要就是吉尔伯特等人所提的具有志愿性质的"协会或组织"。为避免概念混淆，本书后续所提概念将运用伊瓦斯四分法框架中的提法。

表5-2　　伊瓦斯福利多元主义四分法框架中的主体特征

主体	国家	市场	社区	民间社会
福利生产部门	公共部门	商业组织	非正式部门	非营利部门
行动协调原则	科层	市场竞争	个人责任	志愿性
需求方	公民	消费者	家庭或社区成员	协会成员
交换中介	法律、制度	资金	尊敬/感激	交流/合意

续表

主体	国家	市场	社区	民间社会
中心价值	平等	自由选择	互惠/利他	团结
有效标准	安全	福利	个人参与	社会/政治激活
主要缺陷	对少数群体需要的忽视，降低自助动机，降低选择的自由度	不平等、忽视非货币结果	道德约束过强可能降低个人选择的自由，对非家庭成员具有极强的排斥性	专业化缺乏、低效率、分配可能不平等

资料来源：彭华民等：《福利多元主义：福利提供从国家到多元部门的转型》，《南开学报》2006年第6期。

（二）福利混合类型多维化

早期的福利多元主义呈现"福利混合（Welfare Mix）"的单维度，仅是通过福利供给主体如何增加中的福利"提供（provision）"进行研究，但这并不能描绘现代社会中日趋复杂的福利供给现象。福利多元主义中多主体对福利的提供并不是完全独立或可替代的。各个主体之间相互合作产生不同类型的福利供给产品。单维度的研究只关注供给主体的福利提供情况和产品，但因为主体的交互作用还会产生福利融资（finance），例如国家通过资助或政府购买、由民间社会或市场提供福利等（Pinker，1992）。融资应与货币性提供相区分。货币性的提供是直接给予行动者金钱补贴用于改善住房，如果是家庭存款就直接表现为家庭提供。而融资则是通过财政拨款、税收减免、金融等间接方式向提供居住福利的主体融资。然而随后福利多元主义在发展中也受到了质疑，主要的批判在于其核心是将政府财政无法负担的供给责任分配给其他部门，可能导致福利供给不均衡不平等的现象，福利供给的质量难以保证。而地方政府还可能因为政绩等多种原因忽视少部分人利益或社会总体福利，造成不平等的情况。在双维度框架中，国家与私人的界限是相互交错与模糊的（Hill，1986），例如其他部门使用国家自主（state sponsorship）进行福利提供的情况中，国家与市场、民间社会或社区的活动根本难以区分（Miller，2004）。对于此，福利多元主义的学者提出事实上在福利供给类型中还存在第三个维度,即规制(Regulation)。勒格兰特(Le Grand,英国)提出规制是福利传递的方法,福利不经过市场或社会的再分配路径,而是法律或制度直接传递和分配,形成规制福利(legal welfare)(L. E. Grand, J. Knights, 1997)。规制是必不可少的维度,即使是自愿的社会福利政策也必然会经历规范化的章程、制度等方式予以实现。

表5-3　　　　　　　　　福利服务传输模式

模式	提供	融资	规制
国家主导模式（福利国家）	政府	政府	政府
传统混合模式	政府+民间社会	政府+市场	政府+具有自我规制力的协会
当代混合模式	政府+民间社会+商业组织	政府+市场+使用者付费	政府+具有自我规制力的协会+市场
市场主导模式	商业组织	使用者付费	市场

资料来源：丁学娜等：《福利多元主义的发展研究——基于理论范式视角》,《中南大学学报》(社会科学版) 2013年第6期。

每个主体根据不同的情况会成为不同福利类型的供给者,起决定性作用的是各个主体在三个维度中的控制能力。融资与金融控制有关,规制与政治权威或公权力相关。由于规制与法律机关和法律制度紧密关联,因此规制几乎只能由国家(政府)承担,或在某些情况下可由具有规制力的协会所提供,如执业管理协会或委员会等。福利多元主义提出要降低国家在"福利提供"维度的主导作用,即减少国家在社会福利的直接供给,但并不意味着福利多元主义倡导"无政府"。相反,福利多元主义强调国家在整个福利供给体系中具有不可替代的作用,但其作用的发挥应主要在融资和规制环节体现,后期的福利多元主义甚至并不认同福利混合就意味着国家应该削减在社会福利方面的政府开支,因为如果削减开支意味着同等福利水平之下社区或非正式部门的开支需要增加。而由于政府开支本来就是这些部门重要的融资来源,削减开支会造成严重的供给不足问题(Johnson,1999)。福利多元主义不是"无政府主义",是倡导削弱国家在福利提供维度的直接参与度,同时维持甚至在必要的时候加强国家在融资和规制维度的控制力,增加控制力,减少控制面。不同主体供给维度所形成的福利传输方式如表5-3所示。

(三)福利供给分析体系

福利多元主义通过建构横向多元主体和纵向多维认知体系,为分析社会福利供给及其变化提供了理论工具。福利多元主义范式不仅关注横向多主体之间的协同程度和均衡关系,还关注在纵向与横向上相交叉的关系。首先,在横向主体方面,各福利供给主体的关系是动态的,主体之间的界限与边界随着时间和地域的不同会发生改变。福利多元主义的关注点不在于主体的存在与否,而在于不同国家、不同发展阶段之下各个主体之间在相同或不同福利服务项目上是否实现了平衡以及各个主体关系的变化情况,而这个动态变化的过程取决于特定时点上的特定历史情境。福利多元主义认为福利供给的目标在于是否提供了使用者导向、有效率的长期服务供给,而实现这个目标的路径是国家责任、家庭潜能和社会服务之间的联合,评价方式就是对各主体在福利供给中的贡献和互动关系进行分析。

其次,在横向与纵向交互关系上,福利多元主义也给出了分析框架。由于福利多元主义产生于福利国家面临财政危机下的福利改革之中,因此国家在福利供给方面的角色是福利多元主义的核心议题。从横向上来说,福利多元主义倡导的是增加福利供给主体以分担国家直接担负的福利供给责任,即分析福利供给主体的数量、各部门贡献及互动关系。而纵向上,由于福利供给主体多元化发展,各主体之间形成了复杂的供给关系，因此产生了融资、规制等维度。特定场景之下针对特定福利服务项目各个主体可以在相应的维度上发挥作用，因此国家可以通过推动不同策略对不同福利服务项目的供给进行改革，并形成国家的自我定位，从而在有限的政府财政预算之内实现尽可能高的社会福利水平。

由于横向主体界限的动态变化与横纵交叉的变化，福利供给可以存在多种形态，不同形态之下都会产生相应的福利水平。对某一种特定的社会福利服务四主体、三维度的观察，可以描绘出64（4×4×4）格图景。但由于这种描述方式过于复杂，因此鲍威尔（Powell，2007）对64格图景进行了简化，提出了福利供给的三维16格图景，用于分析和描绘特定福利服务中各个福利供给部门的关系及其福利供给情况（见表5-4）。

表5-4　　福利多元主义的主体四分三维图景（简化）

		提供			
		国家	市场	民间社会（志愿部门）	社区（非正式部门）
融资	国家	1a 1b	2a 3b	3a 3b	4a 4b
	市场	5a 5b	6a 6b	7a 7b	8a 8b
融资	民间社会（志愿部门）	9a 9b	10a 10b	11a 11b	12a 12b
	社区（非正式部门）	13a 13b	14a 14b	15a 15b	16a 16b

资料来源：[英] 马丁·鲍威尔主编：《理解福利混合经济》，钟晓慧译，北京大学出版社2011年版，第19页。

16格图景中重点关注的是提供和融资中的最主要主体，而由于规制通常情况下仅能由国家供给，不再单独进行4个主体的分别讨论。每个组织或部门都受到不同程度的国家规制，可以简单地分为高度规制和低度规制，因此16格图景中a代表受到高度规制，b代表受到低度规制。根据不同的福利提供、融资和规制情况,可以对该福利的供给情况进行描述。同时通过观察不同供给主体在不同维度中的福利服务作用或参与方式及其动态变化过程,可以对社会福利供给的变化情况进行观察,从而对福利供给改革措施进行图景描绘和评价。例如在公共服务中引入使用者付费原则,其实就是从格子1向格子5的变化过程。在表5-4中,从左上角至右下角大致呈现的是社会福利供给程度减弱的变化过程,1a所描绘的图景就是国家福利模式,而16b所描绘的就是完全由家庭自力供给的模式,社会几乎不参与其中。

二 评价实现评价的模型构建

权利实现的结果评价是对权利实现状态的描述,而权利实现的实际状态受到权利实现过程中实现路径的数量和路径中不同变量的影响。对于法定权利而言,权利实现的评价可以从结果评价和过程评价两方面进行。而由于应然权利实现结果的主观性,其权利实现更多地应当从对权利实现的过程进行考察,从而研究权利实现的影响因素进而描绘出应然权利的实现状态。对权利过程进行评价可以研究特定权利出现某种实现结果的原因,通过改变过程中的影响因素可以改变权利实现的状态。因此,可以通过观察权利实现过程中的可选路径及每个路径中权利实现的可能性来评价权利的最终实现。福利多元主义视角下,社会保障的获得主要由福利供给主体在提供、融资和规制三个维度上的供给能力和供给程度所决定。而人们获得社会保障可以被视为人们获得了现实保障利益,即或应然或法定的社会保障权利转化为了现实权利,因而福利多元多维供给的过程也是社会保障权利实现的过程。福利多元主义还关注行动者的角色,转化为权利语境就是权利主体的情况。因此,引入福利多元主义后,农民居住保障权利的实现过程评价就是对农民居住保障中行动者和多元供给主体的角色及各方交互关系进行描绘。

如果将福利多元主义视角中对行动者和供给主体的角色及其交互关

系的观察转化为权利实现的过程评价,同时将福利多元主义视角下的多维度供给状态转化为权利实现的结果评价,进行模型化分析,分析模型可以用如下联立方程表达:

$$\begin{cases} RI = C \times \sum_{j=0}^{m} P_j, \ C \in [0, 1) & (1) \\ C = 1 - \dfrac{1}{J+1}, \ J \geq 0, \ J \in Z & (2) \\ P_j = f(LP_j, -GP_j, RL_j, G) & (3) \\ LP = f(EA, OA, LS), \ LS \in [0, 1) & (4) \\ GP = f(SI, PF), \ SI \in (-1, 0) & (5) \\ PF = \dfrac{RT_s}{LC_o} & (6) \\ RL \in (0, 1) \\ G \in (-1, 0) \cup (0, 1) \end{cases}$$

方程中,RI 表示某一权利的实现指数,也是权利实现的结果,即农民作为权利主体获得利益的状态,指数越高则权利实现结果越充分。权利实现的过程决定了权利实现的结果,因此 RI 由实现路径选择自由度和所有实现路径所提供的利益获得可能性决定。C 为农民居住保障权利实现的自由度,J 是该权利的实现路径数量,C 的取值范围是 [0, 1)。当 $J=0$ 时,$C=0$,说明权利没有转化为现实权利的路径,只是一种"纸权"(paper right);J 越大,表明权利实现可选路径足够多,此时农民的选择自由度越高,农民可以获得的福利效用越高。但值得注意的是,随着 J 增加,C 的增加量下降,$J \to \infty$ 时,C 的增加量可以忽略不计,符合边际效用递减的规律。简单来说,权利实现的可选可行路径越多,则权利主体在权利实现中的自由程度越高。

P_j 表示第 j 个权利实现路径下农民居住保障权利实现的可能性,所有路径之和则为该权利实现的路径可能性。P_j 受到第 j 个路径中主体法律能力大小、博弈能力大小、义务主体履约责任和政府角色的影响。

LP_j 表示第 j 个路径中权利实现相关主体的法律能力大小，是权利主体执行能力（EA）、义务主体履约能力（OA）和法律对权利规范程度（LS）的函数。法律对权利规范程度（LS）的取值范围是 [0, 1]。如果该权利不是法定权利则 $LS=0$，法律能力只由主体执行能力决定；完美的法律制度是一种理想化的情况，因此 $LS\to 0$ 但不能等于 1。

GP_j 是第 j 个路径中义务主体的相对博弈能力，是义务主体实现自利性目标的能力（SI）与主体收益成本比（PF）的函数。GP_j 与 P_j 成负相关，义务主体博弈能力越强，权利实现可能性越小。从经济人的假设出发，人是自利的。因而在权利主体主张利益时，义务主体出于自利性目的会尽可能承担尽可能少的义务甚至于违约，而义务主体实现其自利性目标的能力决定了他是否可以降低义务履行程度。$SI\to -1$ 表示义务主体的履约程度低，而 SI 越大则说明主体自利性程度越低。主体收益成本比（PF）是权利实现过程中权利主体所获收益（RT_s）与义务主体不按量履行义务付出的法律成本（LC_o）之比。成本越小，义务主体博弈能力越强，而收益越大，权利主体越倾向于采取行动督促义务主体履约，两者形成一种相对博弈能力。

RL 是义务权利主体的道德和责任程度，$RL\to 0$ 说明主体道德和责任感极低，$RL\to 1$ 说明主体道德和责任感极高。G 表示政府立场，$G\to 0$ 说明政府中立程度越高，$G\to -1$ 表示政府倾向于义务主体，而 $G\to 1$ 表示政府倾向于权利主体。

三 现行宅基地制度中农民居住保障权利实现评价

应然权利的实现并不以法定权利的设立为绝对前提，未经法律确认的应然权利也可能被实现。农民的居住保障权在"两权分离"体系之中就应然存在并且在一定程度上得到实现。而福利多元主义对于福利供给的评价方式是通过观察多元供给主体与多维供给类型的情况进行情景描绘与分析。本部分首先将运用福利多元主义16格三维图景分析体系对农民在资格权设立前的居住保障权利实现状态进行评价，以行动者实际福利获得为关注点考察在不同情景下国家、市场、民间社会、社区四个主体的福利供给及其交互关系。同时，以每个情景为基础，运用权力实现评价指数模型对农民居住保障权利的实现情况和影响因子进行分析。资格权设立前的农民居住保障权利实现评价为研究资格权可能存在的作用机理提供了基准点，也为资格权后的实现路径构建提供了参照物。

（一）图景1：传统农民就地居住模式中的权利实现现状

1. 民间社会—社区交互关系下的居住福利

集体经济组织是以成员自治的方式进行组织的，成员间的交流与合意形成的意志就是集体意志，介于国家与私人之间，为农民互助提供支撑，是农民成员集体行动的共同体，符合民间社会（非正式组织）的核心特征。尽管成员对集体经济组织具有利益份额分配的权利，成员行使成员权利的目的是实现个人利益，并不完全符合民间社会主体非营利性的特征，但由于成员本身就是居住福利的需求方，因此集体利益分配本身就是一种福利供给，对于共同利益与个人利益的转换具有天然优势。由于集体经济组织的核心是集体土地所有权主体，构成了农村的公有制主体，而缘起于人民公社的集体经济组织受长年"政社合一"治理体系的影响，是重要的基层治理体系载体，事实上多数农村地区集体与村委会无论是人员还是职责履行都仍然处于合并状态，甚至于很多地方村委会就是集体经济组织。在这种状态下，集体并非完全独立于政府以外，甚至很多时候集体就是乡村公权力的代表，这也造成了集体在福利供给中无法像典型民间社会部门一样完全独立于国家（政府）主体之外。在城乡分割的土地制度与社会制度之下，集体因为其公有制主体地位，承担了很大部分"国家"主体职能，集体的福利供给被视为国家福利供给，这也是国家长期缺席福利提供与融资维度的重要原因。

然而由于集体经济组织并非经济实体，也不是正式的政府部门，因此集体既不能通过市场竞争与经营获利，也不存在税收手段增加收入，因而集体造血能力不足，在福利融资方面的供给能力较低。根据全国30个省、市、自治区（不含西藏）农村集体经济组织收支情况，2017年总收入为4628亿元，其中约25%来自各级政府补助，村均仅82万元；在扣除支出后，全国集体经济组织本年实现和上年结转后可分配收益总额为2147亿元，村均仅38万元；如果扣除各级政府补助，村均可分配收益不足20万元。与此同时，据《2017年村级集体经济组织收支情况》显示，东、中、西部差异极大，总收入分别为3088亿元、940亿元、600亿元[①]。在这种情况之下，集体无论采取资助农民建房或直接提供居住福利的能力都极为有限，因此集体仅能以其所有的宅基地资源作为可靠的福利提供来源。

而从规制上讲，集体以其公有制主体地位和集体章程等自治体系可以产生进行一定的福利规制，但是在"两权分离"的宅基地体系之下，宅基地使用权作为用益物权具有支配性地位，农户获得宅基地使用权之后集体根本难以对宅基地利用及其内生的居住福利产生规制。而作为一个非公部门，其规制能力本来就极其有限，同时其福利规制无法对集体以外社会成员及供给部门产生效用。

社区主体以家庭、邻里为主要构成，社区是非正式组织，也是"非正式"福利的主要来源。非正式福利实际上就是一项非强制性福利，包括亲戚、朋友和邻居等源于亲密关系的相互义务。互惠是社区非正式福利供给的一个建立基础。农户家庭及与其紧密联系的其他农民成员就构成了农民居住福利供给中的社区主体。在传统农村中，社区以血缘和姻

---

① 《2017年村级集体经济组织收支情况》，《农村经营管理》2018年第10期。

亲为主要连接。农民在修建住宅时通常会以家庭存款为主要融资来源，同时向具有紧密联系的亲戚和朋友"借钱"。而由于农村金融体系缺失以及传统习惯的影响，农民很少进行正式性的融资借贷，因此"社区"成为农民重要的居住福利融资供给主体。值得一提的是，农民以家庭为单位自力建房，建好的房屋供"户"内成员共同居住，因此"社区"也直接参与了福利提供。而由于"农户"所建房屋必须依托于集体分配的宅基地，因此在进行16格图景描述中，社区是作为福利融资的主要部门，而集体是福利提供的主要部门。

2. 国家与市场的角色

福利多元主义倡导国家应适度减弱福利直接提供并从多维度进行福利供给，仍然强调国家（政府）的作用不可取代，尤其是福利规制几乎只能由国家供给。中国农村居民的居住福利以宅基地制度为核心，甚至可以说宅基地制度就是中国农村的住房福利制度。这种制度之下，国家或政府没有参与直接提供，也没有进行福利融资。

尽管无论从公民权利视角还是从政府责任视角，提供基本住房保障都是政府的应有责任，但政府在农村住房保障方面长期处于"隐退"状态。通过历史考察发现，政府对农民居住福利供给一直都处于缺位状态。计划经济时代，城镇居民住房采用分配制，但农民的住房一直都是以宅基地为基础进行自力供给。人民公社政社合一之下，公社就是基层治理组织，就是"公权"的主体，在一定程度上履行着政府责任。改革开放后，人民公社解体，但作为治理主体的村委会和经济主体的集体经济组织并没有事实上分离，"集体"这个概念也一直被模糊化。但无论如何，集体作为公有制主体，在乡村治理中始终占据着重要地位，也承担了大量的公共服务功能。正是集体这种相对模糊的地位，政府责任由集体承担。住房需求属性主要呈现为"家庭内需求"，集体即使提供了宅基地，但宅基地来源于农民私有权利，实际上还是一种内化供给的状态，政府的居住福利保障被家庭和集体完全取代。然而集体又毕竟不是政府，公权力量弱，造成了农村包括居住保障在内的各项公共服务供给不足的状态。

随着农村问题越来越受到关注，各级政府开始通过补助方式试图提高农民和集体收入。国家以法律规定了集体对于农民宅基地请求的给付义务，给予农民居住福利一定的规制供给。然而宅基地既是保障资源，也是土地资源，具有潜在的资产和资本属性。由于规制对应的是对土地资源的用益物权，规制的结果是在社会保障资源之上附着了财产性权利。为了防止宅基地这一集体保障资源流失，国家又通过流转限制等控制财产权利的显化，反而形成了对于福利供给的制约。

市场主体的核心目标是实现收益，市场的福利供给多以使用者付费的方式进行，同时通过国家资助等融资手段实现福利提供。但由于国家和政府的缺位，农民与集体可行能力不足，市场作为主体参与农村居住福利供给缺乏可行性。市场与国家（政府）的缺位最终导致农民居住福利实际上处于一种农民"自行解决"的状态。

3. 福利供给图景

这种模式之下，农民居住福利处于表 5－4 中的 15b：一方面，集体以本集体宅基地总量为上限、农户以家庭收入为上限进行居住距离供给，难以利用宅基地资源额外增加自身福利融资能力和提供能力。集体提供宅基地、农民"自力、自主"完成农宅建设和维护成为农村居住福利供给的核心。另一方面，由于集体经济组织的收益能力有限，农民自力融资的来源实际上是通过在市场中获取劳动力收益，农民是福利融资的直接供给者，然而随着人地关系转型，农户分化造成了农民自我供给能力差异极大。失去劳动力或劳动力水平低下的农户家庭在劳动力市场中毫无议价能力，甚至被排斥在市场之外，仅靠"地"的供给必然带来对弱势群体保障的缺失。而在城镇良好的公共服务和人居环境吸引之下，较为富裕或劳动力充足的农户又出现城镇化居住的倾向，不可移动的宅基地资源对其并无实质性保障作用。这种供给模式之下，居住福利供给既不充分也不均等。

建立宅基地制度的出发点是为了解决农民的住房和基本生活问题。尽管地方扶贫政策和土地整治项目可以对农民住房改善起到一定作用，但并非制度化保障。宅基地制度是目前中国农村住房保障的唯一制度支撑，宅基地是唯一稳定来源，集体是除农户以外的唯一供给主体。宅基地的无偿、无期限使用的确在一定程度上为解决农民住房问题起到了重要作用，但由于农村住房修建是由农民"自力、自主"完成，而贫困农民根本无力改善房屋条件，失去劳动力或劳动力水平低下的农户家庭也无法进城打工或异地择居。尽管宅基地制度的存在使得这部分弱势群体不至于流离失所，但其所获得的保障与不断发展的经济水平严重不符，国家角色缺位和市场角色缺失下的农村居住福利出现显著的不均等与不充分。根据第三次全国农业普查数据，全国有6633万农户住房结构为砖（石）木或竹草土坯结构，同时大量农户已经拥有了钢混结构的住房甚至是城镇商品房。这种不均等与不充分共存的现象，极大削弱了宅基地制度的保障性功能。

表5-5　　　　　　　　农户住房结构比例（%）

	全国平均	东部地区	中部地区	西部地区	东北地区
钢筋混凝土	12.5	15.7	13.5	9.5	5.3
砖混	57.2	57.9	65.3	50.6	47.8
砖（石）木	26	25.1	18.9	30.9	42.5
竹草土坯	2.8	0.9	1.5	5.9	3.6
其他	1.4	0.5	0.8	3.1	0.9
拥有商品房农户所占比重	8.7	10.1	8.1	8	7.4

数据来源：第三次全国农业普查主要数据公报。

表5-6　传统"宅基地+自力建房"模式中的福利供给图景

		供给		
		提供	融资	规制
主体	国家	×	○	√
	市场	×	×	×
	集体	√	○	×
	社区	○	○	×

具体来说，图景1中的福利供给情况如表5-6。"×"代表该主体没有在该维度进行福利供给；"○"代表该主体在该维度进行了供给，但能力有限或不是主要供给主体，供给程度有限；"√"代表该主体是该维度的主要供给主体且能够较完整地实施供给。首先是福利提供，集体直接为农户提供宅基地，基本做到了户户都有宅基地。农户家庭"自力建房"，包括劳动力和金钱付出，但由于农户收入水平分化、来源单一，因此农户在这方面具有提供能力但存在普遍不足。其次，融资的主要供给主体是社区，即农户的朋友、邻里、亲戚为农户提供一定的借贷。各级政府以财政补助的方式补贴集体收入，可以一定程度上能够提高农户自力建房的能力，但由于补助不是专门性的住房补贴，因此只能是有限融资供给。与此类似的情况是集体，集体通过收益分配可以形成一定程度的福利融资。此外，福利规制的主要主体是国家，国家直接规定了农民可以向所在集体申请宅基地，地方政府以地方法规的方式确定了每个地区的户均宅基地面积和申请条件，国家以《物权法》等法律保护农民对于宅基地的支配性地位。集体对于农户成员资格具有一定的自治权利，但这并不是对居住福利的直接规定，因此不能算作福利规制。

(二) 图景2：政府救济模式下农民居住保障权实现现状

1. 供给不足下政府的福利救济

图景1描绘了集体提供宅基地、农民自力建房这种传统农村居住福利供给状态。而随着农村居住问题越来越受到关注，同时在城镇化过程中农村土地转用需求驱使之下，地方政府开始以"项目制"方式介入农村居住福利供给，最为典型的例子就是各地开展的新农村建设。新农村建设的核心就是筛选具有用地潜力和改造需求的农村，由政府财政投入资金，为农民兴建集中式住宅区，一方面可以改善农民居住环境，一方面又可以整理出多余建设用地指标用于城市发展。但从本质上看，这种在供给不足之下政府和国家介入居住福利供给实际上是一种"福利救济"和"国家恩赐"。而政府在这当中对于宅基地及新农宅的分配申请设定了条件并开展资格审查，更加强化了恩赐特性。不仅政府认为这是其对农民的恩赐，能够获得这种福利救济的农民也将其视为国家对自己的恩赐。因此，作为恩赐和救济方的政府自然具有服务供给数量、质量、方式等方面的完全决定权。而越是居住条件差的地区和农民群体，越有可能强化这种农村居住社区建设项目的恩赐特性。

同时，由于集体并非完全独立于国家行政体系，在政府从全维度介入居住福利供给后，集体必然会出现让位的情况，而农户家庭及社区则成为纯粹的福利接收者，不再是供给者。然而庞大的农村人口和区域分异下，这种方式解决了内部不公平与不充分的问题，却也面临着更大范围的不公平。农民"渴望"政府来进行改造或新农村建设，而这种本就是政府责任范围内的供给服务成为一种权力。

此外，基于福利救济目的的项目制方式增加了大量的信息搜寻成本和前期成本，"一事一议"的方式使得制度成本大大增加。以新农村建设项目为例，直接供给农民居住福利取决于地方政府的力量强弱与选择偏好，在国家介入过程中，集体（民间社会）与家庭（社区）几乎被完全取代，农民作为行动者的意愿表达缺乏渠道。财政状况好的地区与相对落后的地区、具有政治效应的地区与缺乏关注的地区形成鲜明对比。而建设项目完成之后，国家又迅速退出福利供给体系，将福利水平的维持交还于集体与家庭。

2. 福利供给图景

由于集体的公权力量微弱，国家在利用公权力推动乡村住房建设过程中直接替代集体，成为主要供给主体，从各个维度全面参与福利供给，各个主体之间的交互关系呈现极值突变而非平滑过渡。

国家部门（各级政府）通过新农村建设等项目直接提供农村公寓或农村住宅，建设费用由财政拨款到国有建设公司，或通过政府购买的方式交由市场主体承建。这个过程中，从项目立项、规划、建设都是点对点的进行，具有极强的国家和政府意志而且针对性极强。因此虽然具体建设是由市场主体完成，但市场在这当中并没有选择权或自主权，只是承担"任务"，所以国家仍然是主要的提供主体，而市场则是有限提供主体。同时有的项目用地是集体所有建设用地，因而集体也是提供主体之一。有的项目在分配环节是无偿分配，有的项目会要求农户家庭以相对低的价格给付一部分费用，因此社区也会参与一部分福利提供。同时，该过程具有极强的政策性，完全由国家主导，从实际建设主体来看，这个过程也是国家福利融资和福利规制过程，且国家（政府）是融资和规制的唯一主体。这一图景中，农民的居住福利从15b迅速转变为1a，进入福利国家模式。

表5-7　　　　　　　　　国家福利项目中的福利供给图景

		供给		
		提供	融资	规制
主体	国家	✓	✓	✓
	市场	○	×	×
	集体	○	×	×
	社区	○	×	×

(三) 图景3：异地居住模式中的农民居住保障权实现现状

1. 异地居住中的供给不足与重复配置

随着城市化进程的推进，农村劳动力向城市聚集，农民离开乡村的同时也是离开了集体，同时也离开了集体为之提供的居住福利，即宅基地。而在中国城乡分割的土地制度和经济体系之下，集体所有权根本无法涉足城镇，集体所供给的是实际的宅基地及其使用权利，所产生的居住保障无法随农民进行空间迁移，对于这部分农民而言，这种居住福利成为一种心理慰藉而非可用的保障品，集体事实上缺席居住福利供给。而随着农民进城，原本在农村起到重要作用的以血缘关系建立的"社区"主体也在削弱。在这种情况下，市场取代集体成为重要的供给主体，但居住福利根本无从谈起（秦晖，2012）。根据国家统计局发布的《2018年农民工监测调查报告》，2018年全国共有约2.88亿农民工，其中租房居住的占61.3%，单位或雇主提供住房的占12.9%。此外进城农民的居住条件较为恶劣。根据数据，广州有超过600万流动人口，其中超过500万左右居住在304个城中村中，而在深圳有超过半数进城农民租住在城中村中，存量商品房和政策性住房不到30%（田莉等，2019）。随着近年来城镇住房保障制度的完善和对进城农民等弱势群体的关注，越来越多的城市公租房已经将进城农民列入申请范围内，国家开始重视对于进城农民的居住福利供给。在统计局的数据中，2018年居住于保障性住房中的进城农民接近3%并呈现上升趋势。然而居住福利的特殊性导致了多重实物性配置并不能显著提高福利效用。进城务工农民既申请并获得了城镇公租房等保障性住房，甚至自力购房或租房，但又同时在农村集体基于资格申请获得了宅基地使用权完成建房，如此一来又产生了全社会住房保障资源重复配置和资源浪费问题。

2. 福利供给图景

土地或房屋的居住保障意义在于"居住"，由于离开了集体所在的

第五章 权利的实现：主体、路径与未来图景

土地范畴，集体所提供的宅基地对于进城农民而言并没有实质保障意义。由于实际的宅基地是现行制度中集体唯一的福利供给方式，因而在农民进城后，集体从事实上全面退出了农民居住福利供给。市场作为私营部门，在居住福利供给过程中遵循使用者付费的原则，从严格意义上来讲，市场提供租赁房和商品房是商业目的，而非保障目的。而农民进城后市场所提供的一般商品房或一般租赁房实际上是农民通过家庭自我供给的过程，社区主体才是福利提供或融资主要主体。而人地关系转型之下基于血缘关系所建立的社区各个构成单元之间的亲密度也在减弱，进城农民的居住福利供给基本上完全由自己及家庭提供。

表 5-8　　　　　　　　　农民进城后的福利供给图景

		供给		
		提供	融资	规制
主体	国家	○	×	○
	市场	○	×	×
	集体	×	×	×
	社区	✓	✓	×

诚然，一些单位或雇主提供的住房可以构成市场福利提供，但这部分内容具有特定性和针对性，并非一种社会化的居住保障制度。近年来地方政府开始将进城农民纳入城镇保障性住房的申请人中，逐步增加了农民在城镇的住房保障体系，但根据目前的统计数据，这部分提供仍然相对有限，规制效力也较弱。更重要的是，进城农民从图景1进入图景3并没有经历任何过渡阶段，各个主体之间是一种"此消彼长"的关系，甚至于"此消彼不长"，各主体之间没有互动，各个主体掌握的保障资源也不发生联系。农民的居住福利供给状态进入16b。

(四) 权利实现评价

首先，尽管本书对不同福利供给图景中的农民居住保障权利实现状况进行了描绘，但事实上农民居住保障权利实现只有2个路径，第1个路径是实际居住在集体分配的宅基地中，而第2个路径是离开宅基地自己供给居住。其次，由于权利法律地位的缺失，权利主体也没有权利可以行使，主体法律能力大小只依赖于义务主体的履约能力。而集体作为义务主体履约能力的地区差异加大，因此在现实中也可以发现集体经济组织实力较强的东部沿海地区 OA 取值较高，农民居住境况较好。而西部贫困地区集体经济发展困难，OA 取值较低，农民居住境况较差。与此同时，当政府强势介入农村居住福利改善之时（图景2），OA 显著提高，农民的居住保障权利会产生飞跃性的提高，因此在居住保障权利法律地位缺失的情况下，其权利实现十分依赖于"政府恩赐"而非"法律保障"。

从集体博弈能力来看，居住保障权利实现的义务（供给）主体包括集体、政府、家庭或社区。市场是参与主体但不对农民居住保障负有义务，因此不在此进行讨论。集体相对于农民成员的博弈能力（GP）与集体自治能力呈负相关。在现行制度中，集体成员的居住获益权和宅基地分配请求权都附着于用益物权之上，成员权不具备法律地位，因而相关的自治能力也呈现不足，因此集体与基层政府的相对博弈能力（GP）较强。而由于居住保障权利缺乏法律地位，义务主体的不足额履行义务的成本 LC_o 低，而权利主体的利益基本不变，即获得一定面积的宅基地，因而 GP 值较高。与此同时，权利主体在利益驱使之下，可能出现集体寻租，人为增加 RT_s，即超法定面积分配宅基地。出现这种情况时，由于法律规范的缺失与执行监管力度不足，集体寻租产生的法律成本 LC_o 较小。当政府和集体组织具有较高的社会责任心时，农民居住保障能够更充分地落实。而由于在农民居住保障福利供给中，政府既是义务主体又是监管主体，因此政府很难中立。如果政府偏好于发展民生，则政府和农民在某种程度上结成利益共同体，会更倾向于实现农民权益；相反，政府与农民在居住保障方面就可能形成利益背离，G 值为负。在图景 2 中政府强势介入，出现 $G \to 1$，而图景 3 中由于政府关注度的缺乏，$G \to -1$，而政府将农民纳入保障房适格主体的行为可以提高 G 的取值。

四 资格权实现的现实困境

设立资格权是"三权分置"对于农民居住保障权利的法定化。长期以来，这种权利被内化于宅基地制度之内，是集体成员的一项应然权利。资格权作为一项新设权利，需要在当前社会关系和社会结构中得到实现，然而在现行制度体系之下资格权的实现面临困境。

（一）权利现实化过程中的虚置可能

延续现行宅基地分配制度，农户及成员在确认取得宅基地资格权后可向集体申请无偿无期限的宅基地使用权，而由于资格权利平等，每个成员应当获得平等的住房保障机会。现行《土地管理法》中对宅基地分配采用"一户一宅"原则和"农村村民出卖、出租住房后再申请宅基地的不予批准"等规定。在这样的双重规定之下，宅基地的申请就成为"一次性"。"一户一宅"是指一个农户家庭只能无偿占有和使用一块宅基地，用以保障家庭成员基本居住生存。居住生存需求的最终实现是在宅基地之上修建房屋，而如果村民出卖、出租宅基地之上附着的农宅，隐含的主体意思就是该农户及其家庭成员另有居所因而不再需要该宗宅基地所提供的居住保障。一户只能申请一次宅基地使用权的政策安排在一定程度上体现了保障的均等性和基础性，但均等性并不代表实现过程的一次性。

宅基地资格权是新设权利，但其内含的保障属性已经在使用权的取得环节中得以体现。在宅基地资格权设立之前,许多农户已经获得了特定宅基地资源的占有和使用权利;资格权设立之后,使用权的主体虽然不必然拥有资格权,但仍然可以相应成为使用权的主体。一个农户只能申请一次无偿使用宅基地,意即资格权内的宅基地分配请求权只能行使一次,除因自然灾害等不可抗力造成宅基地损毁或不适宜居住的情况外,农户不可再次行使分配请求权。而对于已经向集体申请并获得了宅基地使用权的农户而言,实际上已经行使了分配请求权且不可再次行使。虽然理论上,成员可以行使个人份额的居住福利获益权,但在分户限制等现行约束之下,这种情况也极难实现。权利行使的"一次性"实际上默认了权利实现过程的一次性,极大地降低了农民权利行使的自由度。

表 5-9　　　　　　　　农户拥有住房数量比例(%)

	全国	东部地区	中部地区	西部地区	东北地区
只拥有1处住房	87	82.7	87.9	89.5	93.9
拥有2处住房	11.6	15.6	11	9.2	5
拥有3处及以上住房	0.9	1.4	0.7	0.5	0.3
没有住房	0.5	0.3	0.4	0.9	0.8

数据来源:第三次全国农业普查主要数据公报。

现实中,根据全国第三次农业普查公布数据,全国99.5%的农户都至少拥有一处住房(见表5-9)。也就是说,"一次性"规定之下,"三权分置"后绝大多数农户已经没有行使权利的空间。的确,由于地方分户限制或客观条件约束,现实中仍然存在许多可以分户但没有分户的情况。然而,在可分配的宅基地资源减少和农村建设用地指标总体控制和减量的现状情境下,通过分户来保障宅基地资格权与乡村土地集约节约利用的导向不符。综上,资格权在"一次性"规定之下成为一种象征权利,权利实现也无从谈起,仅仅成为权利主体在宅基地使用环节有偿与

第五章　权利的实现：主体、路径与未来图景

否的一个判断标准，这并不符合"三权分置"的意图。

(二) 实现路径固化导致权利主体实质自由受限

在产业发展向高端化、规模化、前沿化发展的社会中，集体经济实力整体呈现疲软和不足的状态。在粮食安全、生态安全为目的的国土空间用途管制下，集体所有土地受到严格的转用限制，集体土地发展权受限。集体以存量建设用地资源作为履行农民居住权利保障请求的给付标的是最可靠、最直接的方式。因此，获得实际的宅基地资源的使用权利是现行制度下农民行使宅基地资格权的最佳结果。具有用益物权性质的使用权成为资格权的唯一结果，即以成员保障为核心目标的资格权的实现是设立用益物权性质的使用权，保障性与财产性属性事实上仍然复合在一起。资格权复合了成员权中的多个权利内容，但现行制度中单一实现路径使得权能无法切割，农户或成员无法根据自由意志完全行使或部分行使权利，权能固化，权利的自由内涵无法显现。因而从农民可行能力理论来看，权利主体的实质自由并没有提高，农民在居住福利方面的可行能力没有得到有效改善，不利于落实"保障农户宅基地资格权"这一制度要求。

(三) 利益获得中的路径锁定

现行农村居住福利供给体系的核心问题在于主体之间没有互动关系，国家或缺席或全面取代，市场没有参与路径，集体与社区能力不足。而农民居住保障权利的实现依赖于调节国家供给力量、增强集体与社区供给能力、构建市场参与路径，从而为多元主体参与农民居住福利供给建立主体协同交互区。然而，在现行制度之下，农户行使资格权的唯一结果就是获得宅基地使用权和实际的宅基地资源。城乡分割无法打破则多元主体难以互动融合，与"两权分离"体系相比没有实质改变，资格权的实现落入路径锁定。成员以家庭为单位行使农户宅基地资格权并获得宅基地资源的占有、使用权利，国家的居住福利供给最终仍作用于实际

· 137 ·

宅基地资源，资格权在国家规制中对集体"母权"和农户私有物权的缓冲作用无法体现。国家通过福利规制强制性要求了集体对于农民资格权行使具有给付义务，但现行制度之下给付义务的实现仍以相应面积的宅基地资源为对应。在后续使用权适度放活的探索中仍将面临固有制度中保障性资源与财产性诉求的冲突。

而单一实物化路径下资格权又只能"就地"行使的情况使得权利的实现成为一种象征性意义。无论是从成员权利角度还是从社会保障权利角度，资格权虽然不是人身权利但都附着于农民人身之上，以"人"的身份为存在依据。但在乡村人地关系转型的背景之下，农民的流动性大大增强，实际居住地与集体宅基地资源的分离导致了社会资源的浪费和错配的双重问题。

为了保障进城农民的基本居住权利，在国家通过多维路径向进城农民供给居住福利的过程中除了仍将面临固有难题之外，还存在城镇住房保障资源与农村宅基地资源重复配置的问题。在这种背景之下，如果单纯通过允许农民流转宅基地从而实现资源高效配置和农民收入增加，将会同样面临集体土地资源流失、乡村伦理失衡等固有难题。造成这种多重困境的根本在于现行制度体系之下资格权的单一实现机制和路径锁定使得使用权放活缺乏空间，出现"稳定"必然牺牲"放活"、"放活"必然挑战"稳定"的两难局面。

第三节 资格权的福利多元实现机制构建

一 资格权实现中的主体角色

福利多元主义认为福利是全社会的产物，市场、个人、家庭、社区和国家都要提供福利，让单一主体承担福利供给的完全责任会造成过重的负担以及不可避免地出现福利供给不足。伊瓦斯等人提出的福利多元

第五章　权利的实现：主体、路径与未来图景

主义四分法可以充分描绘中国农民居住福利供给体系的途径。在福利多元主义四分法框架中，社会福利的来源有市场、国家、社区和民间社会四个，尤其强调民间社会的特殊作用，认为民间社会在福利供给中可以成为政府、市场、社区之间的纽带，将私人局部利益与公共利益统一起来（Evers & Olk, 1996）。资格权的实现过程中，主要具有给付义务的包括政府和集体经济组织，而家庭主要承担在政府和集体保障不足以完全满足自身要求时提供补充。从福利多元主义出发，将市场纳入供给主体可以在农户分化的现实中为农民提供更加多元化的权利实现选择，但市场并不对农民的居住保障权利实现负有义务，因此仅是作为参与主体。

（一）首要供给主体：集体

集体是资格权实现中首要履约义务主体。"三权分置"中后资格权的设立标志着农民居住福利权利从应然权利成为法定权利。从权利性质看，资格权是成员权，主要协调的就是集体与成员的法律关系，协调内容就是成员居住福利保障的权利义务，权利主体是成员，而义务主体则是集体。因此在资格权从法定权利向现实权利转化过程中，集体对于资格权的实现具有不可替代的义务，当权利主体行使权利时，集体作为义务相对人必须履行义务。

（二）连带供给主体：国家（政府）

国家是资格权实现的连带义务主体。单从法律关系中权利义务双方来看，资格权的实现并不包括国家主体。但长期以来以集体作为保障主体的农村社会福利发展状况已经说明集体经济组织的保障义务履行能力不足。作为"母权"主体，集体所有制的建立受到国家意志控制，农民在让渡所有权的过程中没有选择，因此国家在集体经济组织经济能力不足时应当负有履行义务。作为"公权"主体，集体经济组织的公权治理范围受到国家行政权力的制约与管控，而农民作为国家公民也理应享有国家提供社会保障福利的权利。因此，国家应当负有资格权实现过程中

· 139 ·

的连带给付义务。此外，基于政府在公共服务方面的责任，政府尤其是地方政府天然应当保障农民群体的居住权益。因此农民行使资格权，无论第一义务人——集体，是否具有义务履行能力，政府都必须履行其应有责任和义务。在集体有能力履行义务时，政府应当监督和督促集体按时按量履行义务。如果在集体没有能力履行义务或能力不足以完全实现义务履行时，政府就是义务履行方，同时承接集体未完成的责任义务份额。在整个过程中，政府还需要通过各种方式提高集体履行义务的能力，如规划和审批必要新增宅基地或通过向集体提供补助，保障宅基地资格权的实现。

进城务工农民参与城市化与工业化，在这个过程中，进城务工农民与其他城镇居民在劳动、工作和生活中或多或少地都建立起了关系纽带，因此构成了广义上的社会共同体。在这个社会共同体之中，进城农民与城镇居民同等享用城镇公共服务资源，也都为城镇发展做出贡献，因而城镇社会也就形成了对进城农民居住的福利保障义务，进城农民也就具备了获得城镇社会提供居住福利保障的权利。而由于大部分进城农民并没有事实上脱离集体经济组织，仍然具备资格权取得主体资格。而从社会保障资源分配的效率和公平原则出发，农民与宅基地资格权在效用方面存在重叠，因此这两种在权利义务双方存在差异但效用重叠的权利应当一体化实现。

(三) 内生供给主体：家庭

从福利多元主义视角出发，家庭乃至于社区是最直接的福利供给主体。福利多元主义认为，家庭和社区所扮演的福利供给角色是根植于历史性与社会性之中的，同时，家庭和社区更加清楚每一个成员的生存需求，因而家庭和社区在福利供给中的地位无人可以替代。在中国传统乡村伦理之下，家庭乃至家族是保障个人生存和发展的最基础单位，人们总是以家庭为单位进行居住，并衍生出以亲缘关系和邻里关系为核心的社区。进入现代化、工业化社会之后,农村人地关系发生改变,乡村共同体松动,农民传统人际关系网络出现变化和削弱,社区支持程度逐渐降低,家庭在农民生存和发展中的角色越发重要。现行宅基地制度采用集体供给宅基地、农户自力建房,在现实中,自力建房表现为农民以家庭存款或向亲友、邻里借款的形式,甚至于家庭力量的强弱决定了农民居住条件的高低。"三权分置"后,农民家庭和社区在农民居住保障权利实现过程中具有不可替代的作用,这也是资格权的行使主体应以农户为基础的逻辑起点。而资格权以农户为主要行使主体,因而家庭既是权利主体的一部分又是义务主体,家庭的福利供给作用内化于权利本身之中,成为内生供给主体。

表 5-10　　　　　　　　　资格权实现中的多元主体角色

	集体	国家（政府）	家庭或社区	市场
主体定位	首要义务主体	连带义务主体	内生供给主体	补充供给主体
驱动因素	法律、自治程序	法律、政府责任	自然驱动	经济驱动
福利多维供给形式	提供：宅基地、货币 融资：付费	提供：保障性住宅、建设/土地指标 融资：政府购买 规制：法律法规	提供：货币 融资：借贷	提供：公寓等

（四）补充供给主体：市场

市场作为一种重要的福利供给主体,可以在基础福利基础上提供改善型福利产品。将市场纳入资格权的实现主体中可以有效解决集体经济组织融资能力差的问题。引入市场主体过程中,集体经济组织或国家可以向市场主体支付宅基地使用指标或其他集体土地经营权利形成"使用者付费",形成福利供给融资。而市场主体则直接提供一定的居住保障资源形成本集体成员资格权行使后的给付资源。引入市场主体后,集体在资格权实现过程中可以从完全直接供给主体变为间接和直接相结合的供给主体。

二 就地双重动态实现机制

(一)"货币+实物"双重保障内容

在乡村人地关系稳定的时代，提供宅基地资源作为居住福利保障是最直接的方式，也最符合中国农村小农经济生产生活方式。然而在宅基地资源的申请和分配过程中，由于农民之于宅基地的成员权利和作为成员的获益权仅是一种应然权利，没有获得法律地位。现行法律体系保护的是已经设立的宅基地使用权，但农民在取得宅基地过程中宅基地使用权没有设立因此也没有权利保障，更没有实质自由的提高或法定利益的实现。集体和政府分配宅基地，成员接受"恩赐"；如果不予分配，法定权利的缺失导致权利救济失去基础。"三权分置"中宅基地资格权作为一种成员权利被法定化下来，农户或成员行使权利的目的是获得居住福利效用以满足和实现家庭和个人的住房需求。资格权实现的过程实际上就是将集体宅基地利益转化为个人居住利益的过程。但资格权本身并不对应具体集体资源的当然占有和当然使用，成员所拥有的个人利益是一种成员应有份额。集体内部成员的宅基地资格权具有均等性特征，但由于土地区位性和稀缺性特征，每一宗宅基地所提供的实际居住福利及其带来的房屋财产性价值必然存在差异，因此这种均等性特征集中体现在"指标份额均等"之上，而指标可以转化为货币表达。

宅基地资格权所对应的居住福利效用可以一定面积的宅基地资源作为量化分配方式，也可以一定额度的货币作为替代，二者可以提供的居住福利效用在当地发展水平之下应当具有均衡性。因此，按照保障物的不同，居住福利提供可以分为实物和货币两种形式。实物保障就是为农民直接提供住房或宅基地，货币保障主要是为农民提供住房补贴。农民基于宅基地资格权可以选择性地行使资格权内的宅基地分配请求权，或保留宅基地分配请求权仅行使居住保障获益权。不同的权利行使选择对应不同的资格权实现结果。行使完全的资格权则是农民向集体申请实物即宅基地使用权,保留宅基地分配请求权则可对应相应的居住补贴。补贴标准可以根据集体所在地区等额居住福利效用对应的房屋价值或租金进行确定,也可以经集体成员商议后由集体组织进行具体规定。而在集体无法完全以纯实物或纯货币履行义务时可以同等居住福利效用的替代物进行给付,如直接向乡、镇申请协调,提供农村公寓。

(二) 保障的动态转换

人地关系稳定的时代,农民极少发生迁徙,也不涉及"回归"。这种情况下,直接分配实物保障资源是最直接和有效的福利供给方式。在乡村人地关系转型之下,农民的流动与迁徙大幅度提高。一方面是农民在迁徙过程中离开原居住地,另一方面是由于对城镇缺乏归属感、失去城镇工作机会、农业生产鼓励性政策等原因,农民有可能回归乡村,尤其是在农民强烈的乡土情结之下,进城务工农民普遍会设定自己可能会回到农村居住养老的预期。因此资格权的实现路径设计应考虑到农民个人发展的动态性和生活方式的变化性,增加资格权实现路径的弹性,为农民提供更加长远的全过程住房保障。

实物与货币保障两种形式可以根据具体需要进行转换或叠加。当农民不再居住在农村时,可以选择将原来的宅基地使用权或农村住宅转换为相应价值的居住补贴,农民可以利用这部分居住补贴在城镇租赁廉租房或一般租赁房,也可以用这部分补贴购买城镇商品房;而当农民失去城市工作或居住机会,或农民愿意回归农村生活,可以重新申请宅基地使用权或相当居住功能的农村公寓或住宅,为农民提供更加长远的居住保障。这种机制可以一定程度上缓解农民关于退出宅基地使用权后的不确定性和风险性的顾虑,提高农民退出宅基地的意愿,也有利于宅基地"有偿退出"机制的建立,推动实现放活宅基地使用权的要求。此外,这种机制还可以为城乡异地统筹农民住房构建基础,有效提高进城农民住房支付能力。

三 城乡统筹异地实现机制

城市化和工业化进程中，农民进城务工和生活，农村人口向城市或其他农村集体转移，城镇社会及地方政府对于农民负有保障义务，但是对于农民而言这种保障并不是来源于宅基地，即农民作为集体成员所应当获得的由集体提供住房保障的成员权利事实上处于虚化状态。同时，进城农民或异地居住农民在享受城镇住房保障或自己通过购买住房的同时，是宅基地这种集体为成员提供的住房保障资源的浪费和社会保障资源的重复配置。农村居民住房权利与城市居民住房权利存在较大差距，形成了明显的城乡居民的"相对贫困感"，不利于城乡社会的稳定发展（Lyu et al., 2020）。造成这种"相对贫困感"的原因在于以宅基地制度为核心的农村住房保障制度无法与城市产生联动统筹，进而导致农民在居住保障权利实现方面出现"差序格局"。因此，宅基地资格权的实现中应当构建与城乡住房制度的统筹，以依附于人身、存在自由流动可能的资格权代替不可移动的实物资源，可以降低城乡居民的相对贫困感。

由于集体土地公有制，农民无法对具体土地提出份额切割，因而农民的土地成员权利体现为"土地指标"。然而"土地指标"的控制权属于一种国家行政权力，因而宅基地资格权的实现过程中就会涉及宅基地指标的配置和区域统筹。为了保障宅基地资格权和体现社会保障资源配置中的公平和效率，应当构建农民宅基地资格权的统筹实现机制。具体来说，首先可通过构建城乡住房保障协调机制，实现住房保障资源在地区和城乡之间相对灵活的交换。进城农民或异地居住农民可以在退出农村宅基地使用权和住房后，以宅基地资格权为基础可以获得城镇住房保障优先优惠权，优先选房并折抵保障房租金或价格。其次，可以参考城乡建设用地增减挂钩的政策思路，市场主体或政府可以通过为农村集体成员提供相应保障性住房来获取农村集体宅基地指标交换，农民可凭借其宅基地资格权向相应主体直接申请获得无偿或优惠获得长期性甚至是永久性的保障性住房。此外，农村集体还可以通过整合本集体宅基地资格权对应的宅基地指标，以入股的方式与地方政府或市场合作，为本集体农民修建和提供保障性住房，本集体成员可以凭借资格权申请获得相应面积的住房，多余的农村住房可以由政府或相应主体收购或租赁后纳入城镇保障性住房体系进行统一管理。

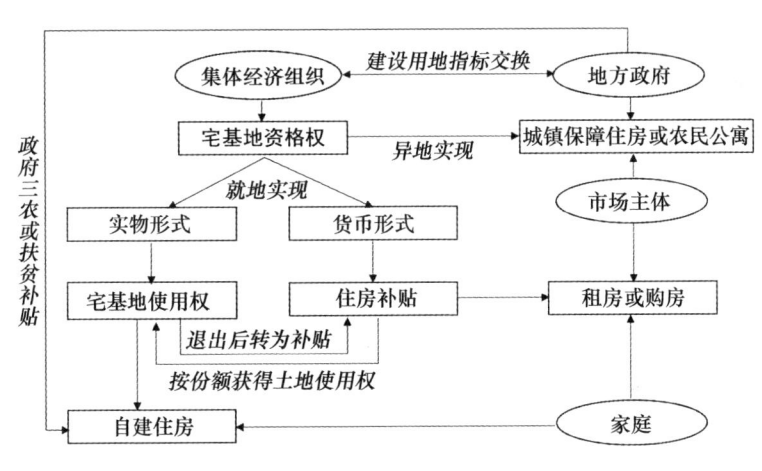

图 5-1 宅基地资格权的多元实现机制

第四节 资格权实现的作用机理

本部分将结合前文构建的权利实现指数模型出发，运用方程模型，以前述构建的实现机制为基础，对资格权的多元多维实现在改善农民居住保障福利效用中的作用机理进行研判。

一 权利法定提升主体自由度与法律能力

在现行以宅基地制度为核心的农村住房保障体系之下，农村居住福利中的行动者（农民）从集体获得宅基地使用权并自力建房是唯一选择。也就是说，在"两权分离"体系中，农民的居住福利备选活动只有一个，申请宅基地或放弃、享受或不享受宅基地实物的居住福利效用。而由于宅基地使用权是用益物权，物权的标的物是"物"，无法移动，当农民发生"位移"之时农民除了放弃宅基地的居住福利效用别无选择。也就出现了图景3中的情况，在城镇化进程推动和农民自我生活改善需求的驱动之下，即使分配给农民宅基地，农民也不得不选择放弃农村宅基地所提供的居住福利效用。农民在居住福利上没有选择的自由，也没有参与的可能，只能被动接受。即使是国家介入之下农村居住条件和环境大大提升（图景2），但这个过程并没有提高农民的自由度、法律能力和博弈能力，农民只不过是各种新农村建设或扶贫计划中"政府恩赐"的被动接受者。

资格权的设立的最直接作用就是农民居住保障权利的法定化使得农民作为权利主体的法律能力（EA）得到显著提高。而伴随着资格权法理基础的构建，法律规范程度（LS）也得到提升，主体法律能力（LP）不再由义务主体的履约能力和意愿（OA）一个影响因子所决定。通过法定化权利的设立，农民在居住保障权利实现中的地位得到提升，实质自由提高。农户可以根据自己的自由意思自行选择行使权利、行使部分权利和保留行使权利。由于资格权依附于人而不以物为标的，权利的异地统筹实现成为可能，农户在不同场域当中的选择自由度都显著提高，实质自由的提高意味着可行能力的提高。而居住保障不再是"政府恩赐"而是"权利实现"。在现行制度下，农民居住保障依附于宅基地使用权之上，在农民获得宅基地使用权之前如果应然权利受到侵害很难实施救济。而资格权设立后，如果权利受到侵害，无论农民是否已经事实获得了保障资源，都可以及时采取措施展开权利救济。此外，在引入福利多元主义搭建资格权的多元实现机制后，农民宅基地资格权的实现路径多元化，

第五章　权利的实现：主体、路径与未来图景

J 值从 2 上升为 4，C 值所代表的实现选择自由度上升 20%。

二　义务主体履约能力提升

（一）成员权实化强化集体所有权及其履约能力

在伊瓦斯的福利多元主义四分框架下，民间社会发挥着重要作用。伊瓦斯尤其强调民间社会的特殊作用，认为民间社会在福利供给中可以成为政府、市场、社区之间的纽带，将私人局部利益与公共利益统一起来。尽管从严格的民间社会特征进行考察，集体经济组织有其特殊公有制地位，无法完全独立于国家主体，但在国家权威力量之下任何部门都很难保证完全的独立。相反，由于集体的双重属性，更加能够将成员的个人利益与社会公共利益统一起来。图景 2 和图景 3 中的场景产生原因在于集体在福利供给中的控制能力微弱。长期以来的城市化发展模式中，乡村地区从属于城市地区，集体土地所有权虚置，集体土地要素无法流动。福利多元主义的学者在论述主体供给能力时指出，产权地位影响控制能力，主体对产权的控制力越高，在福利供给中的能力越强。因此，构建多元主体居住福利供给体系的首要路径就是提升集体的产权控制能力，即集体所有权的实化及权利主体的力量强化。

而集体是农民成员的集体，集体的土地所有权主体地位最终是由农民基于土地的成员权利尤其是实体性成员权利来体现。集体土地主要由农用地、宅基地、经营性建设用地构成，在土地利用规划的要求下居住福利主要涉及宅基地。在图景 1 中，集体提供的居住福利以用益物权形式展现，由于物权的排他性特征，宅基地的保障性价值完全成为使用权人的个人利益。在人地关系稳定的时期，个人利益与公共利益的均衡点几乎不会发生改变，这种供给方式不会带来显著的利益不均衡问题。但在乡村人地关系转型下，个人利益与公共利益的均衡点出现动态调整，物权形式的居住福利提供使得集体无法及时地进行协调。而资格权就是

农民之于宅基地保障功能的一种成员权利，以宅基地为依托，但不以特定物为标的。成员权的本质就是将集体利益以份额化的形式向个人利益转化，而成员通过行使成员权，又将个人利益需求传达给集体，集体共同利益就是成员个人利益的凝结。集体以资格权为媒介进行居住福利供给，对应的是成员居住福利份额，而不是具体物的使用，可以最大程度地保证居住福利供给的均等性。

集体双重属性的存在使得传统居住福利供给中集体同时承担国家主体责任与民间社会主体责任，但集体作为主体在各维度的供给能力都有限，因此在多元主体体系构建之中首先需要增强集体与其他主体的交互关系与协同能力。资格权是从成员权衍生出来的一种社会保障权利，可以有效协调集体与农户家庭之间的关系，协调的是成员与集体之间的居住福利供需关系。集体与成员及其家庭可以围绕成员权在不同维度之间形成交互作用。成员通过集体自治程序将个人意志凝结成为集体意志，集体得以充分发挥转换个人利益与共同利益的作用，履约能力与履约意愿大大提升，即 OA 值增加。与此同时，集体决策更多地融入了成员自由意志，因此集体的自利性（SI）降低，而权利法定显著增强了集体的法律成本，因此集体作为义务主体的相对博弈能力 GP 降低，农民的相对可行能力和实质自由提升。

（二）政府义务主体角色的明确与保障正式化

资格权不以特定物为标的，附着的是成员的居住福利获益权。资格权的法定化就是国家对于农民居住福利获益权的明确。而资格权不涉及具体的土地资源，这种规制不会造成国家对于集体作为私权主体地位的冲击。在国家进行福利规制和融资时，资格权可以将公权与私权隔离，将社会保障资源与土地资产隔离，为集体行使私权留出余地。国家以资格权为对象进行福利规制与融资，不再直接形成对集体宅基地资源的控制作用。与此同时，政府作为保障福利供给主体，其在农民居住保障权利实现中的义务主体地位被明确和固定下来,政府介入农民居住福利供给不再是一种"政府恩赐"而是"法定义务"。从博弈能力的角度来看,随着资格权的正式化,政府在围绕宅基地资格权实现中为农民提供居住保障等相关宅基地事务治理过程中,策略集发生改变,同时因为义务性的规定,政府"不合作"的风险增高,因而选择"不合作"博弈策略的概率大大降低,从而从整体上削弱了政府相对于农民的博弈能力,进而提高了农民的自主力度。政府对社会资源进行再分配从而充分实现宅基地资格权不再以"一事一议"的方式进行,而成为一种制度化、正式化的保障。除此之外,政府作为监管主体的角色从 $G \to -1$ 向 $G \to 0$ 甚至于 $G \to 1$ 转变。法律制度的变迁伴随的是政治意图的转变。资格权的实现成为一项政府责任与义务,对于引导地方政府关注农民居住保障具有积极作用。

三 资格权对各主体互动联系的促进作用

在"两权分离"体系中,宅基地的保障属性与财产属性复合于使用权之上,物权以处分权能为核心,物权最终实现的是流转的自由。然而为了防止集体保障性资源向非保障性使用的流失,国家对福利性权利进行使用和流转控制是保障公平的必然结果,但宅基地双重属性复合使得这种控制又施加于集体和农民财产权利之上。由于物权的对抗性,以用益物权为载体进行福利供给导致福利供给主体之间形成了对抗关系,彼此消长而非协同。首先,资格权的设立纯化了农民的居住福利权利,国家围绕宅基地资格权展开公平性保障和限制,用益物权及其财产属性被解放出来,行动者的土地财产权利与居住保障权利得以共同显化。其次,国家规制不再限定集体履行居住保障义务的给付物,集体作为所有权主体调配集体资源的自由度相对提高,集体福利提供的选择与国家规制之间得以协同。同时资格权也为国家福利融资提供了路径,也为集体从单一的福利提供向福利提供与融资并重提供了可能。最后，资格权的设立使得国家、市场参与福利提供构建了从"一事一议"的项目制向常态性的制度化转变的基础，显著降低了在国家介入农民居住福利供给时的交易成本，提高了供给效率。

第六章

案例一：北京市大兴区两镇就地置换的试点经验

第一节 研究区域的特征及典型性

一 为什么是大兴区？

这个研究起源于对大兴区宅基地制度改革经验的全面探查，并非为资格权专门而生。在调查研究的过程中，笔者数次参与了大兴区及几个镇关于宅基地制度改革的项目论证会，也进行了比较深入的访谈和实地调查。在这个过程当中，笔者发现资格权问题实际上是最新一轮宅基地制度改革区别于新农村建设等传统农村居住福利改善行动的关键所在。因此，笔者对于大兴区的调研资料进行了重新检视，尝试着从资格权的角度对大兴区的宅基地制度改革实践进行分析。由此产生了深入研究宅基地资格权的想法，这是这本书最初的缘起。

通常来说，对于宅基地等农村问题的研究，应该在具有标准中国农村特色的地区展开。大兴区位于首都近郊，还有北京新机场、高铁站等具有明显城市化、工业化、现代化特征的基础设施，尽管还有不少的农业人口，但多数农业人口已经不再从事农业生产，甚至因为城市扩张和首都生态保护等原因，已经没有了农地，仅保留了宅基地。但在调研中发现，大兴区的乡镇及村民仍然处于一种远高于城市的、相互连接的、具有中国农村社会特色的熟人或半熟人社会之中。而且正因为地处高度城市化的首都的近郊，中心城区房价房租高涨、生活成本较高，大兴区几个乡镇的农民对宅基地给予他们的生活和居住保障作用格外看重和认可。此外，让人意外的是，直至本轮宅基地制度改革试点开始之前，大兴区多数乡镇居然都没有进行过完善的、深入的宅基地确权、颁证行为。上述这些与其地处首都近郊、拥有最新的机场等区域定位严重不相符的现实状况，是作者决意选取大兴区作为首要研究案例的原因。

从制度研究本身出发，将蕴含于宅基地使用权中的身份性、保障性等特征抽离并单独形成资格权，起源于义乌市并业已在江西省、山东省等试点的地区有所推广。但本轮宅基地制度改革探索具有明显的顶层设计意味，个别地方确有尝试但真正开始深入探索受到了强大的国家意志影响。事实上，与"农业生产互助""包产到户"等基于农地生产的探索不同，宅基地制度的形成和演化，国家意志影响极深。同时相较于农用地，在中国传统家庭观念影响下，宅基地更触及农民的切身权益，因人文和自然条件造成的地理性区域差异更大。对农用地而言，区域差异更多的是因地形、水文、土壤、气候带来的生产方式、农作物种类、产粮等差异。但对宅基地而言，区域差异除了会跟地形、水文、气候等自然条件相关，还会跟文化风俗、语言、受教育水平等主观因素紧密相连，例如北方人与人连接更密集的聚落式农村和西部山区点状式农村、再比如闽粤地区与东北地区截然不同的家族观念。因此由地方试点经验总结出的"三权分置"是否可以真正成为在全国范围内可行的变革，宅基地比农地更不确定。

在大城市的郊区，城市工业的巨大虹吸作用和持续的建设用地需求导致传统以生产为目的的农业已经逐渐消亡，但农村仍然存在，且农村人口远距离迁徙的可能性相对较小，甚至于在城市工作但仍然生活在农宅，并没有发生实质性的"迁徙"。而在农村人口城市化过程中，受到

第六章 案例一：北京市大兴区两镇就地置换的试点经验

大城市普遍面临的"大城市病"问题的驱使，非本村原生人口进入农村居住和生活，使得这些地区的乡村面临更加剧烈的乡村伦理关系与人地关系转变。而相对偏远的农村则呈现出人口向城市单向流动和乡村空心化的问题。从城市化的规律来看，人口单向流动的乡村出现农民回流和显著城市人口进村居住的可能性较小，因此在处理农民居住保障权利的过程中的重点是持续性的异地实现机制问题，且在全国层面具有较高的共性。

在经济较为发达的大城市近郊农村，城乡人口是双向流动的，宅基地资格权与使用权所分别承载的保障性功能和财产性功能的矛盾更加突出且存在较高的不确定性。大城市的发展需要必然产生对周边农村土地尤其是农村建设用地的需求。在乡村振兴和新型城镇化战略之下，城市的物理性扩张受到限制，这种需求就转变为一种用地指标的需求。因此，大城市郊区的宅基地制度改革不仅面临保障性和财产性功能的平衡问题，还面临着农村土地、非产业用地与城市土地、产业用地的统筹问题。因此大城市郊区的宅基地制度改革面临更加复杂的社会状况，微观层面的差异性和独特性也更加明显，同一城市不同郊区都可能因为区位条件、自然条件和人口结构的不同而存在显著差异。

北京市大兴区于2015年开始农村土地制度改革试点。由于改革开放以来大兴区从未开展过严格的、全面的宅基地确权工作，仅在1998年前后进行了相对简单的宅基地坐落调查和记录。因此，大兴区进行了大量关于宅基地利用情况的摸底调查，直至2017年末才逐渐正式展开宅基地制度改革试点的具体工作。而由于大兴区地处北京这一国际大都市的郊区，产业用地需求旺盛，因此大兴区早在2015年就开始了集体经营性建设用地入市的试点，并以此推动了其土地征收制度改革。大兴区宅基地制度改革试点工作从正式展开起，就与集体经营性建设用地入市改革、土地征收制度改革等进行了统筹。此外，正是因为大兴区宅基地制度改革相对滞后，而彼时宅基地"三权分置"制度改革已基本被社会普遍认知。

然而，正是因为21世纪以来都没有针对宅基地进行过专门的改革尝试，大兴区现行宅基地利用中存在许多历史遗留问题没有解决。因此，尽管融入了明确地"三权分置"内容，大兴区宅基地制度改革仍然是一个相对系统和综合的过程。也就是说，大兴区宅基地制度改革试点具有明确地将"三权分置"进行基层实践的意图，但却并非专门针对"三权分置"或宅基地资格权所设计和实施的试点，因此并未被过多植入改革者或政策制定者对于宅基地资格权或"三权"体系的主观认知，其改革过程和内容具有历史客观性。也正是基于这种历史客观性，本书认为对大兴区进行关于宅基地资格权的研究，尽管可能无法全面展现本书前述所构建的资格权的理论框架内容，但能够更加有利于研究者相对客观地抽取出在综合情况下基层实践中资格权可能呈现出的权利内涵和运行机制。因此，本部分个案研究内容主要是通过对大兴区的宅基地制度改革过程和阶段性结果进行观察，从本书前述构建的理论框架角度对之进行归纳分析，抽取了蕴含其中的与资格权相关的内容，提出了未来完善建议，并基于试点经验对理论框架所提之内容进行了验证，并提出了实践中的政策反馈。

本部分的案例研究将从四个部分展开。第一部分从个案研究方法的特点和要求角度出发，集中说明了之所以选取北京市大兴区作为个案研究的原因及北京市大兴区作为个案进行宅基地资格权研究的妥适性。第二部分则是通过分析北京市及大兴区各类政府政策文件和工作报告，抽取了大兴区在宅基地"三权分置"改革试点工作中直接或间接涉及宅基地资格权的内容，从而凝练出大兴区及北京市相关政府管理部门对于宅基地资格权的认知及实践中的运行机制。第三部分则是选取了大兴区2个已经开展了宅基地制度改革试点工作的乡镇进行了深入研究，提炼了

第六章 案例一：北京市大兴区两镇就地置换的试点经验

基层实践过程中折射出的对于宅基地资格权的认知，印证了本书所提出的宅基地资格权设立的历史逻辑和法理逻辑。这一部分还对于两镇在宅基地制度改革试点构想和工作中隐含的资格权运行机制进行了研究，从前述理论框架视角提炼了两镇在实践中所采用的实现路径及其异同，并提出了未来完善建议。第四部分则是通过大兴区的案例研究从权利认知、制度构建、内涵界定、主体认定、基层管理、政府权责等方面全面提出了案例对于宅基地资格权在实践层面的政策反馈，并形成了对于前述理论框架的完善。

二 大兴区的基本情况与典型性分析

（一）人口结构复杂化与人地关系巨变的典型性

随着优质公共服务资源陆续引进和配套住房大面积投入，大兴区吸引了大量来自中心城区的京籍、非京籍和国外人群定居大兴，大兴区户籍与常住人口逐年增多的同时人口流动性不断加快，人员结构复杂化倾向明显。根据《北京市区域统计年鉴》，截至2016年末，大兴区户籍人口68.4万人，常住人口达169.4万人，其中常住外来人口就有82.1万人。2016年大兴区常住人口城镇化率为71.9%，比上年增加1%，但与北京市86.5%的水平仍存在差距。值得一提的是大兴区的农村人口情况。根据北京市统计局发布的第三次农业普查结果：2016年末大兴区的农村常住人口为96万人（40.3万户），其中京籍农村常住人口为53.2万人（19.7万户），即在大兴区农村常住的人口中有42.8万人（20.6万户）为非京籍外来人口，农村外来常住人口数量占农村总常住人口的45.6%。截至2019年末，大兴区常住人口188.8万人，其中外来人口就有77.1万人。与此同时，大兴区城乡居民收入呈快速增长趋势，且城镇居民人均可支配收入的增速明显快于农民人均纯收入的发展。随着城镇化推进，外来人流的增加伴随着产业结构改变，导致大兴区的产业空间利用需求多样。同时，随着大兴国际机场启用，大规模航空客、货运对大兴区土地利用管理相关的产业承接能力提出了更高层次的挑战。大兴区必将成为国内外人才的汇聚之地，必将成为国际化、高端化、服务化的首都南部发展新高地，外来人口与本地人口、外国人与中国人、高素质人才和普通劳动群众，各类人群交织的情况将使大兴区人口结构越发复杂。人口结构复杂化导致传统乡村伦理和人地关系出现松动，农民权利意识觉醒，伴随出现了乡村居住公共服务设施严重不足。首先，受北京市城市化发展中基础设施补偿较高的认知和城市土地与房价高涨的双重影响，农民对通过包括宅基地在内的土地及地上附着物变现获取财产性收益的期望非常高。其次，在建成区和新区房价房租高涨和城市人口休闲活动需求的影响下，乡村农房的租赁也逐渐增加，农民在这个过程中越来越认识到土地和农房的收益能力，财产化权利诉求增加。大兴区西红门镇等10个乡镇中有约20%的宅基地和农房处于出租状态，传统以农业生产为主的农村越来越少，单纯"农用"且农民保障性质的"农宅"也逐渐减少，"农宅"已经从"纯农民"的"居所"变身为显化财产权利和保障基本居住的双重空间。此外，在大量外来常住人口居住的情况下，以本村居民为对象进行的公共服务设施规划和建设出现严重的供给不足和供需错配的问题，普遍缺少幼儿园、超市、卫生站、养老院、文化活动中心等公共服务配套设施及垃圾无害化处理、雨污水处理排放等市政配套设施。

（二）宅基地制度改革面临的现状问题具有典型性

宅基地闲置低效利用、"一户多宅"和超面积使用、宅基地利用缺乏管控、私下流转等是目前中国农村宅基地利用中的主要问题，而这些问题在大兴区均集中出现，使得大兴区的宅基地利用问题具有了一定的典型性。根据大兴区宅基地制度改革中政府摸底资料，2016年大兴全区共有宅基地9.2万亩，共计10.8万宗，宗均0.85亩、户均0.64亩。宅

第六章 案例一：北京市大兴区两镇就地置换的试点经验

基地区域分异显著，南北东西差异很大：北部紧邻中心城区，宅基地分布稠密，村庄规模以大中型为主，多种功能混合；南部远离城区，村庄呈点状分布，小而分散；东部凤河沿线多为历史上的移民村庄，宅基地面积相对偏小；西部永定河沿线传统农业社会特征明显，宅基地面积普遍较大。随着农民权利意识增强，盘根错节的历史遗留问题容易激发纠纷冲突，增加制度成本。总体而言，大兴区宅基地利用主要存在以下5个问题。

1. "一户多宅"数量多，户均占地面积较大

大兴区"一户多宅"涉及17390宗，约占全区宅基地宗数的20%。现状"一户多宅"多为历史原因造成，有子女继承父母后形成"多宅"的，另外多数为受传统思想影响，户主均为父母，实际为子女居住。现状宅基地总占地56077亩，共计85820宗，户均宅基地0.64亩，远高于《北京市人民政府关于加强农村村民建房用地管理若干规定》规定的最高面积（0.3亩）；也同样高于1982年以前划定的宅基地可按每户最高0.4亩的标准。目前大兴区宅基地超过0.4亩的有72187宗，占比超过84%。

2. 缺乏规划散乱无序，违章建房屡禁不止

大兴区农村普遍存在散乱无序、私自搭建、侵街占道等现象，村庄建新房没新貌，房屋布局散乱，甚至在农田违规建房。据不完全统计，2009—2017年全区违章建房卫片小组涉及398宗、涉及1030亩，分别占到宗数和面积的40%和15%。此外，大兴区宅基地形成历经不同审批阶段，由于各阶段审批权限不同，批准标准不一，再加上继承、赠予等因素，导致一户多宅、超标占用等现象具有复杂背景。历经多次处罚，且处罚的主体、方式、标准多样，逐渐形成宅基地使用现状。在此次宅基地制度改革中，大兴区开始彻查历史遗留问题，但受各时期条件限制，多数权证面积不准确、四至界线不清，对"一户一宅"的认定也缺乏统

一标准。阶段、标准、使用人员的不同，造成改造过程中利益群体复杂。

3. 空置化严重与私下流转并存

大兴区双向人地关系变化导致本集体成员（村民）离开农村造成宅基地闲置与非本集体成员占用宅基地的情况并存。首先是部分村庄存在闲置空置情况。一是村民建新不拆旧，村组织回收受阻，长期闲置；二是"农二代"与"农三代"实现二三产就业脱离农村，农村宅基地长期闲置。这些空置院落不仅年久失修造成安全隐患，还成为脏乱差的污染源。其次是私下流转现象普遍。摸底调查过程中通过问卷调查发现存在普遍流转现象，村民认为宅基地是私有财产，尤其是在城镇周边更为突出。本次宅基地制度改革前期摸底盘查发现，在大兴区10个乡镇中有约20%已经进行了农房出租，传统以农业生产为主的农村越来越少，单纯"农用"且农民保障性质的"农宅"也越来越少，"农宅"已经从"纯农民"的"居所"变身为实现或显化农民财产权利的一个空间或途径。据不完全统计，在本村内流转买卖涉及309宗，占比0.4%；流转给外地人涉及1230宗，占比1.4%；另外存在1774宗宅基地是由外地人在本村盖房形成，此部分占比2.1%。

4. 宅基地退出路径单一，但农民期望普遍较高

宅基地制度改革前，大兴区宅基地退出只有一级开发及棚户区改造，只限于这样的单一退出方式。一方面，随着农民土地权利意识的增强，农民对于土地价值与拆迁补偿的预期极高。这种单一退出方式一是导致农民普遍预期较高因而集体和政府所需要付出的成本极高；二是农民个人意识增强和集体性土地价值预期提高，对于退出后可能存在的风险估计较高，退出机制不完善直接导致农民宅基地退出意愿较低。另一方面，受重大基础设施、线性工程较高补偿影响，农民对通过宅基地变现获取财产性收益的期望非常高，当退出补偿达不到预期（高预期下很难达到所有人的要求）时，退出意愿进一步降低。

5. 涉及利益群体复杂

第一,大兴区宅基地形成历经不同审批阶段,由于各阶段审批权限不同,批准标准不一,再加上继承、赠予等因素,导致一户多宅、超标占用等现象具有复杂背景。第二,历经多次处罚,且处罚的主体、方式、标准多样,逐渐形成宅基地使用现状。第三,20世纪90年代,原大兴县共开展两次(1993—1994年、1998—1999年两个时间段)宅基地确权登记试点,但确权工作开展得并不理想也不全面,对"一户一宅"的认定也缺乏统一标准。目前农村居民手中所持宅基地使用证大多为90年代初各镇颁发,且存在诸多问题,多数宅基地权证面积不准确、四至界线不清,甚至于仅是在政府存档资料中对应了宅基地坐落和户主,历史时期认定时也没有严格遵循"一户一宅"和法定均等面积原则,没有颁证。

(三)国家意志影响与"农村城市服务"的典型性

《北京城市总体规划(2016年—2035年)》中确定了北京"四个中心"的战略定位。因此,北京的一切工作必须坚持全国政治中心、文化中心、国际交往中心、科技创新中心的城市定位来开展,同时明确了北京市减量发展的国土空间利用导向。京津冀协同发展战略实施与北京大兴新机场的建设凝聚了强大国家意志力,因而大兴区包括宅基地制度改革等一切规划、发展和建设都需要以实现国家和城市战略为准则。近年来大兴区对农村建设用地进行了较为严格的管控。例如受大兴机场规划、建设管控等影响,大兴区自2006年至今未进行宅基地审批工作,即使达到分户条件的农户都无法获得新批宅基地,导致代际问题。大兴区三代、四代家庭比例占40%以上,由此造成多代共居的情况,"一宅多户"现象十分严重。此外,大兴区作为北京的郊区,承担着为北京城市运转服务的功能,农村地区为城市地区的经济发展、产业发展、居民生活等做出巨大贡献。例如,大兴区远郊农村有大量垃圾填埋场。在调研中发现,由于城市人口的增加，原本的垃圾填埋场处理场的规划和级别已经出现超负载的现象，严重影响到了农村居民的生活。

（四）经济转型中的农村社会经济发展困境的典型性

大兴区作为首都京南重地和京津冀协同发展的中部核心区，大兴区在北京发展过程中的战略地位举足轻重，坐拥新机场、毗邻副中心、连接雄安新区、辐射京津冀。一方面，作为北京南向交通要道，是六环路的重要通道，多条国家级高速公路穿境而过，京津铁路、京九铁路接轨，汇集了来自环首都地区、天津市、河南省、山东省等方向的大量人流、车流，社会结构相对复杂，空间利用需求多样。而随着大兴国际机场这一区域综合交通枢纽的启用，大规模的航空客、货运将会对大兴区功能空间布局和产业承接能力提出更高层次需求。另一方面，大兴区也是京南最大的城乡接合和乡村地区，全区总面积1052平方公里，辖14个镇、8个街道办事处，共有527个行政村和186个社区居委会。

然而大兴区乡村产业层次和结构长期处于中低端水平，尤其是乡村非农产业以粗放、低端产业为主。大兴区镇村经济中传统商业、餐饮娱乐、仓储运输等消费性服务业及传统制造业、建筑业占90%以上，而文化创意、现代商贸等现代服务业仅200多家，占比不到10%。不仅业态属于传统低层次产业，这些产业在用地强度方面也存在典型的低效用地问题。大兴区集体产业用地（集体经营性建设用地）平均容积率仅为0.6，低于通用仓储、物流及标准厂房控制值；北部地区虽然建筑占地密度高，然而多数为钢结构厂房和库房，开发强度不高，平均亩投资强度为40万元，土地集约化利用程度低。

在北京开始非首都功能疏解之后产业层次低的情况发生了改变，低端产业被腾退，但产业腾退意味着结构性空置，集体经济整体放缓甚至停滞。2016年大兴区乡镇企业总收入约为383.4亿元，较2015年显著下降约30.9%，而乡镇个体和私营企业的经营状况也呈现相似情况。乡村产业结构调整和经济转型对于乡村产业用地空间结构调整提出要求。农业发展方面，大兴区 2016 年主要农产品产量基本都呈现显著下降的趋势，设施农业总收入约为 12.8 亿元，比上年略有增加。农业发展衰落、乡村产业发展停滞的直接结果就是集体经济组织的收入来源收窄且增收乏力。在紧邻城市建成区的地带，集体经济尚可以依赖相对持续的土地经营收入扩充集体收入，例如西红门镇大白楼村集体经济主要依靠土地经营收入，集体年均总收入可达 630 余万元，而大白楼村农业户籍人数仅 261 人，集体经济组织成员（村民）在村集体内年人均纯收入超过 3.3 万元。然而在相对远离建成区的城郊地区，集体经济土地经营收入因区位产生了较大差异，例如魏善庄镇羊坊三村共计年均收入约为 1244 万，农业户籍人数 1770 人，村集体内人均纯收入仅为 7000 余元。而大白楼村与羊坊村的车行距离仅有 12 公里。集体产业乏力导致集体收入依赖于土地价值及土地经营收入，造成大兴区各村之间农民收入和生活水平出现较大差异。

三 大兴区宅基地制度改革的路径模式

（一）以宅基地制度改革为契机，推动实现低成本城镇化

传统的城镇化方式需要先将农村土地纳入城镇规划，实行征地拆迁，将农户重新安置，并纳入城镇户口体系。截至 2019 年末，大兴区宅基地改革总体涉及 375 个村。大兴区宅基地制度改革按照"分区分类分型"设计，对于已经列入城镇化改造地区的村庄，结合城镇化进程，与北京城市总体规划、大兴区分区规划和"疏解整治促提升"专项行动相衔接，统一规划、统一建设，彻底完成村庄的城镇化改造。但大部分村庄土地仍然保留了集体土地的性质，现已有 87 个村庄完成了村庄规划编制。这部分村庄将在宅基地改革中，沿着整村改造的路径和集体经营性建设用地入市改革相结合，在不改变土地性质、不改变农民身份的情况

下，整体提升村庄生态环境，保留乡村文化传承，保障宅基地合理需求，引进新兴产业，就地稳固了村民的生存保障、提升了村民的生活质量。与传统的城镇化土地征收、乡村人口集体搬迁重新安置到城市的方式相比，极大程度地降低了城镇化的成本，以基于宅基地改革的乡村现代化建设取代了基于征地拆迁的高成本城镇化。

(二) 以宅基地制度改革为引领，切实改善乡村居住环境

大兴区宅基地制度改革结合了美丽乡村建设的政策目标，允许乡镇自主设计村庄专项规划、合理布局宅基地用地。根据村庄用地需求，优化居住、产业、农业、生态用地结构，推进乡村环境整治。在提升人居环境的同时，完善市政道路等基础设施建设，提升农村居住品质，打造了宜居型乡村环境，统筹推动了农村土地合理利用与高质量发展。在推进村庄整体改造中，结合村庄社会、人文、产业等发展现状，实现了宅基地的功能再造。原来仅有居住功能的宅基地，在周边产业发展的推动下，农户可以出租或自主经营，为乡村新产业的发展提供生活服务设施，在原来的村庄文化基础上，形成新社区文化，实现宅基地"产业服务""文化承载"等功能。

(三) 基本保障与高效利用兼顾："住有所居"新思路

大兴区在城镇化发展历程中，长期以单一的棚户区改造、实施土地征收、农民转为城镇居民为路径，作为最近的京郊区县，这种城镇化方式面临极高的经济、社会和管理成本，尽管许多城市公租房已经将进城农民列入申请范围内，但对于农民而言，这种保障并不是来自宅基地资格权，即农民宅基地资格权的保障功能将处于虚置状态。因此，当前的农村宅基地分配制度不应当僵硬地遵循现有的"一户一宅"原则，而应考虑如何将农村宅基地和房屋在集体内部村民间进行合理改善、分配，以兼顾农民基本居住权益保障与农村土地资源高效利用双重需求。

针对提高农地资源利用效率、满足农户基本居住需求和规范农村宅

第六章 案例一：北京市大兴区两镇就地置换的试点经验

基地分配现状等诉求，大兴区在"户有所居"基础上采用了"住有所居"的新思路。"住有所居"政策要求对不同类型的宅基地取得方式进行区别对待，通过征地方式，借助棚改、一级开发，实现城镇规划区村民集中上楼、转非安置，以独立住宅和集中居住两种方式多元化实现农民宅基地和住所改造，在"一户一宅"基础上形成了第二种农民住房保障路径，即以集体宅基地为依托建设农村居住社区，建立"住有所居"的住房制度。具体而言，村股份经济合作社社员以"户"为单位，按照法律、法规规定依法取得宅基地，采用"认户不认人"原则，避免新分户对改造形成冲击，提高农村土地资源利用效率。对于原始取得的宅基地，在标准面积范围内进行独立住宅统一建设和分配，实现"一户一宅"；对于"农二代""农三代"等非初始取得的宅基地，采用集中居住，以分配楼房的形式，通过"住有所居"保障"户有所居"。

目前，大兴区城市规划区162个村，已经确定8个项目涉及47个村，正在通过村民集中上楼、转非安置，实现"住有所居"。四类保留改造村中，约有22%的"农二代""农三代"将进入农村社区单元楼居住。以大兴区魏善庄镇北三村村庄为例，依照"住有所居"理念，北三村村庄对于非初始取得的宅基地，主要采用新村建设分配楼房的形式保障住有所居。根据北三村村民宅基地、常住人口和家庭结构等相关政策法规情况，计划建设独立式住宅736套、公寓房720套及相应规模的商业及公共配套设施。独立式住宅户型分为200平方米、220平方米、240平方米和260平方米，三层结构，占地面积均为200平方米；公寓房户型以50平方米、60平方米和90平方米为主。经初步测算，新村独立住宅建筑规模约16.19万平方米，公寓房建筑规模约5.00万平方米，商业及公共配套设施建筑规模约1.54万平方米。村民按规则选择新宅、公寓用房，并结算差价。这些措施有效缓解了"一户一宅"分配时农户突击分户以套取更多安置住房导致用地紧张的状况。形成了更适合大城市远郊区的农民住房保障路径。

（四）城乡统筹与综合整治兼顾："整村改造"新路径

大兴区现状宅基地总占地 56077 亩，共计 85820 宗，户均宅基地 0.64 亩，远高于《北京市人民政府关于加强农村村民建房用地管理若干规定》规定的最高面积（0.3 亩）；也同样高于 1982 年以前划定的宅基地，可按每户最高不超过 0.4 亩的标准。目前大兴区宅基地超过 0.4 亩的有 72187 宗，占比超过 84%。而由于大兴区是距离北京中心城区最近的郊区，城镇化速度十分快，农村人口到中心城区居住、工作的情况十分普遍，宅基地空置现象严重。而因长期无人居住，农宅损毁、失修甚至形成危房的情况也比较普遍。而规划建设管控较好的部分村庄，农宅自 20 世纪 80 年代后就进行了严格控制，原则上禁止翻修翻建；规划建设管控较差的部分村庄，私建二层、扩建等现象又十分普遍，建设质量又不高，农村宅基地闲置低效利用的同时是村庄发展散乱无序，村庄建设缺乏特色，村民居住质量不高。此外，北京"减量"发展的上位要求使得大兴区进行宅基地减量提质、存量挖潜的要求更加迫切。

大兴区位于北京市南部门户，位于京津冀地区的核心交界地区，是北京中心城区重要的南部花园，承担着为首都提供生产生活服务、休闲娱乐服务的功能。而北京新机场的投用也让大兴区成为承担首都国际交往中心功能和区域枢纽服务中心的重要载体，改变大兴农村地区散、乱、差的发展面貌，使之融入首都职能和区域发展，从而推动提升首都整体发展质量，助力京津冀协同发展的要求十分迫切。

在首都经济圈发展、高质量城市建设和中心城区高房价、高房租的影响带动下，大兴区农村人口的市场意识、权利意识普遍较强，由此形成了三大情况。一是农户对于宅基地改革等相关事务普遍预期较高，尤其是长期以来受重大基础设施、线性工程较高补偿影响，农民对通过宅基地变现获取财产性收益的期望非常高。二是农户对于宅基地的权利认

第六章 案例一：北京市大兴区两镇就地置换的试点经验

知十分高。摸底调查过程中通过问卷调查发现村民认为宅基地是私有财产，尤其是在城镇周边更为突出。三是市场交易十分活跃，根据调查，大兴区农宅存在普遍流转现象，包括直接将农宅流转给本村人、外地人，或将宅基地提供给外地人在本村盖房，其中还包括一些外国人。这种已经客观存在的流转情况带来了大兴区农村实际居住人口结构的改变，也使得整体人群的权利意识进一步提升。

大兴的大部分保留村庄主要通过整体改造，将原址农户进行整村搬迁、集中安置。大兴区进行整村改造有其特殊的区位、历史、社会和经济原因。第一，《北京城市总体规划（2016年—2035年）》中确定了北京"四个中心"的战略定位。因此，北京的一切工作必须坚持全国政治中心、文化中心、国际交往中心、科技创新中心的城市定位来开展，单靠独户或几户联建的宅基地改革无法使大兴满足首都"四个中心"的定位，而"整村改造"能在统筹规划阶段就将"四个中心"的理念注入到村庄宅改路径实施过程中。第二，为建设美丽乡村，推动乡村振兴，完善农村基础设施建设，"整村改造"更能从政府相关部门获得资金支持，实现村庄有机更新，提升整体品质，优化整体空间布局。第三，大兴区土地历史遗留问题复杂，南北东西宅基地分布不均、土地利用布局散乱，碎片化问题显著。随着农民权利意识增强，逐户解决盘根错节的历史遗漏问题容易激发纠纷冲突，增加宅改成本。"整村改造"可使复杂问题简单解决，整理出的零碎地块整体利用更能达到集约节约利用的目的。第四，随着城镇化进程的推进，农户对资产价值认知也进一步增强。中国特色社会主义进入新时代，我国社会主要矛盾已经转化为人民日益增长的美好生活需要和不平衡不充分的发展之间的矛盾。在宅改过程中，部分农户，例如魏善庄羊坊村农户主动提出要求整体改造，在民意引导下"整村改造"可以尽快切实改善农民生活环境，满足农民对于权利均等的诉求，缓解新型社会矛盾。

目前，大兴区已经初步形成五大类型的整体改造村项目：第一类是自建型，采取村级统一规划，按照占地、建筑标准，由每家农户自行建设，如黄村镇前大营村；第二类是共建型，将宅基地统一规划、就地改造，用于发展高端新兴产业，改造成本由村集体和农户共同承担，如西红门镇大生庄村；第三类是联建型，腾退土地作为集体经营性建设用地指标上市，引入优质产业，实现改造资金总体平衡，如魏善庄镇三村；第四类是代建型，主要借助于市级和区级项目带动，与循环经济园项目建设、集体经营性建设用地入市方案进行整体设计，如安定镇循环经济园周边七村；第五类是综合推进型，采取"市区帮扶、产业导入、整体改造、脱低扶贫"的综合性办法推进村庄改造，如长子营镇的小黑垡村。

（五）力图打通制度壁垒，显化土地的资本属性

大兴区宅基地制度改革以土地集约利用为方式腾退宅基地，得以完成大兴区减量指标，在此基础上，大兴区还节余出部分指标，其中30%的村民住宅用地指标被置换为集体建设用地上市，进行了宅基地指标与集体经营性建设用地指标转换，并从区级层面统筹平衡建设指标，实现了宅基地"资源—资产—资本"的升级。除此之外，大兴区还利用市场机制多渠道促进宅基地相关"产业导入"，社会资本的有序进入基本可以归纳为三种形式：村民和集体与社会资本投入方自主谈判；区、市政府主导，带动产业发展；社会资本主体在市场中主动寻求投资载体，与项目相关者进行沟通。

在这种导向下大兴区宅基地制度改革对于当地经济的拉动十分明显。西红门镇大生庄村共计盘活84个闲置农宅院落，每个院落每年租金15万元左右，村集体和农民投资1.04亿元，政府财政投入600万元，主要发展文化创意产业和乡村旅游，带动村民60人就业，每人每年增收3.5万元，主要是保洁、保安等工作；魏善庄镇半壁店村共计盘活25个闲置农宅院落，每个院落每年租金3万元左右，社会资本投资2000万元改

造，主要发展乡村民宿旅游，带动村民5人就业，每人每年增收2.4万元；庞各庄镇梨花村和去年相同，盘活2个闲置农宅院落，每个院落每年租金5万元左右，由社会资本投资800万元改造，主要发展乡村旅游；长子营镇赤鲁村，和去年相同，盘活8个闲置农宅院落，每个院落每年租金1.5万元左右，村集体和农民投资110万元，社会资本投资70万元，主要发展乡村旅游，带动村民35人就业，每人每月增收2400元；北臧村镇巴园子村盘活3个闲置农宅院落，租金分别是每年10万元、8万元、7万元，主要发展文化创意产业，也有西瓜观光采摘园，想依托观光休闲旅游，做闲置农宅利用；礼贤镇龙头村正在装修3个闲置农宅院落，大约1个月能装修好，由天恒集团负责投资改造，每个院落每年租金约3万元，主要发展乡村民宿旅游。

大兴区通过宅基地改造和闲置用地整理，有效盘活了125个闲置农宅院落，涉及前述西红门镇大生庄村、魏善庄镇半壁店村、庞各庄镇梨花村等6个镇的6个村。整理集约出的村庄住房用地指标可转为集体经营性建设用地，通过集体经营性建设用地入市获取收益用于平衡宅基地改造项目资金，或形成股权保障村集体长远收益，实现了对产业兴旺和生活富裕等乡村振兴目标的统筹推动。

（六）管理制度与审批流程的建设与优化，统筹协调城乡用地指标

改革试点以来，大兴区按照宅基地改革"三权分置"精神和"两个完善、两个探索"要求，制订《宅基地制度改革试点工作方案》，明确改革时间表、路线图。在明确宅基地权益上，制定了《北京市确定宅基地使用权规定》，围绕"资格权"，对登记发证、使用权取得及转移、一户多宅及审批程序进行细化。出台《农宅与土地管理利用若干意见》，探索集中统建、多户联建、集中建设农民公寓和农民住宅小区等"户有所居"新方式。大兴区制定了《农村宅基地管理规定》《农村住宅整体改造流程》《农村宅基地历史遗留问题处理暂行办法》等11个配套文

件，力图形成坚持福利化、突出法治化、开发社会化、引入市场化、管理主体化的政策体系。

大兴区在《北京市大兴区宅基地制度改革试点工作方案》《北京市农村宅基地及房屋建设管理办法》（征求意见稿）等文件中，选取李家场村推进先确权登记发证后改革的实际案例，尝试将宅基地与房屋建设审批统一纳入审批平台，进一步细化人均用地和房屋建设指标。具体实施过程中，包括在城镇规划区内的住宅用地需要通过区和市的严格审批方可进行建设；在城镇规划区外的乡村宅基地审批分存量用地审批和新增用地审批。改革前存量宅基地审批在乡镇进行，而新增宅基地由于可能涉及农用地，需要由市、区级进行审批。受机场规划和建设管控的影响，大兴区自2006年就已经停止新增宅基地审批，村民无法获得新增用地，而大兴三代、四代家庭占40%以上，代际用地矛盾突出，"一户多宅"现象突出。为了满足农户基本的宅基地需求，大兴区构建了宅基地审批制度流程，对于新增用于独立宅院建设的宅基地由市、区进行对所占用的农地和建设用地进行统一协调批复后，将具体用地指标的配置审批权下放到乡、镇一级，乡镇可以按照存量用地根据具体需求进行进一步分配管理，而用于集中式楼房住宅的宅基地仍由区、市进行统一审批。部分审批权的下放简化了审批流程，为宅基地高效配置提供了制度化的创新经验。

在宅基地制度改革试点工作中，大兴区将宅基地改造充分与北京市减量发展与产业提质、公共服务改善等要求紧密联系起来，结合京津冀协同发展的顶层战略要求，将宅基地制度改革融入区域整体的产业发展、生活改善和生态建设等工作中去，以宅改为契机，通过生产、生活、生态用地指标置换，进行城乡统筹，推动改善了农村公共服务不足、生态环境较差、人均品质不高、产业发展动力不足等问题。首先，大兴区通过将宅基地制度改革和集体经营性建设用地入市改革相

第六章 案例一：北京市大兴区两镇就地置换的试点经验

结合，打通了宅基地从资源到资产再到资本的升级渠道。在符合规划和土地用途管制的前提下，允许宅基地和集体经营性建设用地统筹规划布局，宅基地使用权出租、转让和集体经营性建设用地出让都需向村股份经济合作社缴纳土地增值收益调节金，并在项目初始阶段就确定企业需缴纳的保既得收入，规范宅基地节余指标用于集体经营性建设用地的平衡项目指标，保证社会资本注入的有序性。社会资本在为乡村产业发展注入原动力的同时，也保障了农民股权的可持续收益。其次，大兴区通过宅基地制度改革与地区重大公共服务设施的协同推进，通过宅基地的集约节约利用，结余指标的同时乡村布局进行了调整，即为公共服务设施节余出了用地指标，又切实提高了农村公共服务水平，还优化了农村建设空间布局，提升了人居品质。此外，宅基地集约节约改造利用推动实现了建设用地减量发展目标。大兴区宅基地制度改革试点中，普遍按照1∶0.8的比例减量宅基地用地指标，用于生态建设和农用地复垦，为北京市耕地保护与生态建设提供了用地保障。

（七）村民自治的引导与完善，促进基层治理能力提升

大兴区宅基地制度改革遵照宅基地改革村庄规划，以村级、民意为主导，倡导"自下而上"的宅基地制度改革原则，充分尊重村民主体意愿和权利诉求，重视村民自治管理。在宅基地改造项目的规划和实施阶段，推动村民自治程序完善，在坚守底线的基础上下放用地审批权力，给予基层更多的自治、自决的权利，加快推动了宅基地制度改革，促进宅改能够切实符合村民诉求与土地权益。在这一过程中，激发了乡村社会活力，丰富了乡村治理主体，乡村农民建立了通过社会团体表达其利益诉求或主张的权益反馈体系，村民自治制度得以进一步完善和健全，极大地提升了乡村基层治理能力。

大兴区的宅基地制度改革过程中，村民自主治理便发挥了至关重要的作用。大兴区在宅改中显现出的纠纷问题穿越时间段较长,涉及的纠纷主体复杂,宅改前管理现状混乱,这其中既有从新中国成立初期就形成的无序利用、超标占地、闲置浪费、非法交易等历史难题,又有资源高度稀缺、土地价值显化、产权关系复杂、改造成本较高等现实问题。因此,在宅基地改革过程当中需要村民先进行自主沟通和协商,发挥村民自治的作用。以民意为引导,构建"自下而上"的宅基地改革方式和民主自治程序,强化村民自治管理与集体组织程序。在具体操作中,首先,在治理主体上,需充分发挥集体经济组织所有权主体作用,统筹确定村民住宅用地布局与规模。其次,在治理方式上,对于宅基地申请资格、分房条件等内容进行充分内部审查和结果公示,提高农村村民住宅用地和集体建房民主管理程度。最后,在实施程序上,在村庄改造与宅基地建设中创新"四议两公开"的自治程序,在前期准备、改造许可、改造结案等多个环节充分运用村民代表大会、社员代表大会、村委会等村民自治方式和自治组织,对村庄改造方案及村庄规划方案进行审议表决,形成决议后公示,以期保障农民和集体成员的知情权。

第二节 大兴区宅基地资格权内涵及权利主体认定

一 资格权的权利性质与内涵界定

与一些试点地区对资格权进行模糊处理的方式不同,大兴区在试点开始阶段就对资格权进行了性质界定的探索。首先,在初始阶段,北京市和大兴区对于宅基地资格权的性质和设立意义提出了理解。北京市规划和国土资源管理委员会于2018年6月向自然资源部的汇报资料中将资格权的设立定位于"确保农民的基本居住权利",同时明确了要"保障宅基地的分配资格权"。尽管"基本居住权利"与"宅基地的分配资格权"从内涵上存在差异,但也说明大兴区认同了资格权的成员权性质和

第六章 案例一：北京市大兴区两镇就地置换的试点经验

保障性权利性质。其次，该资料中还明确提出了资格权的主体是本集体经济组织的农民成员，采用无偿取得的方式，对于宅基地资格权的权利主体认定拟遵循身份性特征。而在权利所对应的利益方面，资料中提出，采取"按人分配、按户控制"的方式、确定合理的人均面积标准和户均面积标准，采取面积法定原则。这种提法说明大兴区宅基地制度改革试点中拟对于资格权所对应的利益认定以农民个体为单位并采用均等化、份额化的方式，权利行使主体则是以户为基础兼顾个人份额。

二 对权利主体和权利得丧的认定

大兴区试点领导小组在随后的报告中对于这种思路予以进一步深化。首先，报告中指出宅基地资格权的权利主体是"村股份经济合作社社员"，可以理解为一般意义上的集体经济组织成员。同时，报告中提出资格权是农民以"户"为单位申请宅基地的权利，而在退出宅基地（使用权）时得到补偿也是资格权的权利内容之一。也就是说，资格权可以根据相应份额进行货币化实现，有偿退出宅基地可以被视为资格权人权利实现的一种方式。在权利确认方面，大兴区的资格权确认采用村为单位、镇为统筹的方式。大兴区目前的经验是以村为单位，通过村集体自治程序确认是否参与宅基地制度改革和"三权分置"，而镇一级政府对镇域内参与宅基地制度改革试点的村进行统筹，根据镇、区历史记录和资料，对村内现状宅基地使用权进行调查，并结合村集体在籍成员名录对资格权主体予以确认。

然而，大兴区的认定原则中也存在自相矛盾的地方。一方面大兴区承认了资格权主体的身份性特征，但另一方面又明确"经认定的宅基地资格权原则上不得收回，不得以退出宅基地资格权作为农民进城落户的条件"，即宅基地资格权的取得以身份为标志，而一旦取得资格权就成为一项永久性权利、权利不随身份条件丧失而灭失。这种认定方式有违权利得丧条件的一致性原则，也不完全符合成员权的应有之义。

三 "住有所居"替代"户有所居"

大兴区在城镇化发展历程中，长期以单一的棚户区改造、实施土地征收、农民转为城镇居民为路径，作为最近的京郊区县，这种城镇化方式面临极高的经济、社会和管理成本。同时，由于历史遗留原因，农户中由子女继承父母房产或子女与父母共户居住现象普遍。资格权的设立以成员个人份额为基础，以户为单位为实现。在流动人口不断增加和农户就业与生活压力上升的情况下，如果严格采用"一户一宅"原则可能会出现符合分户条件的集体经济组织成员"突击分户"，人为造成宅基地需求增加，背离盘活闲置宅基地和北京市减量发展的政策意图。

大兴宅基地制度改革试点在"一户一宅"基础上扩展"户有所居"的范畴，以"住有所居"方式对达到分户条件但未分户的成员个人的资格权予以确认。具体而言，对原有宅基地，在标准面积范围内进行独立住宅统一建设和分配，实行"一户一宅"；针对"农二代""农三代"等进行个人资格权份额追加认定，采用集中居住，分配楼房使用权利的形式。

尽管没有明确提出，但从操作意图总结，大兴区提出的"按人分配、按户控制"实际上就是资格权认定与行使规则，即按人分配资格权，但按户行使资格权。而在"住有所居"理念扩展中，大兴区实际上又默认了成员对个人份额的追加行使权利。资格权适格主体在以"户"为单位获得宅基地后，如达到分户条件，就可以跟集体经济组织签订协议，在支付相当优惠的基础费用后获得以"村庄住宅用地"修建的农村公寓的占有、使用和有限收益权利，不获得产权，集体原则上不再单独新增分配宅基地。这种方式可以理解为以"永久性农村租赁保障住房"代替"宅基地使用权"作为资格权人行使权利后，集体履行给付义务的方式，也事实上形成了"农户+成员"的双重行使主体体系。

四 权利实现的路径作用

宏观层面的资格权设立是一种导向,但从权利实现角度来看,缺乏实际制度规范的权利仅具有象征意义。大兴区从一开始就明确资格权内涵和权利得丧条件,尽管从理论角度来看仍存在不足和冲突,但在改革初期明晰权利内涵和明确认定主体可以显著提升法律对权利规范程度(LS),从而使资格权的实现具备了制度基础。而在后续制度改革操作中,通过追加个人份额认定事实性地扩充了主体权利行使所及范围,提升了资格权主体的执行能力(EA)进而增加了权利实现过程中的整体法律能力(LP)。资格权的实现不再完全依赖于集体的供给能力和"政府恩赐",而是成为一种可以显化农民诉求的杠杆。这一作用在大兴区逐步在乡镇层面推进改革试点实施过程中,得到体现。

第三节 政府主导下资格权多元实现:大兴区两镇宅基地改革模式

在城镇化发展历程中,传统的城镇化路径,例如棚户区改造,需要实施土地征收,将农民转为城镇居民,作为最近的京郊区县,城镇化成本较高。除部分城市规划区内村庄采用这种传统的方式外,大兴区的大部分保留村庄主要通过整体改造,将原址农户进行整村搬迁、集中安置。主推这一改革路径有以下几个方面的考虑。第一,《北京城市总体规划(2016—2035年)》中确定了北京"四个中心"的战略定位。因此,北京的一切工作必须坚持全国政治中心、文化中心、国际交往中心、科技创新中心的城市定位来开展,单靠独户或几户联建的宅基地改革无法使大兴区满足首都"四个中心"的定位,而"整村改造"能在统筹规划阶段就将"四个中心"的理念注入到村庄宅改路径实施过程中。第二，为建设美丽乡村，推动乡村振兴，完善农村基础设施建设，"整村改造"更能从政府相关部门获得资金支持，实现村庄有机更新，提升整体品质，优化整体空间布局。第三，大兴区土地历史遗留问题复杂，南北东西宅基地分布不均、土地利用布局散乱，碎片化问题显著。随着农民权利意识增强，逐户解决盘根错节的历史遗漏问题容易激发纠纷冲突，增加宅改成本。"整村改造"可使复杂问题简单解决，整理出的零碎地块整体利用更能达到集约节约利用的目的。第四，随着城镇化进程的推进，农户对资产价值认知也进一步增强。中国特色社会主义进入新时代，我国社会主要矛盾已经转化为人民日益增长的美好生活需要和不平衡不充分的发展之间的矛盾。在宅改过程中，部分农户，例如魏善庄羊坊村农户主动提出要求整体改造，在民意引导下"整村改造"可以尽快切实改善农民生活环境，满足农民对于权利均等的诉求，缓解新型社会矛盾。

  大兴区的宅基地改革以镇为执行单位，以村或多村为项目进行，各镇村结合实际需要进行了多种模式探索。在大兴区的第一批试点中西红门镇、魏善庄镇和安定镇三镇开展了具体工作。本书经过具体模式分析认为，从农民居住保障权利和宅基地资格权角度出发，西红门镇暂不具备典型性特点。首先西红门镇大白楼村在宅基地改革中将宅基地进行统一规划、就地改造，改造成本由村集体和农户共同承担，分配过程中直接进行了平均分配，也没有对资格权主体身份进行具体确认。同时由于集体经济收入状况好、在籍人口结构情况简单，因此大白楼村的宅基地改造进度较快，2019 年底已经基本完成建设。其次，西红门镇的整体区位已经处于事实意义上的城镇化地区，同时人口总量较少且因为土地价值较高，村集体依靠土地租金收入，经济状况较好。在产业结构调整下大兴区乡镇村经济发展乏力的情况下西红门镇属于相对特殊的情况。而由于西红门镇处于事实城镇化的地区,并非传统意义上的"农村",与大兴区216个保留村相比,西红门镇大白楼村的情况十分特殊。

本书在大兴区已经开展工作的镇村中选取了魏善庄镇"羊坊三村"和安定镇"站上四村"的改造方案和实施过程进行详细研究。魏善庄镇羊坊三村较早开展工作,对整体宅基地制度改革试点进行了较为细致的摸底工作并已完成了规划。而安定镇站上四村晚于魏善庄镇羊坊三村,在规划过程中充分汲取了魏善庄镇的构想,然而安定镇得益于市级和区级项目的带动作用,早于魏善庄镇进入了实施阶段。本部分将首先从资格权多元实现角度对魏善庄镇宅基地改造构想进行分析,抽取其中所含的资格权运行机制。而对于安定镇的研究,本书将主要集中于安定镇的具体实施过程中的资格权实现与运行。

一 魏善庄镇羊坊三村宅基地改造构想中的资格权多元路径分析

(一) 魏善庄镇试点基本情况

大兴区魏善庄镇位于北京市南部,羊坊三村位于魏善庄镇北侧,距离镇区约4公里,地处南中轴路和京台高速的中间地带,紧邻大兴新城,靠近北京经济技术开发区。2015年,大兴区被列入全国农村土地改革三项试点33个县级试点区域后,魏善庄镇"羊坊三村"(韩村、羊坊村、查家马房村)被作为大兴区宅基地改革试点重要项目之一。

根据调研和过程中获取的《大兴区魏善庄镇羊坊三村宅基地改革试点规划实施方案》等资料,羊坊三村涉及的改造部分总占地面积为54.56万平方米,现状村庄住宅用地面积为45.38万平方米(以2016年土地变更调查数据为基础)。2015年改革试点摸底调查资料显示三村共计户籍人口2328人、736户,户均宅基地使用面积达0.5亩,超出北京市0.3亩/户的规定,同时还有部分农户宅基地面积不足0.3亩。而魏善庄镇此前没有进行过完善的宅基地确权颁证工作，仅在 1998 年进行了简单记录，确认了当时的宅基地坐落和户主，目前大部分房屋状况不佳且仍在使用，危宅较多，农民在住房保障方面极不均等。

在尊重历史和主体意愿原则下，通过村民自治程序和调查，羊坊三村试点推进中最终确认了目前有 717 户拥有宅基地分配资格。同时，根据魏善庄镇的地理位置和北京市的规划安排，从落实减量提质要求出发，羊坊三村选择了"整村改造"路径，采用集中集约的宅基地更新改造方式，主要利用羊坊村和韩村的现有宅基地统一新建和再分配，节余宅基地指标主要用以完善公共服务、配置产业用地指标和完成北京市建设用地减量目标。

（二）福利多元视角下羊坊三村宅基地资格权实现过程分析

1. 多元主体体系分析

在宅基地改造更新中，羊坊三村实际上将农户的住房保障从原来的"村集体+农户"的二元主体扩展为"集体经济组织、地方政府、联营公司与农户家庭"四元主体。首先，区、镇政府成为新的资格权保障主体，统筹解决新增建筑规模指标和资金需求，承担政策制定、监督管理等多项责任，对宅基地资格权的保障起到主导作用。其次，村集体经济组织继续负责提供村集体宅基地，同时村集体在集中更新农户住宅后，根据北京市"减量提质"要求，将节余宅基地进行建设用地减量规划，由政府进行总体规划指标统筹，从而推动城乡土地要素的流动。农户则自行承担住宅建成后的后续投入用以持续保障和改善自身住房条件。在政府引导与总体统筹下，由村集体组建的羊坊三村联营公司成立，以特殊法人身份成为市场化主体，负责宅基地的具体承建和农民居住社区营造实施，成为资格权保障体系中的第四个主体。多元化的福利供给体系可以有效改善原有二元制保障下住房保障供给不足和福利不平等的问题。

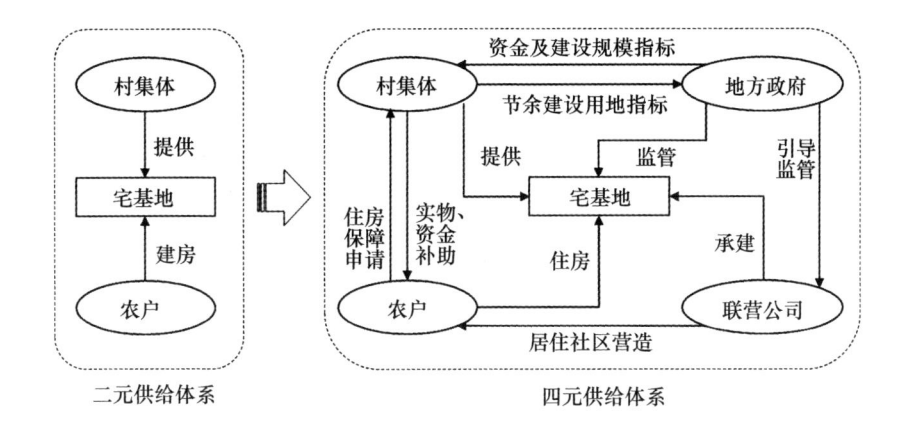

第六章 案例一：北京市大兴区两镇就地置换的试点经验

图6-1 魏善庄镇羊坊三村规划构想中的资格权实现四元主体供给体系

2. 资格权实现中的均等化

在尊重历史和集体成员意愿原则下，羊坊三村宅基地资格权的认定仍以村集体内部农民户籍为依据，但是对于资格权的行使范围进行规范和均等化处理。由于诸多历史原因，在宅基地利用过程中出现了较为普遍的超占超建情况。村庄中户均宅基地面积为0.5亩，超出了北京市最高0.3亩的规定，且差异较大。"三权分置"后，资格权的实现应以成员资格平等、社会保障资格平等为原则，促进资格权在行使和实现过程中的均等性。因此在羊坊三村重新对宅基地面积或其对应的住宅进行了认定，按照面积法定原则，以户均0.3亩（合200平方米）为标准进行认定。每户农民的宅基地资格权以无偿获得0.3亩宅基地使用权为实现，原来使用宅基地多于0.3亩的农户有偿退出，少于0.3亩则无偿补足。

3. 住有所居：资格权实现中的"实物+货币"双重机制

资格权保障与实现不应局限于由集体提供宅基地使用权为唯一路径，应当是结合了实物形式和货币形式的双重机制。首先，通过宅基地置换更新，羊坊三村为农户提供了两种实物保障：独立宅院或农民公寓，农

· 177 ·

户通过自身家庭结构需要进行选择。在坚持成员资格平等原则的同时，多样化的实物保障方式对于兼顾农户家庭结构差异具有积极意义。羊坊三村对于新村宅基地更新改造的具体设计为：一宗原宅仅能选择一宗新宅，对于原宅基地面积的75%不大于200平方米的农户，能且仅能选择一套接近原宅基地面积75%的独立式住宅获得相应宅基地使用权和房屋所有权，对于原宅基地面积的75%大于200平方米的农户，可以选择一套独立式住宅和不超过两套公寓房，且安置总面积不大于原宅基地面积的75%，农户对于公寓仅有使用、居住权益，不进行单独颁证。其次，羊坊三村采用了以"以宅易宅、有偿退出"的方式，以0.3亩为宅基地资格权实现的标准，对于面积大于0.3亩的原宅基地，以更新0.3亩宅基地后的剩余部分给予退出补偿款，此外还对腾退原宅基地提供了货币补助，统筹保障了农户居住权益不降低。

4. 城乡统筹：资格权实现中的城乡指标转换

福利多元主义四分框架下，作为保障集体成员基本住房权利的宅基地资格权，在实现过程引入了政府和市场主体从而构成福利保障主体四元体系。政府和市场主体进入宅基地资格权保障环节，可以有效促进城乡建设指标交换，从而推动城乡土地要素流动。羊坊三村试图通过置换和整合宅基地，整合宅基地资源，节余建设用地指标用于实现减量发展和产业提质目标，而区、镇政府则统筹解决集中集约建设中的建设规模指标，这一构想可以推动农村建设用地指标与城市建设规模指标的城乡交换，提高用地效率的同时促进城乡要素流动。对现状建设用地进行土地集约利用改造后的建设用地面积为43.62万平方米，拆占比为1∶0.8，节余建设用地10.94万平方米用于减量。在更新改造后，总建筑规模为48.79万平方米，其中新村居住社区建筑规模为22.73万平方米、占地24.01万平方米，剩余建设用地指标用于产业和公共服务提升。

二 安定镇站上四村宅基地改造实施中资格权的实现与主体关系

(一) 试点前安定镇站上四村试点的基本情况与权利实现评价

1. 基本情况

安定镇位于大兴区东南部，是河北进入北京的门户，北距中心城33公里，南距新机场13公里，西到黄村卫星城18公里，东距河北省廊坊市20公里，环境优越，资源充足。镇域面积78平方公里，辖33个行政村，人口达到3万余人。安定镇镇域大部分用地为禁止建设区和限制建设区。本案例中涉及的村庄为郑福庄村、站上村、善台子村和高店村。

安定镇站上等四村常住人口5681人、在册户籍人口3131人、农业人口2350人。宅基地制度改革试点实施前，院落数850个、院落占地面积38.4万平方米、户均院落面积455平方米、户均建筑面积334平方米、村庄面积65.43万平方米、总建筑面积339171.82平方米、宅基地面积约27.8万平方米（如表6-1所示）。

表6-1　安定镇各村改革前人口及宅基地基本情况

序号	村落	常住人口（人）	院落数（个）	户均院落面积（平方米）	宅基地建筑面积（万平方米）	户均建面（平方米）
1	高店村	1939	299	485	9.5	317.14
2	善台子村	1218	156	445	5.5	349.98
3	站上村	1778	276	402	8.6	311.12
4	郑福庄村	746	119	487	4.2	356.80
汇总		5681	850	455	27.8	333.76

2. 资格权的主体认定

安定镇在具体认定宅基地使用权人的过程中，结合历史资料和实际情况对所有现状宅基地使用权人进行了均等认定。考虑到历史根源，安定镇没有完全遵循"一户一宅"的原则，同时对于非集体经济组织成员（户籍迁出）的使用权人也予以了同等认定。为了区分本集体成员和非成员，安定镇以此次认定为时点，对这类情况进行了备注，未来拟在颁发使用权证书时进行统一标注。

3. 居住保障权利评价

首先，安定镇站上四村的宅基地占有和利用情况户均差异较大，因而造成人均、户均居住保障权利实现情况十分不均等。单宗宅基地受新宅基地审批限制而未分户的情况较多，达到分户条件的集体成员居住保障权利无法充分实现。安定镇四村单宗宅基地承载的常住人口在6人以上，仅以户内本村农业户籍人口计算平均约为2.8人。具体而言单宗宅基地人口从1人到10人以上不等，成员人均实际占地面积和建筑面积不平衡，差异较大，因而成员居住保障权利无法充分实现的同时伴随权利实现的不均等。安定镇四村宅基地容纳人口情况如表6-2所示。

其次，为了规范宅基地利用，大兴区一直实行较为严格的宅基地利用与翻建管控，原则上不允许搭建二层房屋，房屋占地面积原则上不超过宅基地面积的75%。而安定镇四村的户内代际结构差异较大，75%以上的宅基地呈现多代共居，三代及以上（至少两代适格主体）共居的家庭达到30%（如表6-3）。在宅基地分配限制与建设管控的双重作用之

表6-2　　　　　　安定镇四村宅基地容纳人口情况

村庄	宅基地（宗）	按农业户籍人口（人）总数	宗均人数	按户籍人口（人）总数	宗均人数	按常住人口（人）总数	宗均人数
站上村	276	762	2.8	975	3.5	1778	6.4
高店村	299	829	2.8	1084	3.6	1939	6.5
郑福庄村	119	308	2.6	410	3.4	746	6.2
善台子村	156	451	2.9	662	4.2	1218	7.8
合计	850	2350	2.8	3131	3.7	5681	6.7

第六章 案例一：北京市大兴区两镇就地置换的试点经验

表6-3　　　　　　　　　安定镇四村代际共居结构

代际结构	单代	两代	三代	四代
比例（%）	25	45	27	3

下安定镇四村整体都出现农户居住空间越发紧张的情况，并因此形成了家庭矛盾，宅基地利用问题内化为农户家庭内部冲突，增加了基层管理和乡村管理的难度，私搭乱建、占用公共设施的情况越发突出。

此外，居住保障权利的实现最终以"住房"为依托，在宅基地分配的单一路径之下，农户居住权利的实现又受到建设管控的影响。安定镇四村的原有农宅建设以单层坡屋顶瓦房为主，少量平屋顶和彩钢简易房，建筑质量普遍一般。配套设施方面除简单的体育设施和政府管理用房以外，普遍缺少教育、文化、医疗、养老设施。更重要的是，安定镇四村靠近安定垃圾填埋场，该垃圾填埋场为Ⅰ级生活垃圾卫生填埋场，主要处理东城区、西城区和大兴区的城市生活垃圾，对周边居民的生活环境造成极大影响。

运用第五章中权利实现评价模型对安定镇农户在宅基地改革试点前的居住权利保障情况进行描述：

· 实现路径：只有申请分配实物宅基地资源这一条实现路径；

· 法律能力（LP）：农民居住保障权利没有法定权利进行保护，而由于新增宅基地审批受限，一方面集体无法对新增宅基地需求履行给付义务，集体唯一可以保障的是现有农户可以无期限使用现有宅基地。而另一方面，在这种管控制下，适格主体无法提出宅基地申请，成员居住保障份额无法转化为个人利益；

· 博弈能力（GP）与政府角色（G）：在原有状态之下，无论是作为义务主体的集体还是权利主体的农民都不具备博弈能力。在国家意志力注入之下，这个居住保障权利实现的程度完全取决于政府偏好，居住保障权利的改进与否来源于"政府恩赐"而非"权利保障"。

(二) 安定镇宅基地改革实施中的资格权认定

安定镇站上四村的规划构想来源于魏善庄镇的规划方案，基本方案和分配基本完全一致。而为解决大兴新机场运营后的垃圾处理问题，北京市需要对安定镇垃圾填埋场进行扩容建设，扩容后会进一步影响周边居民生活，因此北京市向安定镇专项拨款50亿元用于周边居民迁建。在政府资金注入之下，尽管安定镇的规划方案和构想晚于魏善庄镇，但安定镇四村的宅基地改革已经进入实施阶段，到2019年底，安定镇四村已经完成了拆迁工作。因此本部分将着重对安定镇在实施中资格权的实现过程进行考察，而不再对与魏善庄镇相似的规划构想及体现的实现路径框架进行赘述。

安定镇四村仍然采用宅基地置换的方式作为宅基地改革手段，在"三权分置"背景下，安定镇对于资格权所对应的面积即权利人之法定利益以北京市0.3亩为基础，同时与魏善庄镇相同，认可适格主体的个人份额，即以保障性质（无产权）的集中式住宅无期限使用权利作为个人份额的替代实现。

进入实施阶段后的资格权认定意味着具体主体的逐人逐户的对应而非认定的原则性设定。由于北京市大兴区1999年以后没有进行宅基地的确权工作，且大多数乡镇也没有进行过农户宅基地使用权证的颁发，因此资格权的认定存在历史资料不明的情况。首先是资格权人应有保障利益份额的确定。安定镇在权利主体认定时的唯一可靠依据来源于1998年前后所进行的一次相对粗糙的宅基地测绘资料和历史影像图。测绘资料中仅是对各宗宅基地坐落和户主名称进行了对应，无清晰"四至"也没有各宗宅基地面积的标注。安定镇在资格权主体认定中只能采用"尊重历史、考虑未来"的方式。一是以测绘资料宅基地坐落与户主为依据，结合2000年前后的历史影像图和北京市统一的0.3亩规定，综合确认该农户的原有宅基地面积，并将之转换为"户"的应有保障利益份额，原则上采用一宗旧宅基地置换一宗新宅基地的方式。二是以现有房屋所占土地面积为基础，对资格权主体进行个人份额追加，以集中式农村住宅楼为实现形式。

其次，由于1998年前后的宅基地基础确认至今已有20多年历史，宅基地使用权人因继承、户口迁移、农转非等原因已经不是资格权适格主体。安定镇在进行宅基地确认过程中以"非集体经济组织成员"对其进行了备注并备案，试图区分资格权人与非资格权人的宅基地使用权利。但由于"三权分置"的相关政策没有明确，镇政府在具体新宅置换过程中对非集体经济组织成员仍采用无偿分配的方式，但不对任何个人份额进行追加，仅是"以宅易宅"。

(三) 实施中的主体角色与交互关系

安定镇站上等四村的宅基地改革迅速推进的直接驱动力是市、区政府因安定镇垃圾填埋场扩建涉及民生影响所做出的资金补偿，而镇政府则是实施和推动主体。安定镇站上等四村宅基地改革建设的过程中，镇政府是主要推动力，负责协调、统筹各村宅基地指标合并与调配、规划方案设计及项目建设。政府在过程中既是监管者也是参与者，在福利供给的金融维度和规制维度形成了强大给付能力，从而推动了农民资格权的实现。

事实上，早在宅基地制度改革试点开始之前，站上等四村出于垃圾填埋场的影响，已经多次提出了搬迁的诉求。与魏善庄镇目前遇到的困境一样，集体与村民自筹资金能力较弱，而由于宅基地制度改革试点尚未开展，村集体和农民的动议力量较差，虽然形成了一定关注但没有形成实际的方案。尽管站上等四村宅基地改革的顺利实施的直接驱动力是政府投入，但由于"三权分置"改革背景，这种宅基地改革与传统新农村建设或拆迁仍然存在较大差异。

一是政府注入资金推动居住改善和权利实现是一种法律义务，不再是"政府恩赐"。二是通过"非集体经济组织成员"的区分对是否成为资格权适格主体进行了区分，因而强化了适格主体的法定利益。三是宅基地仍然归集体所有，但因为合村建设，必然存在村集体之间指标统筹的问题，集体和农民在这当中起到了重要作用。首先，集体之间不仅存在宅基地指标统筹，也还会因此产生农用地、建设用地指标置换的问题，这个过程实际上就是集体土地所有权的收益与处分权能的显化。具体来说，规划建设组团实际主要占用原郑福庄村建设用地及西侧南侧一部分耕地，其他三村理应以产业用地、后备耕地、林地等对郑福庄村予以补偿和统筹。在集体土地所有权直接交易受限的情况下，各村集体之间目前以协议形式进行约定，将一部分土地收益权让渡于郑福庄村。其次，这一行动必须在集体内部通过自治手段进行决议和公式，过程中成员可以充分表达意愿，程序性成员权利得以协同实现。

此外，市场主体也参与农民居住保障供给。政府资金的注入以"北京京南住房开发有限责任公司"为渠道，同时该公司负责项目整体的建设，建设完成后由各集体联营公司作为集中式住宅的代持者和产权人，负责集中式住宅的管理。市场主体成为重要的福利提供主体。

三 魏善庄镇与安定镇的推动力量比较分析

（一）魏善庄镇羊坊三村的推动力量

魏善庄镇的宅基地制度改革始于羊坊村。羊坊村的人均宅基地面积在三村之中相对较小，但由于羊坊村的乡村治理存在明显的"强人""能人"治理特征，对区、镇政府实行的翻建管控控制较好，所有村民都没有私搭乱建的行为，村庄公共区域和整体外观面貌较好。然而也正是因为强有力的规划和建设管控，导致羊坊村所有农户80年来以来几乎都没有进行过大规模的农房翻建和大修，危房较多。而随着人口增长，

第六章 案例一：北京市大兴区两镇就地置换的试点经验

羊坊村居民率先提出希望进行宅基地整体改造。与此类似的是韩村，而查家马坊村的户均宅基地面积较大，普遍超过 0.5 亩，同时村庄整体管控相对较差，公共区域环境和居住条件不如羊坊村和韩村。宅基地制度改革试点在大兴区落地后，在羊坊村的倡议下，查家马坊村和韩村同意进行合并改造并成立三村联营公司，并主动向区、镇政府提出以自筹资金方式参与宅基地制度改革试点。镇政府启动羊坊三村的村庄规划和宅基地改造规划，并于 2018 年末基本完成规划方案与实施方案的编制。随后，在 2019 年 4 月，三村分别召开全体村民大会形成了决议，同意了镇政府主导的改造规划和实施方案。

由于魏善庄镇宅基地改革的主要推动力量是村集体，因此在整个方案形成过程中自然较为充分地凝结了村集体及其成员的意愿，是基层自治的结果。在这个过程中，村集体、集体经济组织成员和区、镇政府并没有专门针对资格权进行权利行使和权利实现路径构建，但整体改造构想仍然折射出资格权的内涵与实现构想。这也说明资格权是一种存在于人们自由意思之中的认知，资格权所及的利益范畴是人们认为合理的利益诉求。资格权的法定化可以有效推动对这部分利益的保护和实现。然而魏善庄镇羊坊三村在改革方案实现过程中也面临了阻力，至今都没有展开具体建设工作。自筹资金的困难，集体经济能力相对较弱难以有效形成福利融资供给，而协调和动员多村农民的筹资意愿和积极性是一个相对漫长的过程。这也说明了资格权实现中多元主体进行多维度供给的重要性。

（二）安定镇站上四村的推动力量

安定镇站上四村的居住改造意愿始于宅基地改革试点以前，初期构想仅是解决安定镇垃圾填埋场造成的居住环境污染的一种可选方式，即异地迁建。然而这一意愿因为种种客观原因并没有获得政府的支持而搁置，集体和农民自身也没有明确的诉求，在用地指标上也没有解决路径。宅基地制度改革试点政策落地后,尤其是恰逢垃圾填埋场扩建的重点项目实施,大兴区和安定镇结合之前的村民意愿主导推动了安定镇站上四村的宅基地改革。而来源于魏善庄镇的规划构想具有明显的自下而上特征,可以从一定程度上体现成员自由意志之中对于资格权应然内涵的认知。安定镇学习了魏善庄镇规划构想的基本模式,因此在宅基地改革具体推动实施中也就形成相应的利益保护和实现。

同时,安定镇站上等四村的迅速推动也说明了在资格权实现过程中政府主体具有至关重要的作用。当集体力量尤其是集体的福利融资能力不足时,政府角色就会起到决定性的作用。在安定镇站上四村的实施过程中,政府是监管者,也是推动者,然而这种方式仍然没有脱离开"政府恩赐"的模式,具有一定的偶然性,难以被其他地区所复制。但无论如何,规划构想和具体实施过程中所体现的资格权运行机制说明了资格权的设立与法定化可以有效显化农民诉求,并推动农民居住保障权利的公平实现。

四 动态机制构建完善建议

图6-2展示了大兴区两镇宅基地制度改革构想中所体现的现有资格权实现运行机制(实线)及在福利多元主义与可行能力视角下的完善建议(虚线)。

在试点规划方案中,宅院或公寓形式落实的资格权可视为农户的实物保障,超占退出补偿款可视为发放给农户的补贴,两者均通过村集体经济组织进行合理分配。然而目前的方案仅是基于农户意愿进行一次性调配选择,货币补贴也仅是对于历史问题的处理,没有真正涉及"资格权"部分,弹性不足,不利于对农户资格权实行长期保障。因此,方案可以增加宅基地实物与货币收益的灵活转换机制,以推动宅基地资源盘

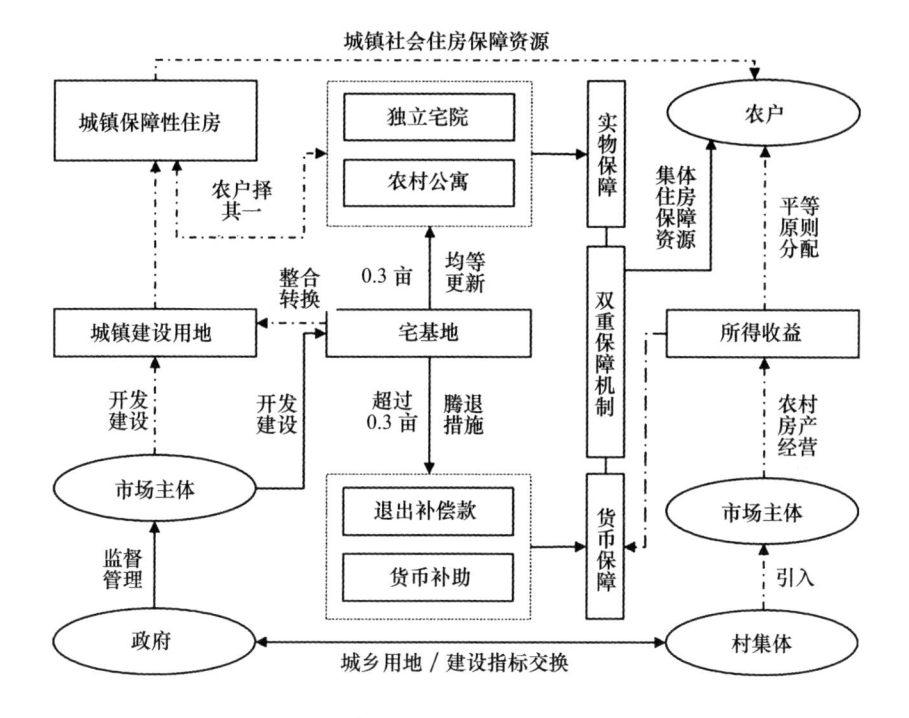

第六章 案例一：北京市大兴区两镇就地置换的试点经验

图6-2 大兴区两镇宅基地资格权实现机制及完善构想

活和城乡住房与土地资源的流动。例如，结合乡村振兴战略，通过活化宅基地来带动乡村振兴的产业发展项目活动，在自愿的前提下，将有意愿流转的农户统一组织起来，成立农村房产经营机构，引进社会资本，经营收益由集体分配给参与流转的农户，扩充资格权货币保障来源的同时实现使用权放活。如果参与宅基地流转的农户想要重新获得实物保障，则可以再次申请获得宅基地使用权或相应面积的农民公寓并退出货币保障，实现货币和实物保障形式的动态转换。市场主体方面，应以方案中的村镇联营公司为基础，引入专业农村房产经营机构、保障性住房建设公司等，吸收运用社会资本和市场机制，进一步保障农户宅基地资格权的多元化实现。

第四节　对大兴区宅基地制度改革的建议

一　规范办事流程明确办事责任，充分利用基层自治

明晰产权是宅基地制度改革有序推进的基础和目的，按农业农村部的工作部署，宅基地改革试点应先确权登记颁证，厘清产权关系，再开展宅基地制度改革。但大兴区在具体试点工作中发现，宅基地改革试点工作往往面临大量历史遗留问题难以处理，若先突击性确权登记颁证反而会激发产权纠纷，不利于试点工作有效推进，还可能会因权属纠纷而影响农村稳定。大兴区试点工作中采用的做法是待农户按家统计人口数目分到新房，重新安置后，再进行确权登记颁证。我们建议在未来宅基地制度改革深化中应规范办事流程明确办事责任，对宅基地确权登记颁证等工作进行明确规定，可由各地根据实际情况制定规范化流程，公开办事程序以提高政府效率并保障宅基地制度改革顺利推进。在确权过程中，应当充分利用基层自治程序，尊重村民意愿，对于历史遗留"一户多宅"、非集体经济组织使用等问题可由村民自治与协商，经村集体确认后，按照村民意愿进行确权等相关事宜办理。

二　继续拓展"住有所居"，切实改善居住环境

20世纪50年代就产生的"一户一宅"原则设立初衷是保证宅基地分配的公平性，但随着农村人口发展，对于诸如大兴区这种人多地少的农村地区，"一户一宅"的规定对于农村居民住房权利的保障存在不充分的问题。而随着农村代际更替和家庭结构的变化，在宅基地制度改革中严格遵循"一户一宅"有可能导致农户突击分户的情况，不利于宅基地存量挖潜和农村建设用地减量的目标实现。因此，应当因地制宜地探索农民住房保障在不同区域"户有所居"的多种实现形式。在土地利用

总体规划确定的城镇建设用地规模范围内，通过建设新型农村社区、农民公寓和新型住宅小区等保障农民基本住房，而在其他保留村庄内，则可以通过村庄整体改造实现农户"住有所居"即可。此外，目前的"一户一宅"隐含宅基地分配的一次性原则，农民普遍担忧在有偿退出唯一宅基地后可能存在住房保障缺失的问题，因此选择即使闲置也不愿意主动退出宅基地，不利于宅基地盘活。因此建议建立宅基地资格权的动态实现方式，鼓励暂时不在农村居住的农民先行退出宅基地使用权，保留资格权，退出的宅基地使用权由集体进行统一经营，集体或政府以货币形式给予成员住房补贴，未来集体成员需要回到农村居住时，经申请再给其配置相应的宅基地或农村住宅。

三 理清"三权"关系，规范资格权行使和登记原则

现行《物权法》中明确了宅基地使用权的用益物权地位，明确资格权的成员权地位可在现行法律框架下实现宅基地"三权分置"。首先，建议明确宅基地资格权是基于成员权而衍生的社会保障权利，而非用益物权。集体成员可以依据资格权无偿获得资格权范围内的宅基地使用权，如果集体成员不再需要宅基地进行住房保障，可以保留资格权，但应退还资格权范围内无偿获得的使用权。如果集体成员不再实际居住使用宅基地，可将宅基地使用权退还给集体，由集体内部通过自治程序决定可以给予一定货币补贴或奖励用以保障其基本居住需求；或集体成员向集体缴纳一定土地增值收益后，从"无偿"转为"有偿"后，允许其流转使用权，其逻辑类似于划拨途径获得的国有建设用地使用权。其次，集体对集体成员的资格权进行统一登记并报政府备案，未来宅基地改造完成、确权颁证时，直接颁发宅基地使用权证。最后，资格权不可转让、不可继承，但依据资格权获取的宅基地使用权可以转让或流转。农户在经集体自治程序同意后可以对宅基地进行经营，但应在按照一定程序转

为"有偿"使用后方可进行流转交易；而继承人可以继续无偿使用原资格权范围内的宅基地，但须向集体缴纳土地增值收益后方可流转。

四　以改革为推手，因地制宜地制定和实施乡村规划

宅基地制度改革是乡村振兴和美丽乡村的实现路径，是满足农村居民美好生活愿望的重要手段。土地制度改革要以乡村规划为引导，即"规划先行"，乡村规划也是宅基地制度改革工作推进的基础依据。但在我国现行国土空间用途管制制度下，乡村规划多以用地指标分配获批为前提条件，规划过程中多套用城镇规划的规划理念，并不一定适应乡村土地利用现状和农村生产生活习惯。大多数乡村规划中房屋设计风格千篇一律，不同的地域人文特色往往被忽略，导致各地村庄发展改造后"千村一面"，背离美丽乡村的建设初衷和内涵。因此，我们建议审慎推进批量化的突击规划工作，反思乡村规划评审标准，充分考虑农户与集体作为农村规划实施主体的切实需求，以宅基地制度改革为契机在乡村规划中充分采用因地制宜的原则，为乡村百年甚至更久的村貌发展做长远谋划。

第五节　案例小结

一　明晰资格权的本质认知与制度基础构建的必要性

大兴区宅基地制度改革一开始就明确了宅基地资格权的确认应当以"集体经济组织成员"为标准，尽管没有给出详细的、明确的管理或认定规范，但在资格权与"三权分置"尚未正式入法的时候，这些规范为镇村在试点实践中提供了依据，是后续大兴区宅基地制度改革推进的重要前提。这些规范显著增强了权利实现过程中权利主体的法律能力，也提高了义务主体以及政府管理部门对于农民保障利益的法律认知。安定

第六章　案例一：北京市大兴区两镇就地置换的试点经验

镇在实际操作中对于非集体经济组织成员和"一户多宅"仍然采取了均等化操作，仅对超面积使用进行了有偿退出，同时拟在颁证时对非集体经济组织成员进行"备注"。一方面，这种做法是基于对历史根源的处理以及顺利推进改革落实的考虑。另一方面，这种做法隐含了制度构建滞后的问题。即使各个地方在历史遗留、文化风俗、人口结构、经济发展等方面存在差异，然而正式、清晰、明确的界定新设资格权的权利性质与内涵是展开资格权实践的基本前提。而由于目前制度体系中缺少对于宅基地资格权及"三权"关系的权威界定，地方在实际操作过程无法获得具有法律效力的依据，即使地方文件予以初步说明，由于缺乏立法权限也只能采取模糊化处理，无法形成正式制度约束与规范。资格权无法明确则"三权分置"改革乃至整个宅基地制度改革难以展开实质性变革和突破，城乡协同的居住保障及居住用地统筹难以展开深入互动，不利于城乡融合发展和农民权益落实。未来随着宅基地"三权分置"改革的深入和推广，应当从国家层面明确宅基地资格权的基本性质，为地方因地制宜展开"三权分置"构建制度基础。

二　延展资格权的权利内涵和认定复合主体的必要性

本书提出的宅基地资格权是从成员权衍生的保障性权利，来源于成员权但超越了成员权所及的范畴，具有社会权利属性。从大兴区西红门镇大白楼村、魏善庄镇羊坊等三村、安定镇站上等四村的宅基地制度改革试点工作及进度来看，资格权设立和法定化之后向社会保障权利方向进行内涵拓展是必要的。大白楼村集体能力较强，基本能够自力实现对成员资格权的给付义务，尽管如此政府也承担了相当部分公共服务设施的融资供给。而对比魏善庄羊坊等三村与安定镇站上等四村的改革规划与实施进度可知，对于集体经济实力较弱的乡村地区，资格权的实现无法脱离政府的福利融资和规制作用。资格权的保障内涵延展是制度设计的必然结果,只有内涵延展至社会保障权利,农民基本居住保障才能够得到落实。而资格权内涵延展也是权利实现的必要条件,正是因为资格权的内涵延展至社会保障权利,政府介入资格权的实现过程才具备了法理基础。

与此同时,在宅基地制度改革试点实施以来,农民群体及集体成员自然会希望借此改善居住条件。以魏善庄镇为例,羊坊等三村的村集体及村民之所以自发参与和推动宅基地制度改革,内生原因在于希望借此改善居住条件。而农户家庭人口结构分化和历史遗留问题又使得人均、户均宅基地面积和住房面积在集体内部极不均等。同时,该地区还采取了较为严格的用地指标和建设管控手段,农户无法通过翻修农宅和扩大居住面积来改善居住条件。然而进行严格的用地指标控制、分户限制和建设管控是土地管理工作中推动乡村土地集约节约利用的重要手段,具有现实必要性。因此,以大兴区的实践经验为例,在"一户一宅""户有所居"的基础上通过"住有所居"和"整村改造"的方式可以推动农户之间、集体成员之间的居住保障在一定程度上回归"均等"并得到整体改善。此外,以"农户+成员"的复合主体为依托进行资格权的权利确认,也具有现实必要性。农民改善居住条件的迫切愿望与土地集约节约利用的政策导向也得以统筹,从而为宅基地制度改革夯实了社会基础。

三 资格权实现中提高基层自治能力和程序的必要性

宅基地制度改革尤其是资格权的实现,涉及农民最切身、最基础的生存权利。而因为乡村异质性与农民个体差异,必然出现差异化的需求。大兴区在宅基地制度改革试点的实践中,各镇村的模式都不尽相同。即使是如安定镇在规划构想阶段沿用和学习了魏善庄镇的经验,但安定镇因为重点项目推动和村庄具体情况不同,实施进度与实施重点也与魏善庄镇产生了差异。这个过程中,基层自治起到了巨大作用。相对良好的

第六章　案例一：北京市大兴区两镇就地置换的试点经验

基层自治能力和过程中不断完善的基层自治体系是大兴区第一批试点镇村实践的共性。而事实上，大兴区第一批参与试点的乡镇包括西红门镇、安定镇、魏善庄镇和采育镇四个。然而由于采育镇集体经济最为薄弱，基层自治能力和组织能力相对较差，后续并没有展开实质工作。而资格权是集体成员权的重要构成部分，也是社会权利的重要组成部分。作为集体成员权，资格权的认定、行使与实现都涉及集体组织和权利集体成员的利益，也会产生与集体土地所有权的辩证关系。作为社会权利，资格权的行使与实现会与政府和公权力发生交互关系。即便是安定镇在政府项目拉动之下宅基地制度改革推进进度较快，但事实上安定镇因为垃圾填埋场等特殊历史问题，安定镇各村集体长期以来一直在通过集体自治程序对村庄异地搬迁等问题展开工作。这也是安定镇宅基地制度改革进度快于魏善庄镇的重要原因。因此，基层自治能力的提升是资格权有序行使和最终实现的保障。

四　明晰不同层级政府在资格权实现中责任的必要性

福利多元主义认为，在福利供给的过程中，不同政府层级应起到不同的作用，政府层级越高越应从福利规制角度参与福利供给，政府层级越低，更应在具体福利物品提供中发挥作用。从大兴区的实践经验来看，尤其是对比安定镇与魏善庄镇的实施过程可以发现，基层政府可以较好地对民事主体是否具有资格权获得资格进行认定，在权利实现过程中可以因地制宜地协调法定利益与主体认知利益之间的关系。而安定镇对于资格权主体认定仅采用了备注"非集体经济组织成员"的方式，宅基地分配中仍然采用尊重历史的统一认定。这种情况的根源在于区、市甚至于更高层级的政府法规及国家法律制度没有对资格权进行较为明确的界定，也没有明确资格权与使用权之间的关系，基层政府在具体操作过程中不得不采用延迟处理的方式。资格权的设立将保障农民居住权益从

"政府恩赐"变为"政府责任",因此在资格权的多元实现过程中必须明晰不同层级政府在不同维度中的责任,一方面为各级政府依法依规行政提供依据,另一方面也便于协同问责、绩效考评等机制形成对各级政府的督促与监督。因此,尽快明晰不同层级政府在宅基地"三权分置"改革中的权责范围对于宅基地资格权乃至宅基地制度改革都具有重要意义。

第七章

案例二：重庆市梁平区竹山镇有偿流转的试点经验

第一节 梁平区宅基地制度改革基本情况

一 梁平区基本情况

(一) 基本地理条件与经济情况

梁平区地处重庆市渝东北地区，与四川省达州市交界（如附录5），辖5个街道、26个镇、2个乡，是国家生态保护与建设典型示范区、国家农村产业融合发展示范区。根据第七次人口普查结果，梁平区常住人口65.53万人，城镇人口32.35万人，城镇化率为50.13%。与北京市大兴区许多农村居民已经事实上从"农民"转为"居民"的情况不同，梁平区农村地区仍呈现比较明显的农业农村特征。农村常住居民仍然主要从事农业生产活动，辅以部分非农务工收入。2020年梁平区人均GDP约为7.5万元，在重庆市38个区县中排名第17，未达到重庆市平均水平，梁平区人均可支配收入约为2.8万元，农村人均可支配收入约为1.8万元，城乡差异有所缩小但仍然较为明显。

(二) 人口变化趋势

与北京市大兴区人口相对稳定、外来人口较多的基本情况不同，重庆市梁平区是一个人口净流出的地区。根据第七次人口普查数据，梁平区较第六次人口普查人口数据，常住人口下降了6.13%。同时，梁平还处在城镇化快速发展期，农村人口流失迅速，外来人口较少。而在宅基地制度改革试点项目规划实施初期即2016年，大兴区已经达到了76%的城镇化率，趋近饱和。

（三）老龄化问题较为突出

除了地理位置、经济条件、文化风俗以外，重庆市梁平区与北京市大兴区最典型的差异在于梁平区乃至整个重庆市农村老龄化、空心化的问题相对突出。根据第七次全国人口普查结果，重庆市老龄化率已达21.87%，居全国第五位、西部地区第一位；65岁以上老年人占人口总数的17.08%，居全国第二位、西部地区第一位；仅就农村而言，重庆市农村地区60岁以上人口占比超过30%，属于重度老龄化社会。与之伴随的是空心化问题，当前重庆市农村留守老人达到130万人，超过全市农村老年人口的三分之一，一些相对偏远的乡镇中老人空巢比例更高，有一些村常住人口基本全为空巢老人。梁平区老龄化情况与重庆市平均水平基本持平。与之形成鲜明对比的是，第七次人口普查结果显示大兴区常住人口中60岁以上人口占比仅为15%。

（四）农村宅基地闲置情况

常住人口净流出和农村严重的老龄化、空心化问题的直接影响就是梁平区全区农村宅基地闲置情况较为明显且集中。2021年梁平区共计闲置宅基地23430宗，占全区宅基地总宗数的比例为11%（如表7-1所示）。根据闲置宅基地分类情况可知，梁平区9成以上的闲置宅基地都属于人户分离的情况，即户籍尚在（未丧失资格权确权的基本前提），半数以上闲置宅基地附着的农宅建筑物安全尚可稍加修缮就可以使用。值得注意的是，截至2021年，梁平区有近4成的闲置宅基地已经闲置超过3年，这是与大兴区实施宅基地改革时的基本情况最显著的差异，即闲置年限相对较长。

第七章 案例二：重庆市梁平区竹山镇有偿流转的试点经验

表7-1　　梁平区2020年闲置宅基地摸底调查分类情况　　（宗数/占比）

按户籍情况分类	
户籍迁出	户籍未迁出
1856（7.92%）	21574（92.08%）

按农宅建筑安全状况分类		
无建筑物	有建筑物但已不符合安全标准	有建筑物、安全尚可需修缮
3071（13.11%）	7401（31.59%）	12958（55.31%）

按闲置年限分类		
近1年内	1—3年	3年以上
7540（32.18%）	6561（28.00%）	9061（38.67%）

二　梁平区宅基地制度改革的导向

（一）基于乡村规划的改革

与大兴区早在2015年就成为并着手推进宅基地制度改革试点不同，梁平区不是第一批国家公布的宅基地制度改革试点区域，是在国家农业农村部2019年《关于积极稳妥开展农村闲置宅基地和闲置住宅盘活利用工作的通知》发布之后，才正式着手开始推进宅基地制度改革，并于2020年才发布《重庆市梁平区农村闲置宅基地盘活利用改革实施方案》和《重庆市梁平区农村闲置宅基地退出管理办法（试行）》。而基于梁平区闲置宅基地的实际情况及顶层设计要求，梁平区的宅基地制度改革以闲置宅基地退出为主要导向。其中，梁平又将竹山镇选为全区试点并鼓励全区其他乡镇自行开展尝试，开始了以盘活闲置宅基地为目的的宅基地制度改革试点尝试。梁平区宅基地制度改革推行之时，所辖269个行政村已完成村庄空间布局规划工作，各村区位、产业、资源、生态等基本情况以及在旅游发展、农村人居环境、乡村振兴等方面的重点内容已经基本确定，因此梁平区尤其是竹山镇的宅基地制度改革与其农用地流转、产业发展等内容的协同性相对较高，具有比较明显的规划先行特征。

（二）闲置数量多但流转意愿低

宅基地制度改革推行的调研发现，梁平区宅基地自发流转相对不活跃，流转意愿并不活跃。根据梁平区前期摸底排查调查，仅有约3708户已经流转或明确表达了愿意流转宅基地，其余的农户要么没有明确表示要么倾向于不愿意流转宅基地，而梁平区全区闲置宅基地宗数达到23430宗。事实上，宅基地流转意愿低不仅是在梁平区发生，在重庆许多区县宅基地流转意愿普遍不高。并且越是较为远离城镇的乡村，农户宅基地流转意愿反而越不高。无论是否进城务工，"农一代"的恋土情结、故土情结十分重，即使是在城市已经买房定居，但当被问及为什么不愿意退出或者流转宅基地时，回答基本相似，即"那才是我的家""我要落叶归根""以后城市没人请我做工了，我还要回去住"等。不同于其他一些研究谈及"农二代"对农村没有太多认同的结论，至少在重庆的小样本访谈中，"农二代"由于或多或少小时候都曾在农村居住过，对于农村的认同感和归属感可能高于预期。二代中的儿子由于自我认知和家庭认知都属于"继承人"，对农村承包地不一定有乡土认知，但对于宅基地的"老家""祖宅"的认知十分浓厚；二代中的女儿也普遍谈及"如果能回去修个小院子多好呀"。

三 梁平区宅基地制度改革基本内容

在这种背景下，梁平区宅基地制度改革探索开始实施。值得一提的是，与原来的新农村建设显著不同的是，大兴区、梁平区实际上都延续了鼓励基层根据实际情况以镇为单位或几个村联合，展开创新、自行摸索。例如梁平区提出支持各乡镇大胆创新、积极探索，不搞"一刀切"，不强迫下指标。但是与地处首都近郊的大兴区不同，具有典型西部农村特点的梁平区展开宅基地制度改革的核心导向是乡村振兴。因此，梁平区提出了到2021年建立完善农村闲置宅基地盘活利用机制、促进村集体宅基地所有权收益稳步增长的目标。同时还希望通过宅基地制度改革进

第七章 案例二：重庆市梁平区竹山镇有偿流转的试点经验

一步拓宽农民财产性收入增长渠道，盘活闲置沉睡资产，尤其是提出要探索实现工商主体投资农村创业、新兴业态助推农村发展、新兴主体共享乡村发展成果的新型乡村经济发展路径。在这种导向下，梁平区提出了七大方面的主要工作。

（一）鼓励闲置宅基地自愿退出

梁平区出台了宅基地自愿退出办法，明确哪些人可以退、退出流程怎么办、退出补偿标准是多少、退出资金如何筹集、退出后土地集体如何利用、退出后人员如何保障。鼓励闲置宅基地使用权人通过货币补偿等市场化盘活形式，自愿退出农村宅基地相关权利，可与梁平区正在开展的农村土地承包经营权、集体收益分配权一起退出。闲置宅基地自愿有偿退出的承接单位为集体经济组织。

（二）探索集体经济组织直接收储

集体经济组织可用自有资金、金融资本收储闲置宅基地，鼓励村民"以房换房"，对置换和收储的符合村庄规划、质量完好的闲置住宅，允许予以保留；收储的农村闲置宅基地及地上建筑物实际交割后，应及时由不动产统一登记机构依法予以变更；对不符合村庄规划的住宅实行拆除，拆除后应当注销不动产权证。

（三）鼓励退出后的闲置宅基地集约利用

一是本着节约集约用地的原则，合理规划农村居民点的数量、布局、范围和用地规模，通过村规划调整，将零散分布的闲置宅基地地块集中整合，零拼整，小并大，便于合理集约化利用。二是按照"增量宅基地集约有奖、存量宅基地退出有偿"原则，认真贯彻"一户一宅"的法律规定，执行重庆市农村宅基地面积规定标准，探索对集约使用宅基地的农户进行奖励。三是退出后的闲置宅基地在符合规划的前提下合理布局，利用"增减挂钩"等政策在梁平区域内可"位移"。

（四）探索农村经营性建设用地入市交易

得益于重庆市在开创和发展"地票"制度中建立的平台和机制，梁

· 199 ·

平区将宅基地制度改革与农村建设用地复垦结合起来,并将地票价款净收益分别支付给农户与集体经济组织。同时与已有的市级产权交易平台展开合作,允许村集体经济组织在农户自愿前提下,依法把收回的闲置宅基地、废弃的集体公益性建设用地转变为集体经营性建设用地入市交易。

(五)探索闲置宅基地流转与股份合作

在宅基地所有权、资格权、使用权"三权分置"基础上,支持农村集体经济组织及其成员采取自营、出租、入股、合作等多种方式盘活利用农村闲置宅基地和闲置住宅。鼓励市场经营主体利用闲置宅基地和闲置住宅发展符合乡村特点的新产业新业态,以及农产品加工、仓储和五六产业融合发展项目。允许了闲置住宅和宅基地被流转后用于市场化经营,集体经济组织适当收取宅基地使用费。

(六)探索宅基地使用权可登记抵押

无论是乡村振兴还是宅基地制度改革,抑或是集体经营性用地入市尝试,最大的难点通常在于集体作为产权出卖方与市场主体沟通不畅的问题。尤其是由于缺乏基本市场意识,许多集体的契约精神相对比较差。针对这一点,梁平区以区级政府信誉为支撑,允许了流转宅基地用于产业经营的非集体经济组织成员或社会资本,可申请办理"梁平区宅基地经营权证",稳定流转关系。而为了适应市场变化性,防止流转后闲置的问题,又提出在流转期内经村集体经济组织同意,可再次流转。而梁平区更是探索性地提出了"宅基地经营权证"可直接用于担保、抵押,赋予金融属性,拓宽融资渠道。

(七)探索闲置宅基地价格评估机制

价格是有偿退出和产权流转的基础。公允的价格确定机制是宅基地流转的前提,也是赋予宅基地经营权证金融属性的前提。梁平区提出要建立符合市场规律的农村宅基地退出补偿激励和规范有序流转机制;建立完善宅基地使用权价值评估、抵押物处置及抵押贷款风险缓释补偿机制。这也是农村土地金融探索的重要构成部分。

四 典型性分析

人口外流影响下人地关系松动，农民外出或进城务工、居住使得宅基地可以提供的住房保障功能虚置，大量宅基地闲置的同时农民又无法从宅基地制度中获得任何形式的实际保障，是宅基地制度亟待改革的重要原因。首先，梁平区地处重庆市渝东北地区，是人口净流出地区，也是推进城市化进程的重要区域，宅基地闲置问题十分突出，且随着人口流出和城市化还会进一步加剧。其次，梁平区盛产柚子、寿竹等经济农作物，农业及其农产品加工业占比较大，传统农村特色比较突出。总体而言，梁平区因其地理位置、经济结构等原因，在一定程度上能够反映中西部地区多数农村的现实状况，其宅基地闲置问题也是重庆市乃至整个西部农村面临的共性问题。这其中涉及的资格权保障和使用权放活诉求与困难，能够从一定程度上代表中国人口净流出农村的现实境况。

此外，梁平区属原农业部2014年发布的第二批农村改革试验区试点地区，但其实验任务不包括宅基地制度改革。梁平区不属于国家第一批农村土地制度改革试点地区，不存在"先行先试"的政策环境独特性。因此，梁平区的宅基地制度改革中涉及的一些具体问题，较之试点区域（如北京市大兴区、重庆市大足区）而言，更具备普适性。同时，从政策学习的角度来看，由于梁平区宅基地制度改革开始较晚，其改革路径必然从一定程度上汲取了试点区域的经验教训，因此，对梁平区宅基地制度改革经验进行考察，也可以从一定程度上考察包括北京市大兴区、重庆市大足区等试点区域经验的推广性。

值得注意的是，梁平区所进行的宅基地制度改革主要集中在竹山镇。截至目前，梁平区也将竹山镇作为梁平区宅基地制度改革政策扩散的重要参照，因此，对梁平区竹山镇宅基地制度改革展开研究，对于梁平区宅基地制度改革整体情况具备一定的代表性。因此，本书也将着重对梁平区竹山镇的改革情况进行深入研究，从而抽取其具有代表性的特征。

第二节 梁平区宅基地资格权内涵及其权利行使

一 资格权的权利的性质、认定与获得

（一）明确权利内涵：集体经济组织成员的居住保障权利

尽管梁平区宅基地制度改革主要针对闲置宅基地盘活问题，但是翻阅其区级相关政策文件，本次梁平区闲置宅基地盘活仍然具有浓厚的"三权分置"改革特色。2020年梁平区发布了《梁平区农村宅基地资格权认定暂行办法》，2023年5月《梁平区农村宅基地资格权认定管理办法（试行）》（以下简称"征求意见稿"）开始征求意见，力图将资格权的认定法定化。在征求意见稿中，梁平区明确宅基地资格权是指："农村居民基于农村集体经济组织成员身份拥有的特有宅基地居住保障权利。"有别于大兴区对资格权内涵做出模糊处理，仅认定可以获得宅基地资格权的主体，梁平区明确了资格权的核心内涵就是宅基地居住保障权利。

（二）明确认定原则：以家庭户为基础、兼顾个人的综合标准

相较于许多地方简单以户作为宅基地资格权的人地单位，梁平区增加了资格权户内成员资格认定标准。在遵循"依据法律、尊重历史、实事求是、公平合理"原则基础上，征求意见稿中明确以农村集体产权制度改革过程中对农村集体经济组织成员身份界定的结果，"以农村集体经济组织成员股权证为基础，并结合户口、土地承包、居住、福利享受以及义务履行等情况综合考虑"，采取了"农户+个人""成员身份+综合情况"的认定原则和标准。更值得注意的是，梁平区明确提出"户籍关系不再作为认定集体经济组织成员的必要条件"。

第七章　案例二：重庆市梁平区竹山镇有偿流转的试点经验

（三）明确获得程序：自治认定＋申请批准

梁平区实行以农村集体经济组织成员股权证为基础的资格权认定标准，因此集体经济组织成员股权证的获得就基本意味着获得了宅基地资格权取得基础。因而集体经济组织成员身份的获得和股权证获得程序就成为宅基地资格权获得的前置程序。重庆市实行了统一城乡户口登记，因此梁平区不再将户籍关系作为认定集体经济组织成员的必要条件。但考虑到后续集体制度改革等因素，《梁平区农村宅基地资格权认定暂行办法》中规定：如因其他原因将户口迁入集体经济组织所在地或本集体产权制度改革之后新增的人员，经申请人自愿书面申请，按照民主议事原则，由本集体经济组织成员大会讨论通过，经公示无异议后取得成员资格，并报乡镇人民政府（街道办事处）批准，同时到国家农村集体经济组织成员信息库中更新信息，向区农业农村委申请备案，发放股权证书。

在集体经济组织成员身份认定基础上，展开的宅基地资格权认定和初始取得，基本沿用了过去宅基地使用权初始获得的程序，即以户为单位申请、集体履行自治程序统一核准后报基层人民政府审批。权利初始获得方面，梁平区基本以是否拥有承包地、是否长期居住、是否被集体认定为成员、是否户籍未变动四大原则为基础，也基本遵循了当地嫁娶后原籍资格权灭失、获得嫁入集体宅基地资格权的传统风俗。

二　资格权的权利行使与自愿退出

（一）权利的行使

梁平区在本乡镇范围内跨村组申请农村宅基地，申请农户须是农村集体经济组织成员，符合一户一宅，并获得对方农村集体经济组织同意，优先使用闲置或废旧农村宅基地。

（二）权利行使的自由度

除了在《梁平区农村宅基地资格权认定暂行办法》中对资格权的认

定进行了比较明确的界定，梁平区还通过一系列政策文件对宅基地资格权的行使机制进行了界定。首先，宅基地资格权人的权利行使是高度自主的。如《重庆市梁平区农村宅基地流转管理办法》中明确"农村宅基地资格权人依法自主决定是否流转、流转的对象和方式。任何单位和个人不得强迫或阻碍农村宅基地资格权人依法流转其农村宅基地。"其次，梁平区的实践中在"三权"体系中给予了资格权行使的主体地位。例如宅基地的流转、收益、退出、补偿和置换等都是针对宅基地资格权人而言，而非实际使用者。

（三）退出有序但仍然具有一次性特征

与大兴区不同，梁平区给予了资格权明确的退出路径。梁平区明确了宅基地退出按资格权人申请、民主决策、村镇审核、张榜公示、上报备案、签约交割、变更权证等程序办理。自愿退出申请要件包括：一是本户全部具有完全民事行为能力成员签字的自愿退出农村闲置宅基地申请书；二是不动产权证原件；三是资格权人家庭户口簿；四是本集体经济组织成员需提交不再重新申请宅基地的承诺书；五是有其他合法产权住房且能满足本户家庭成员居住的证明材料；六是其他需要提供的材料。集体经济组织收到申请，对资格权人的相关条件进行初审，由本集体经济组织成员代表会议讨论无异议后，交由村级集体经济组织和乡镇人民政府审核。村级集体经济组织、乡镇人民政府（街道办事处）对提供的资料进行审核，并组织人员会同村级集体经济组织代表，在确保农民自身居住的条件下，对拟退出宅基地的状况、面积进行调查，调查结果在本集体经济组织公示。同时将拟退出情况向区农业农村委备案。公示无异议后，退出双方签订退出协议，根据协议时间实际交割宅基地及地上建筑物。

梁平区宅基地资格权退出程序体现了资格权隐含的住房保障内涵，也显现出地方实践中仍然对于宅基地获得具有一次性的认知。这可能也是宅基地摸底调查中农户（无论是否进城务工）流转意愿较低的重要原因。

三 宅基地资格权的被动丧失和继承

梁平区对于宅基地资格权丧失给出了明确清单：（1）无法定婚姻关系或抚养、赡养关系将户口迁入农村集体经济组织且无承包地的人员；（2）农村宅基地申请之日已死亡或宣告死亡、宣告失踪未注销户口的人员；（3）已享受征地住房统建安置、住房货币安置的人员；（4）已享受户籍制度改革政策、复垦退出宅基地的人员；（5）因其他原因等非正常迁入农村集体经济组织的人员；（6）法律、法规、规章政策规定其他不符合资格的人员。值得注意的是，凡是符合以上情形之一的主体则意味着资格权的丧失，实际上是被动丧失，而非主动退出。被动丧失资格权没有补偿，而符合资格权保有条件但自愿退出资格权的主体可以获得相应补偿。从资格权丧失清单，尤其是第三条和第四条，可以看出，梁平区对于资格权的专属性、保障性给予的充分的考虑。

在此基础上，梁平区对于宅基地及农宅出现继承情况给予了明确要求，总体而言采取房地一体的原则，继承人继承取得房屋所有权和宅基地使用权，不单独继承宅基地和资格权，并在办理不动产登记簿和证书时需对继承情况予以注明。这实际上就是充分认可宅基地资格权的人身性，资格权随着主体死亡而自动灭失。继承人是否具备资格权身份与其是否可以继承宅基地使用权没有直接关系，其继承关系也不会影响继承人是否为资格权合法主体。

四 资格权的延伸及"三权"关系

（一）所有权成为资格权权益范围外延

在梁平区的改革中资格权人可以无偿赠予或有偿出租、入股宅基地使用权。无偿赠予的范围仅限于村集体内部即资格权人之间，而有偿流转的收益需要按比例向集体缴纳。其中隐含的逻辑就是集体土地所有权的基础性。同时，宅基地资格权的退出也形成了集体土地所有权对成员应有份额的回收机制。但值得注意的是，与资格权获取环节的无偿性对比，梁平区给予了资格权有偿退出的路径。虽然具体补偿金额和方式由集体自治程序所讨论，区镇级政府不做介入，但是仍然产生了获得无偿和退出有偿的差异。一方面，资格权的有偿退出可以应对梁平区前期摸底调查中农户退出意愿不高的问题。另一方面，我们认为这也是一种对于资格权所隐含的获益权的认可体现。

(二) 资格权的主体地位及其对使用权的前置性

在梁平区的实践中，资格权对使用权具有前置性和限制性。在梁平区的实践经验中，闲置宅基地盘活是通过使用权的出租、入股等方式。而可以将使用权出租的权利人是"宅基地资格权人"而不是"宅基地使用权人"。也就是说，如果一宗宅基地的使用权人已经丧失了资格权，就不具备合法流转宅基地使用权的资格。这是宅基地资格权在使用权流出的限制性。而使用权流入也受到资格权的前置限制，即赠予等无偿流转宅基地使用权的范围仅限于资格权人之间，有偿出租、作价入股的宅基地使用权可以向本集体以外的主体流动，但资格权人需要按比例向集体缴纳费用。

第三节 社会资本介入资格权多元实现：竹山镇闲置宅基地盘活

一 竹山镇及其宅基地基本情况

(一) 竹山镇基本情况

梁平区竹山镇地处梁平西部，位于百里竹海风景名胜区（4A级景区）腹地。竹山镇地处山地，地势较为陡峭，是典型的喀斯特地貌，森林覆盖率86%，竹类品种丰富，成片竹林3000多公顷。竹类种植业及其相关农产品加工业是竹山镇的主要经济来源。竹山镇下辖3个社区和4

个村民委员会,全镇人口7821人。其中猎神村是竹山镇除镇中心以外的中心村,也是首先实行宅基地制度改革的村,总面积6.4平方公里,下设4个村民小组。猎神村位于竹山镇北部,距离梁平城区29公里,共计450户,总人口1260人,外出务工求学700余人。

(二)竹山镇闲置宅基地盘活实践的主要内容

沿袭梁平区提出的路径,竹山镇以鼓励闲置宅基地自愿退出为主要内容。针对镇实际,竹山镇编制镇闲置宅基地盘活利用实施方案,鼓励闲置宅基地使用权人通过货币补偿等市场化盘活形式,自愿退出农村宅基地相关权利,并提出可与梁平区正在开展的农村土地承包经营权、集体收益分配权一起退出。

是否人人都可以退出,退出是否应有前置条件,以防止退出滥用和消极退出的情况,是竹山镇着重考虑的一个问题。因此竹山镇在宅基地权利退出机制中提出了法定退出和有偿退出两种。法定退出是无偿退出,其对象和条件是:"一户一宅"超标准占用部分;农房"建新未拆旧"的旧房;非本集体经济组织成员除继承之外未经批准在农村使用的农村闲置宅基地;其他经集体经济组织认定,并经镇人民政府审核同意法定退出的。而有偿退出的对象就是法定退出以外的情况,可根据自身情况自愿有偿退出,其条件是:权属无争议(如权属有争议的不予批准退出);宅基地附着房屋需要有合法取得的不动产权证;因继承或经依法批准的方式在农村占有和使用宅基地,在自愿基础上可以全部退出;如果家庭户拥有其他合法产权住房,且经查实能满足本户家庭成员居住的可以自愿有偿退出。

补偿标准的确定也是有偿退出的重要前提。竹山镇提出的有偿退出补偿包括地上建筑物补偿和宅基地退出补偿。其中,宅基地部分的退出补偿是根据已确权登记发证且符合规定面积标准的作为依据,按照18元/平方米的标准给予补偿,超出规定面积的部分适用法定退出不予补偿。

退出补偿金兑现方面，竹山镇给予了各个集体较大的自主选择权利，主要划定了两个方式。一是可以由集体经济组织用自有资金的可一次性支付，实际就是以集体货币资源代替实物宅基地资源，二是可待闲置宅基地盘活利用有收益时支付。但具体采用何种方式，镇政府没有强制要求，而是提出由集体经济组织与退出的资格权人协商、签订合同明确并由集体经济组织成员代表会议通过。

退出程序上，竹山镇采用了农村闲置宅基地退出按资格权人申请、民主决策、村镇审核、张榜公示、上报备案、签约交割、变更权证等程序办理。具体而言就是以资格权人为申请人，向集体经济组织提出自愿退出农村闲置宅基地申请，上报相应材料（其中包括不再重新申请宅基地的承诺书和有其他合法产权住房且能满足本户家庭成员居住的证明），由村集体经济组织审核、由自治程序讨论认可后，向镇政府备案。这一规定我们认为是较为必要和负责任的，也体现出了宅基地制度重保障的特征，也是宅基地制度改革保障与放活并存的体现。而在梁平区指导意见之下，竹山镇也探索了以村集体经济组织为单位承接其集体经济组织成员退出的闲置宅基地。具体承接方式包括村集体经济组织自有资金、引入金融资本后收储闲置宅基地等。同时也鼓励村民"以房换房"，即传统的宅基地置换。

（三）竹山镇闲置宅基地盘活实践的具体情况分析

随着城市化进程不断加快，竹山镇宅基地闲置问题在各村普遍存在。根据梁平区和竹山镇对宅基地利用情况的摸底调研，在调研摸排的256户农户家庭中，有82户都表示家中有宅基地处于闲置状态，一户多宅、人宅分离的情况比较普遍，个别村闲置比例接近40%。而在这82宗闲置宅基地中，有三分之二的闲置宅基地已经至少2年完全无人居住和使用且预期将长期闲置。其余三分之一闲置宅基地中，基本属于一户多宅的情况，老宅、旧宅被用于存放老旧家具或农用器具，有人管理或使用但

第七章 案例二：重庆市梁平区竹山镇有偿流转的试点经验

无人居住。主要包括两大类闲置因素。一是"一户多宅"现象普遍。由于继承、嫁娶、分户、分家等历史因素，竹山镇"一户多宅"情况比较普遍，"建新不拆旧"。在摸排发现的82宗闲置宅基地中，有43宗都是因"一户多宅"造成老宅、旧宅闲置。二是人口城市化影响下难以避免的乡村空心化难题。竹山镇近年来人口向镇区、梁平城区、重庆主城区乃至其他省份流动的情况比较普遍，其中有大部分的进城务工、工作的农民已经在城镇地区买房定居，老家宅基地彻底闲置。在82宗闲置宅基地中有24宗都属于类似情况。

首先是政府性平台的运用。竹山镇在闲置宅基地盘活过程中比较充分地发挥了村集体经济组织的作用，竹山镇总结其经验时介绍了"旅游公司流转经营""部分闲置农房入股""集体经济整租利用"3种模式。但事实上，其中的关键却在于重庆市早年间因"地票"探索所搭建并不断完善的农村产权交易平台。由于农村产权交易平台的广泛认可度，闲置宅基地盘活流转中，供求双方可以及时获取信息发布、流转交易、交易见证、合同签署等服务。

其次，梁平区委区政府作为主体，在竹山镇闲置农房盘活试点中起到了十分关键的作用。一是区政府层面鼓励并协调金融机构为参加盘活闲置宅基地创业创新的主体提供融资、授信、增信服务，还提供急需的金融产品，优先提供不超LPR的贴息；二是优先安排基础设施建设，重点加强道路、供水、供电、排水、通信、污水处理、垃圾处理、厕所改造等基础设施配套，增强公共服务功能，提升公共服务水平，全村天然气主管网、自来水、卫生厕所实现全覆盖；三是修复生态空间营造良好生态环境，形成了"一河三溪一湖千亩湿地万亩竹林"的生态空间系统，为后续民宿经营、乡村振兴提供了环境基础。此外，闲置宅基地盘活不仅涉及产权交易，后续的经营管理也是重要方面。与许多乡村振兴实践中人才吸引重点类似，竹山镇也是主要依靠本地成长的大学生、退伍军人回乡创业，鼓励他们立足自身技能整合利用零散闲置宅基地等存量资源，开办农家乐、民宿、手工作坊等适宜本地的创业。这主要是得益于竹山镇比较丰富的寿竹资源和竹文化。

二 竹山镇闲置宅基地盘活中的资格权有偿退出尝试

根据国家有关法律、法规、政策及《农业农村部关于积极稳妥开展农村闲置宅基地和闲置住宅盘活利用工作的通知》和《重庆市梁平区农村闲置宅基地盘活利用改革实施方案》等文件，竹山镇在2020年开始尝试农村宅基地盘活利用的一些尝试，以重庆市乡村振兴示范村猎神村为主体，也取得了一些成效。与一般认为资格权无偿取得也要无偿退出不一样，竹山镇实际上采取了资格权范围内有偿退出、资格权范围外法定退出的做法。竹山镇编制了《梁平区竹山镇闲置宅基地盘活利用实施方案》，明确鼓励自愿、有偿退出闲置宅基地并获得相应补偿，同时可以结合土地承包经营权和集体收益分配权一起退出，即鼓励有偿退出所有集体经济获益份额。有偿退出的对象主要是因继承或依法批准的方式在农村占有和使用宅基地，并自愿全部退出的情形。但是有一个前提条件是有偿退出的农户必须拥有合法产权住房，且能满足本户家庭成员居住。这一尝试实际上是对退出农户基本住房保障权利的落实和贯彻，也体现了宅基地资格权应有内涵。同时，竹山镇确定了有偿退出以外的法定退出情形，包括"一户一宅"超标占用部分、"一户多宅"中"建新未拆旧"的旧房和非本集体经济组织成员除继承之外未经批准在农村使用的农村闲置宅基地，即资格权范围以外的份额。但无论哪种退出形式，一旦退出，原有宅基地份额交还集体。但是，农户们对于退出资格权积极性不高。

三 社会资本介入下的资格权实现

在闲置宅基地退出基础之上，与大兴区实际上是延续由政府主导的

第七章 案例二：重庆市梁平区竹山镇有偿流转的试点经验

宅基地制度改革不同，竹山镇采用了大量引入社会资本的方式。从梁平区层面，引入社会资本就被规划为盘活闲置宅基地的重要路径。在其政策文件中就明确提出要积极引导非集体经济组织成员和社会资本参与退出农村闲置宅基地整治和盘活利用，利用闲置宅基地及地上建筑物发展符合乡村特点各类产业融合发展项目，目的是提高退出农村闲置宅基地的利用效率和效益，也从条文上明确了禁止非集体经济组织成员和社会资本利用农村闲置宅基地建别墅大院和私人会馆。

（一）多维化的协同实现

就竹山镇的试点而言，首先猎神村成立了股份经济合作联合社，将对农村闲置房屋约500平方米整体租用，用于土特产购买一条街打造，再转租给有经营意愿的经营主体，溢价归集体经济。其次，引入社会资本打造民宿，收益归集体、社会资本和农户共享。一些社会资本出租农户闲置的宅基地，补偿地上建筑物后进行统一打造建成民宿；也有部分农户以其闲置宅基地和农房作价入股，与社会资本协同打造民宿。根据当地政府的介绍，猎神村开展盘活利用闲置农房以来，引进社会资本将12000余平方米的闲置农房变为民宿客房，农民可就近参与经营、参与管理和务工带来收入，经营顺利的话每年可以为农民增收1000余万元。尽管在调研中我们对于这个数据是否真的可以被实现，存在疑虑，因为这种方式太过于依赖区域旅游业态的发展。但是无论如何，这为原本破败、闲置的村庄，带来了发展和振兴的希望，也不失为宅基地资格权保障与使用权放活探索的一种有效实现形式。在这个过程中，一体化开展农业产业振兴推动了竹类产业的发展，集体经济得到了比较大的恢复。这无疑是对集体成员各项成员权保障落实和获益提升最有效的方式。只有成员真正地可以从集体经济中获益，集体所有权实现才具有意义。

（二）政府直接作用

竹山镇模式中尽管改革核心是盘活闲置宅基地，实质是使用权的流转放活，但是仍然隐含着明显的推动资格权保障实现的机制。主要是区镇两级政府。从区镇两级政府所下文件中均明确无论是"退出"还是"交换"，主体都是"宅基地资格权人"。尤其是有偿退出部分，补偿对象是资格权人而非使用权人，补偿的内容也是资格权所及的集体份额，而非可增值的使用权内容。区镇两级政府从规制层面给了宅基地资格权实现的充分支持，包括直接政策制定和产权管理。由于产权和政策足够明晰，竹山镇在农户资格权实现和使用权放活实践中不仅吸引了足够多的社会资本、社会人才参与，金融机构在区政府的协调下也充分参与进来。与大兴区显著不同的是，竹山镇的改革试验中市区两级政府没有从融资维度给予直接支持，仅是投入了少量资金对基础设施进行了升级，其中主要原因还是在于当地政府与北京市和大兴区的财力水平存在显著差异。这可能是许多中东部相对偏远乡镇村推进宅基地制度改革实践中面临的核心问题。在梁平区的实践中，这部分内容主要通过市场（社会资本）予以实现。

（三）多主体交互

出于财政实力有限的原因（事实上我们认为这是政府未直接介入的根本原因），竹山镇采用了引入社会资本的模式。在梁平区乃至重庆市其他乡镇的实践中，也尝试引入社会资本推动闲置宅基地盘活，有的成功了，有的事实上失败了。造成这种差异的原因，通过竹山镇的案例研究，我们可窥一斑。竹山镇闲置宅基地盘活的主要路径就是民宿经营。首先，基层政府（竹山镇政府）对闲置宅基地盘活进行统筹规划，与村集体共同对需要盘活的宅基地进行初步意向调查，对资格权、使用权、房屋所有权等相关权利状况进行调查，对产权不清晰的宗地尽快给予明确，保障了后续社会资本介入过程中的产权清晰。

其次，竹山镇猎神村的民宿经营中采用了宅基地出租和入股两种方式。出租模式下，社会资本通过政府农村土地产权交易平台，对宅基地

第七章 案例二：重庆市梁平区竹山镇有偿流转的试点经验

进行了成片统一流转，对原有地面建筑进行一次性补偿，在其宅基地原址上新建了民宿体验区并对外运营，吸纳了大量本地农户直接参与管理。入股模式下，农户以现有宅基地和农房入股，民宿经营公司（社会资本）对现有房屋进行修缮并主要负责运营、获得经营收益的40%的管理费，农户可参与管理并获得60%收益。在这当中，市场主体与农户形成了有效的主体互动，部分出租宅基地或以宅基地入股的农户仍然居住在原有宅基地之上，并未搬离。而由于宅基地流转是通过政府的交易平台，政府在其中充当了重要的规制作用，保障了各个主体在交互过程中的利益得到充分统筹。

最后，与许多资格权保障和使用权放活的实践探索有所区别的是，竹山镇闲置宅基地盘活中金融机构进行了深度参与。金融机构的深度参与实际可以被视为区镇两级政府、市场、农村集体（社区）、家庭充分交互的表现。金融机构对于产权、信用、收益的要求是比较全面且严格的。产权是第一位。区镇两级政府从政策制定、产权调查、产权认定和登记方面给予了比较明确的保障，村集体在其中也起到了充分的协调作用，从而无论是所有权、使用权等物权类权利、还是资格权这一成员权权利，都得到了极大的明晰。在比较清晰的产权和比较强势的产权认定基础上，信用有了最基本的落脚点。加之梁平区政府出面进行了协调，实际上是以区政府作为竹山镇宅基地制度改革的信用背书，从政策、规划、建设、财政方面给予了比较充分的支持，使金融机构相信竹山镇将成为梁平区未来发展的一个重点。同时，竹山镇充分使用了重庆市农村土地产权交易平台，充分和明确的产权调查为金融机构的进入创造了信心。

第四节 案例小结

一 认可宅基地资格权的居住保障权利

首先，梁平区在"三权分置"导向下开展宅基地制度改革实践比较

· 213 ·

晚，相较于大兴区一开始对宅基地资格权采取了模糊、弱化处理不同，梁平区对宅基地资格权给予了严格的界定。这一界定恰好印证了本书前述基于历史逻辑推演得出的结论，即居住保障性权利的内涵。其次，关于其对于资格权被动丧失情况的设置可以看出，梁平区在实践中实际将资格权所蕴含的居住保障权利与城市住房保障制度联系了起来，突破了传统的户地深度绑定关系下就农村论农村的路径依赖问题。这是值得肯定的。但是，梁平区的规定实际上还是延续了"乡→城"的要素单向流动，没有对未来可能出现的"城→乡"流动方面或者双向流动同时存在的可能性做出考虑。当然，这已经超出了梁平区这一层级政府的事权范围，需要更高层级政府从跨行政区的角度进行统筹考虑和协调。

二 以资格权为转轴能够有效推动闲置宅基地盘活

闲置宅基地盘活、释放农村沉睡资产从而促进乡村振兴、推动新型城镇化，是宅基地"三权分置"改革的核心。许多观点认为闲置宅基地盘活的核心在于宅基地使用权放活环节。然而我们一直秉持的研究基本观点是，如果不能解决资格权保障的问题，宅基地使用权放活就无从谈起，盲目放活还会带来风险。梁平区以及竹山镇的经验在一定程度上佐证了我们的这个观点。在竹山镇刚开始进行闲置宅基地摸底调查时，农户宅基地流转意愿很低，明确表示不愿意或倾向于不愿意流转的农户高达70%以上。农户们（即便已经在城镇买房）的主要担忧是宅基地一旦流转，未来自己的成员身份、土地权利、居住保障、集体认同感等方面将会受到损害，抵御非农就业风险（如失业、工伤等）的能力会大幅下降。换句话说，至少在竹山镇，影响流转意愿的因素不在于使用权所代表的财产性内容，而在于宅基地权利体系中资格权所蕴含的部分。这也是梁平区在改革试验之处就出台关于认定宅基地资格权暂行办法，并在决定将竹山镇经验向全区推广之时出台正式文件的重要原因。而纵观梁

第七章 案例二：重庆市梁平区竹山镇有偿流转的试点经验

平区和竹山镇关于闲置宅基地盘活的管理文件和后续试验效果，做实资格权认定、明确资格权内涵和行使规则、强化资格权保障及其对使用权的限制性，对于闲置宅基地盘活工作起到了基础性、关键性作用。

三 政府规制是资格权实现的基础与核心

梁平区采取了大力引进社会资本的方式推动了"三权分置"导向下的宅基地资格权实现和闲置宅基地盘活（使用权放活）。值得注意的是，竹山镇在一定程度上取得了成功，根本原因在于区镇两级政府从制度建设、产权保障等方面做出的努力。试验改革从策划、推进、实施都是在区镇两级政府大力推动之下进行的。大兴区魏善庄镇的改革推动从某种程度上说是自下而上与自上而下相结合的产物。但梁平区竹山镇则是几乎由政府一力推动，甚至在这个过程中农户们出于风险担忧、禀赋效应等原因，一开始的参与意愿是比较低的。政府在推动的过程中，对整体改革推进和资格权实现从规制层面给予了充分的供给。这是推动改革前进并取得一定成效的重要原因。因为政府较为完善的规制供给，一定程度上消弭了社会资本（市场主体）和农户（个人或家庭）对于宅基地资格权实现的知识缺乏、信息不对称等问题。这是梁平区尤其是竹山镇实践中的核心推力。

第八章

两个需要讨论的问题

一 "三权分置"是否就是本轮宅基地制度改革的全部？

首先不得不承认的是，总体而言在宅基地制度改革试点中，大兴区及下属镇村并未着重围绕"三权分置"展开试点，更多的是对现有农村住宅进行指标整合、空间调整和风貌改善，而梁平区的改革的确以"三权分置"为导向但其改革目的是闲置宅基地盘活而非居住福利改善。事实上，几乎没有一个现实案例是专门或者着重针对宅基地资格权展开的。这是因为本轮宅基地制度改革本就是起源于农村剩余劳动力转移之下人地分离导致的宅基地资源低效、闲置利用。可以说，"三权分置"本身就是盘活宅基地资源为目的的，之所以设立资格权，就是为了纯化使用权，以便能够更好地"放活"。但这并不影响我们在其中探查宅基地资格权的运行机制和实现过程。而我们恰恰认为，宅基地资格权的实现是保证宅基地能够顺利盘活的重要保障。因此就标题中的问题："三权分置"是否就是本轮宅基地制度改革的全部，我想我们的观点是持否定态度的。"三权分置"或者宅基地资格权的设立，只是为了在人地关系松动的农村社会中厘清宅基地涉及的利益关系，重塑一个更符合乡村振兴和城乡协调发展等战略目标的宅基地权利体系，以更好地推进包括宅基地制度在内的农村土地制度乃至产权制度改革。就本书所重点考察的大兴区和梁平区案例而言，更是如此。

第八章　两个需要讨论的问题

大兴区在 2015 年成为试点并在 2017 年前后集中地展开宅基地制度改革准备之时，以资格权最为显著地暴露出了改革中理论支撑缺乏和法理基础缺失的问题，地方实际很难针对资格权及"三权分置"制定可实施的行动计划。相较于浙江省德清县、江西省余江区等地较早开始的宅基地制度改革，大兴区在农村"三块地"改革中首先集中开展了集体经营性建设用地入市方面的试点探索，2017 年对宅基地利用现状进行了集中摸底，随后才开始了宅基地制度改革试点。在大兴区着手开始进行宅基地制度改革试点工作时，宅基地"三权分置"改革意图已基本明确。因而，尽管大兴区的宅基地制度改革还涉及乡村规划完善、产业用地结构调整、建设用地减量等一系列内容，大兴区的宅基地制度改革始终贯穿着较为明显的"三权"体系重构和探索痕迹，包括集体所有权层面的土地交换、资格权认定、使用权整合流转等。本案例研究试图从大兴区宅基地制度改革试点经验中抽取出关于资格权的相关经验并从理论角度进行解析，而资格权作为宅基地制度权利体系重构的重要环节，本身也不可能单独存在。因此，从资格权的角度对大兴区的试点经验进行观察和分析是具有可行性的。然而，国家层面通过重要的中央 1 号文件对于"三权分置"进行明确，但过程中却模糊化了资格权，使得地方具体工作仅有政策意向却无法可依。以大兴区为例，地方政府在试点过程中对于资格权乃至整个三权体系的试点工作都不同程度地出现合法性和合规性的担忧。在对于大兴区的调研和访谈过程中，受访对象普遍表现出对于资格权的困惑和理解歧义。这也是本书的最初出发点。正如在大兴案例介绍开端已经反复提及的问题，大兴区及所辖乡镇所进行的是一个相对综合和系统的宅基地制度改革，没有专门围绕宅基地"三权分置"或宅基地资格权展开，整体实践富有传统"宅改"的浓重色彩。但由于大兴区在正式推进宅基地制度改革工作之时宅基地"三权分置"已经基本成为共识并随后被正式提出，因而大兴区的宅基地制度改革政策与相关工作具有明确的"三权分置"导向。而由于"三权分置"理论和具体制度安排的缺失，大兴区及所辖乡镇在实施过程中所发布的政策和规划构想一定程度上对其他已经先行展开宅基地"三权分置"试点工作地区进行了有选择的政策学习，再结合大兴区自身的情况和历史根源进行了修正。但大兴区对于动态和横向的政策学习，恰恰说明了宅基地"三权分置"和宅基地资格权在整体宅基地制度发展中的顺应性与适用性，也可以被视为本书前述理论框架的适用性。

在梁平区的案例开始推行时，"三权"已经经历了比较长时间的讨论，尽管仍未达成一致，国家层面也没有出台明确的法律法规文件予以界定，但是其基本逻辑关系已经得到广泛认可。所以以"三权"为导向进行相关的宅基地资源盘活的基础前提，即权利认定，是比较明确的。纵观梁平区的各个官方文件，也呈现出对上级文件和其他地区试点经验的继承。但是也因此产生了一些问题。比如其相关文件虽然比较齐全，但是也只是延续和继承上级已经有的明确要求和其他地方的经验，一些诸如资格权与城乡权利联动的问题，缺乏创新。同时，文件对于"三权"的界定对实际操作只有规范性，没有指导性。而且由于对乡村振兴尤其是产业振兴的迫切性，政府、集体在社会资本面前的议价能力不高。基层政府和集体组织尽管初衷具有提高农户收益、振兴集体经济的良好远景，但是对于社会资本融入集体经济经营后的风险性，是明显缺乏预判或预判到了风险但没有采取化解措施。这可能也是涉及农村产权制度改革中如果涉及社会资本，所普遍存在的问题。这一点显然与传统政府主导的宅基地制度改革（如新农村建设等）是有显著差异的。当然，"三权分置"改革本身也就含有以土地为引力，充分运用市场和社会力量推动乡村振兴的制度意图。但基层尤其是中西部的基层政府和自治组织，对于市场风险这一问题，从我们的案例中，能够明显感觉到是缺乏经验的。这可能是乡村振兴过程中需要重点关注的问题。

第八章 两个需要讨论的问题

二 案例的经验是否具有推广性？

案例研究尤其是个案研究所强调和追求的是案例的典型性。在近期案例研究的方法论研究之中，学者们普遍提出了个案研究的关注点应在于案例的典型性，同时表达了学者们对于过往个案研究中过分追求案例代表性和普适性所带来的"代表性陷阱"的担忧。作为京津冀协同发展的腹地、环首都地区的核心地带、北京市的郊区，大兴区有着其他地区无法比较的特殊性，从宏观层面和外部环境来看，甚至是独一无二的。然而，与广大中国农民或大都市周边郊区的农民一样，大兴区的农民也在面临着快速城镇化之下人地关系改变所带来的一系列影响且冲突更为明显。更甚的是，正是因为这种特殊的外部环境使得大兴区在国家乡村振兴、供给侧结构性调整、产业转移、生态文明建设等多个战略之下成为了"先锋"，本身的集体经济和农村产业受到较大的外部干扰。正如本书在前文所述，正是因为大兴区面临着突出和强势的国家意志，大兴区的农村和农民为了落实国家战略部署做出了突出贡献，因而尽管大兴区具有特殊性，但也在基本保障权利落实等方面具有极强的典型性。因此，大兴区宅基地制度改革中所隐含的宅基地资格权相关的逻辑与机制具备个案研究所追求的"典型性"特征。至于重庆市梁平区竹山镇，是一个典型的中西部乡镇。无论从产业结构、人口结构、城市化水平等都具有浓厚中西部农村的特征。竹山镇以猎神村这一乡村振兴示范村为先开始的闲置宅基地盘活试验，将宅基地资格权实现作为重要内容，形成了对传统路径依赖的一定突破。随后竹山镇其他村、梁平区部分乡镇在竹山镇改革试验推进后，也相继开始了类似的政策学习和推广，但实施效果差异较大。社会资本的收益不如猎神村，如产权清晰等规范性上也出现了扯皮的问题。一是政府力量的逐渐淡出导致规制提供的减弱，二是仅学习了闲置宅基地盘活，一定程度上忽视了猎神村的试验是与竹产业紧密结合形成了乡村旅游需求。因此这就涉及本书中涉及的案例研究意义的问题。

然而宅基地"三权分置"及整体宅基地制度改革本来就是一项全国性的制度改革。同时由于宅基地的特殊性，宅基地制度改革还将与城乡住房制度改革、城乡社会保障制度改革、城乡公共服务均等化等一系列问题紧密联系。因此，对于宅基地制度改革或宅基地资格权的研究的确会存在对于案例研究中普适性的讨论和担忧。但事实上，由于中国农村情况的复杂性、南北东西的传统习惯与发展程度的差异性、中国农民对于土地的强烈依赖性等原因，地域分化与农户分化十分明显，包括宅基地制度改革在内的大多数农村土地制度改革及包括乡村建设在内的相关工作，不可能也不应当形成"千村一面"的局面。因此，本书认为，大兴区和梁平区的经验不可能也不应该具备全国范围内的全方位普适性，在农村土地制度改革方面进行全国范围内的普适性追求既不符合中国的现实国情，也不利于农民权益保障和区域协调发展。因此，本书力图在逻辑演绎和案例研究基础之上构建一套相对完整的理论逻辑体系和实现路径机制，从而为已经正在开展并即将深化的宅基地制度改革提供一定的理论支撑。本书考察的两地三镇案例，是众多宅基地制度"三权分置"改革试验的个案，在案例叙述中，我们也说明了其中存在的共性。这些共性是不是能够在全国范围内得到验证，囿于实际操作的难度，我们没有进行更广泛的验证。同样地，大兴区和梁平区的经验，是否可以在与各自相似的地区得到推广，我们也难以探知。但是梁平区的试验过程显然具有从其他地区试点经验中学习的色彩。但是否已经成熟到可以被推广，还有待时间来检验。

参考文献

一 图书类

(一) 外文图书

[奥] 尤根·埃利希:《法律社会学基本原理》,叶名怡、袁震译,中国社会科学出版社 2009 年版。

[德] 卡尔·拉伦茨:《法学方法论》,陈爱娥译,商务印书馆 2003 年版。

[法] 孟德斯鸠:《论法的精神》,张雁深译,商务印书馆 2009 年版。

[美] 埃德加·博登海默:《法理学:法律哲学与法律方法》,邓正来译,中国政法大学出版社 1999 年版。

[美] 道格拉斯·C. 诺思:《制度、制度变迁与经济绩效》,杭行译,格致出版社 2008 年版。

[美] 杰克·唐纳利:《普遍人权的理论与实践》,王浦劬等译,中国社会科学出版社 2001 年版。

[美] 罗伯特·H. 贝斯:《分析性叙述》,熊美娟等译,中国人民大学出版社 2008 年版。

[美] 曼塞尔·奥尔森:《集体行动的逻辑》,陈郁等译,上海人民出版社 1995 年版。

[美] 尼尔·吉尔伯特等:《社会福利政策导论》,黄晨熹等译,华东理工大学出版社 2003 年版。

［美］汤姆·R. 泰勒：《人们为什么遵守法律》，黄永译，中国法制出版社 2015 年版。

［美］约翰·亨利·梅利曼：《大陆法系》，顾培东等译，法律出版社 2004 年版。

［英］马丁·鲍威尔主编：《理解福利混合经济》，钟晓慧译，北京大学出版社 2011 年版。

Alchian, A. A., Allen, W. R., *Exchange and Production-Competition, Coordination, and Control*, Belmont, California: Wadsworth, 1977.

A. Javier Trevino, *The Sociology of Law: Classical and Contemporary Perspectives*: New York: St. Martin Press, 1996.

Carl Wellman, *Welfare Rights*: Rowman and Littlefield, 1982.

Hill, M. and Bramley, G., *Analysing Social Policy*, Oxford: Blackwell, 1986.

Johnson, N., *Mixed Economies of Welfare— A Comparative Perspective*, London: Prentice Hall Europe, 1999.

Nussbaum, Martha C., *Creating Capabilities: The Human Development Approach*, Cambridge, Massachusetts: The Belknap Press of Harvard University Press, 2011.

Nussbaum, Martha C., *Frontiers of Justice: Disability, Nationality, Species Membership*, Cambridge, Massachusetts: Harvard University Press, 2007.

Olsson, S. E., Och, H. H. & Eriksson, I., *Social Security in Sweden and other European Countries-Three Essays*, Stockholm: ESO, 1993.

Powell, M., Hewitt, M., *Welfare State and Welfare Change*, Buckingham: openUniversity Press, 1998.

Rawls, J., *A Theory of Justice*, Cambridge, Massachusetts: The Belknap Press of Harvard University Press, 1971.

Rose, R., Rei Shiratori, *The welfare state: East and West*, New York: Oxford

University Press, 1986.

Sen, Amartiya, 1992, *Inequality Reexamined*, Cambridge, Massachusetts: Harvard University Press, 1992.

Sen, Amartiya, *Rationality and Freedom*, Cambridge, Massachusetts: Belknap Press of Harvard University Press, 2004.

T. H. Marshall, *Sociology at the Crossroads*, London: Heinemann, 1963.

Yin R. K., *Case Study Research: Design and Methods* 5ed, Oxford: Blackwell Science Ltd., 2013.

（二）中文图书

费孝通：《江村经济——中国农民的生活》，商务印书馆2006年版。

费孝通：《乡土中国》，人民出版社2008年版。

贺雪峰：《新乡土中国》，北京大学出版社2013年版。

胡长清：《中国民法总论》，中国政法大学出版社2003年版。

季卫东：《法治秩序的建构》，中国政法大学出版社1999年版。

李宜琛：《日耳曼法概说》，中国政法大学出版社2003年版。

林喆：《权利的法哲学：黑格尔法权哲学研究》，山东人民出版社1999年版。

刘彦随、龙花楼、陈玉福等：《中国乡村发展研究报告——农村空心化及其整治策略》，科学出版社2011年版。

史尚宽：《民法总论》，中国政法大学出版社2003年版。

苏力：《法治及其本土资源》，中国政法大学出版社1996年版。

童列春：《中国农村集体经济有效实现的法理研究》，中国政法大学出版社2013年版。

王利明：《民法学》，复旦大学出版社2004年版。

王利明：《物权法研究》（上卷），中国人民大学出版社2007年版。

王利明、杨立新、王轶等：《民法学》，法律出版社2015年版。

魏后凯、闫坤主编：《中国农村发展报告（2018）——新时代乡村全面振兴之路》，中国社会科学出版社2018年版。

文贯中：《吾民无地：城市化、土地制度与户籍制度的内在逻辑》，东方出版社2014年版。

二 期刊论文类

（一）中文期刊论文

鲍海君、叶成、徐之寒、韩璐、赵曼孜、周丽萍：《宅基地"三权分置"促进共同富裕：基于浙江省象山县的案例分析》，《中国土地科学》2022年第11期。

陈爱武：《新中国70年妇女人权保障之回顾与展望》，《法律科学》2019年第5期。

陈柏峰：《农村宅基地限制交易的正当性》，《中国土地科学》2007年第4期。

陈广华、罗亚文：《宅基地"三权分置"之法教义学分析——基于试点地区改革模式研究》，《农村经济》2019年第2期。

陈华彬：《人役权制度的构建——兼议我国〈民法典物权编（草案）〉的居住权规定》，《比较法研究》2019年第2期。

陈晋：《城镇化进程中农村集体成员资格研究——以征地补偿纠纷为视角》，《现代经济探讨》2013年第10期。

陈利根、成程：《基于农民福利的宅基地流转模式比较与路径选择》，《中国土地科学》2012年第10期。

陈美球、黄唱、张婷、郭细根、刘桃菊：《中国农村宅基地制度改革：逻辑与路径》，《中国土地科学》2022年第7期。

陈美球、邝佛缘、鲁燕飞：《生计资本分化对农户宅基地流转意愿的影响因素研究——基于江西省的实证分析》，《农林经济管理学报》2018年第 1 期。

陈霄、鲍家伟：《农村宅基地抵押问题调查研究》，《经济纵横》2010 年第 8 期。

陈小君：《农村土地制度的物权法规范解析——学习〈关于推进农村改革发展若干重大问题的决定〉后的思考》，《法商研究》2009 年第 1 期。

陈小君：《土地改革之"三权分置"入法及其实现障碍的解除——评〈农村土地承包法修正案〉》，《学术月刊》2019 年第 1 期。

陈小君：《我国农村土地法律制度变革的思路与框架——十八届三中全会〈决定〉相关内容解读》，《法学研究》2014 年第 4 期。

陈小君、蒋省三：《宅基地使用权制度：规范解析、实践挑战及其立法回应》，《管理世界》2010 年第 10 期。

陈晓军、郑财贵、牛德利：《"三权分置"视角下的农村宅基地制度改革思考——以重庆市大足区为例》，《国土与自然资源研究》2019 年第 5 期。

陈振、罗遥、欧名豪：《宅基地"三权分置"：基本内涵、功能价值与实现路径》，《农村经济》2018 年第 11 期。

程世勇、江永基：《农村宅基地流转中的市场失灵与政府行为》，《农村经济》2010 年第 6 期。

程秀建：《宅基地资格权的权属定位与法律制度供给》，《政治与法律》2018 年第 8 期。

崔永亮：《农村住房保障制度缺失及其未来改善》，《改革》2013 年第 12 期。

代辉、蔡元臻：《论农民集体成员资格的认定标准》，《江南大学学报》（人文社会科学版）2016 年第 6 期。

戴威、陈小君：《论农村集体经济组织成员权利的实现——基于法律的角度》,《人民论坛》2012年第2期。

邓江凌:《农村集体土地所有权主体虚位问题及其解决思路》,《理论界》2011年第7期。

丁学娜、李凤琴:《福利多元主义的发展研究——基于理论范式视角》,《中南大学学报》(社会科学版)2013年第6期。

董祚继:《"三权分置"——农村宅基地制度的重大创新》,《中国土地》2018年第3期。

董祚继:《新中国70年土地制度的演进及其经验》,《中国土地》2019年第10期。

杜立:《集体经济组织成员权研究》,《广东社会科学》2015年第6期。

杜园园:《空心村的形成及其改造——从宅基地制度及其实践说起》,《云南行政学院学报》2016年第5期。

范剑勇、莫家伟、张吉鹏:《居住模式与中国城镇化——基于土地供给视角的经验研究》,《中国社会科学》2015年第4期。

房建恩:《乡村振兴背景下宅基地"三权分置"的功能检视与实现路径》,《中国土地科学》2019年第5期。

房绍坤:《农民住房抵押之制度设计》,《法学家》2015年第6期。

冯双生、张桂文:《宅基地置换中农民权益受损问题及对策研究》,《农业经济问题》2013年第12期。

付文凤、郭杰、欧名豪、易家林:《基于机会成本的农村宅基地退出补偿标准研究》,《中国人口·资源与环境》2018年第3期。

高飞:《论集体土地所有权主体之民法构造》,《法商研究》2009年第4期。

高飞:《农村土地"三权分置"的法理阐释与制度意蕴》,《法学研究》2016年第3期。

高奇琦:《比较政治研究中的质性方法》,《国外社会科学》2014年第

2 期。

高圣平：《农民住房财产权抵押规则的重构》，《政治与法律》2016 年第 1 期。

高圣平：《宅基地性质再认识》，《中国土地》2010 年第 1 期。

高圣平、刘守英：《宅基地使用权初始取得制度研究》，《中国土地科学》2007 年第 2 期。

高欣、张安录、李超：《社会保障，非农收入预期与宅基地退出决策行为——基于上海市金山区、松江区等经济发达地区的实证分析》，《中国土地科学》2016 年第 6 期。

耿卓：《农民土地财产权保护的观念转变及其立法回应——以农村集体经济有效实现为视角》，《法学研究》2014 年第 5 期。

耿卓：《宅基地"三权分置"改革的基本遵循及其贯彻》，《法学杂志》2019 年第 4 期。

关江华、黄朝禧：《基于双边理论的农村宅基地流转市场模式研究》，《华中农业大学学报》（社会科学版）2015 年第 6 期。

关江华、黄朝禧、胡银根：《不同生计资产配置的农户宅基地流转家庭福利变化研究》，《中国人口·资源与环境》2014 年第 10 期。

关江华、黄朝禧、胡银根：《基于 Logistic 回归模型的农户宅基地流转意愿研究——以微观福利为视角》，《经济地理》2013 年第 8 期。

关江华、黄朝禧、胡银根：《农户宅基地流转意愿差异及其驱动力研究——基于农户可持续生计视角》，《资源科学》2013 年第 11 期。

管洪彦：《农民集体成员权：中国特色的民事权利制度创新》，《法学论坛》2016 年第 2 期。

管洪彦、孔祥智：《"三权分置"下集体土地所有权的立法表达》，《西北农林科技大学学报》（社会科学版）2019 年第 2 期。

桂华、贺雪峰：《宅基地管理与物权法的适用限度》，《法学研究》2014

年第 4 期。

郭贯成、李金景：《经济欠发达地区农村宅基地流转的地域差异研究——以河北省张家口市为例》，《资源科学》2014 年第 6 期。

郭晓鸣：《中国农地制度改革的若干思考》，《社会科学战线》2018 年第 2 期。

郭玉锦：《身份制与中国人的观念结构》，《哲学动态》2002 年第 8 期。

韩康：《宅基地制度存在三大矛盾》，《人民论坛》2008 年第 14 期。

韩立达、王艳西、韩东：《农村宅基地"三权分置"：内在要求、权利性质与实现形式》，《农业经济问题》2018 年第 8 期。

韩松：《城镇化对农民集体土地所有权制度的影响及其应对》，《江西社会科学》2020 年第 2 期。

韩松：《论成员集体与集体成员——集体所有权的主体》，《法学》2005 年第 8 期。

韩松：《论农民集体土地所有权的集体成员受益权能》，《当代法学》2014 年第 1 期。

韩松：《农民集体土地所有权的权能》，《法学研究》2014 年第 6 期。

韩松：《我国农民集体所有权的实质》，《法律科学》1992 年第 1 期。

韩文龙、谢璐：《宅基地"三权分置"的权能困境与实现》，《农业经济问题》2018 年第 5 期。

韩央迪：《从福利多元主义到福利治理：福利改革的路径演化》，《国外社会科学》2012 年第 2 期。

郝铁川：《权利实现的差序格局》，《中国社会科学》2002 年第 5 期。

侯懿珊、冯长春、沈昊婧：《农户宅基地流转行为的区位差异研究——以河南省新乡市为例》，《城市发展研究》2017 年第 4 期。

胡建：《农村宅基地使用权有限抵押法律制度的构建与配套》，《农业经济问题》2015 年第 4 期。

胡吕银：《在超越的基础上实现回归——实现集体土地所有权的理论、思路和方式研究》，《法商研究》2006 年第 6 期。

胡小芳、刘凌览、张越、祁凌云：《新型城镇化中农村宅基地置换满意度研究——基于湖北省彭墩村的调查》，《中国土地科学》2014 年第 12 期。

胡银根、王聪、廖成泉、吴欣：《不同治理结构下农村宅基地有偿退出模式探析——以金寨、蓟州、义乌 3 个典型试点为例》，《资源开发与市场》2017 年第 12 期。

黄璐水、罗海波、钟锋：《贵州省农村宅基地退出的障碍因素调研与对策建议》，《中国农业资源与区划》2014 年第 4 期。

黄忠华、杜雪君、虞晓芬：《地权诉求、宅基地流转与农村劳动力转移》，《公共管理学报》2012 年第 3 期。

姜楠：《宅基地"三权"分置的法构造及其实现路径》，《南京农业大学学报》（社会科学版）2019 年第 3 期。

靳相木、王海燕、王永梅、欧阳亦梵：《宅基地"三权分置"的逻辑起点、政策要义及入法路径》，《中国土地科学》2019 年第 5 期。

瞿理铜、朱道林：《基于功能变迁视角的宅基地管理制度研究》，《国家行政学院学报》2015 年第 5 期。

孔祥智：《宅基地改革：政策沿革和发展方向》，《农村金融研究》2018 年第 11 期。

李凤章、李卓丽：《宅基地使用权身份化困境之破解——以物权与成员权的分离为视角》，《法学杂志》2018 年第 3 期。

李凤章、赵杰：《农户宅基地资格权的规范分析》，《行政管理改革》2018 年第 4 期。

李浩媛、段文技：《中国农村宅基地制度改革的基底分析与路径选择——基于 15 个试点县（市、区）的分析》，《世界农业》2017 年第 9 期。

李怀、陈明红：《乡村振兴背景下宅基地"三权分置"改革的政策意蕴与实践模式》，《中国流通经济》2023年第4期。

李慧英：《土地性别矛盾与乡村治理探究》，《学习与探索》2016年第12期。

李军：《私法自治的基本内涵》，《法学论坛》2004年第6期。

李琳、郭志京、张毅、张伟：《宅基地"三权分置"的法律表达》，《中国土地科学》2019年第7期。

李宁、陈利根、龙开胜：《农村宅基地产权制度研究——不完全产权与主体行为关系的分析视角》，《公共管理学报》2014年第1期。

李松：《农村宅基地改革"春雷乍响"》，《瞭望》2018年第5期。

李婷婷、龙花楼、王艳飞：《中国农村宅基地闲置程度及其成因分析》，《中国土地科学》2019年第12期。

李文谦、董祚继：《质疑限制农村宅基地流转的正当性——兼论宅基地流转试验的初步构想》，《中国土地科学》2009年第3期。

廖哲韬：《论权利的实现》，《河北法学》2009年第27期。

林超、谭峻：《农村宅基地制度改革研究——基于宅基地功能演变分析的视角》，《经济体制改革》2013年第5期。

林乐芬、王军：《农村金融机构开展农村土地金融的意愿及影响因素分析》，《农业经济问题》2011年第12期。

林孝文：《论法定权利的实现——以法社会学为视角》，《湘潭大学学报》（哲学社会科学版）2008年第5期。

刘晨阳、房建恩：《宅基地使用权退出的实践考察及立法回应》，《自然资源情报》2023年第4期。

刘国栋：《论宅基地三权分置政策中农户资格权的法律表达》，《法律科学》2019年第1期。

刘竞元：《农村集体经济组织成员资格界定的私法规范路径》，《华东政法大学学报》2019 年第 6 期。

刘圣欢、杨砚池：《农村宅基地"三权分置"的权利结构与实施路径——基于大理市银桥镇农村宅基地制度改革试点》，《华中师范大学学报》（人文社会科学版）2018 年第 5 期。

刘守英：《土地制度与农民权利》，《中国土地科学》2000 年第 3 期。

刘守英：《中共十八届三中全会后的土地制度改革及其实施》，《法商研究》2014 年第 2 期。

刘守英、熊雪锋：《产权与管制——中国宅基地制度演进与改革》，《中国经济问题》2019 年第 6 期。

刘守英、熊雪锋：《经济结构变革、村庄转型与宅基地制度变迁——四川省泸县宅基地制度改革案例研究》，《中国农村经济》2018 年第 6 期。

刘卫柏、贺海波：《农村宅基地流转的模式与路径研究》，《经济地理》2012 年第 2 期。

刘小红、郭忠兴、陈兴雷：《农地权利关系辨析——家庭土地承包经营权与集体土地所有权的关系研究》，《经济学家》2011 年第 8 期。

刘云生：《集体土地所有权身份歧向与价值悖离》，《社会科学研究》2007 年第 2 期。

刘震宇、张丽洋：《论农村宅基地使用权的取得》，《海南大学学报》（人文社会科学版）2011 年第 2 期。

龙开胜、陈利根：《基于农民土地处置意愿的农村土地配置机制分析》，《南京农业大学学报》（社会科学版）2011 年第 4 期。

龙开胜、刘澄宇、陈利根：《农民接受闲置宅基地治理方式的意愿及影响因素》，《中国人口·资源与环境》2012 年第 9 期。

卢晖临、李雪：《如何走出个案——从个案研究到扩展个案研究》，《中国社会科学》2007 年第 1 期。

卢江海、钱泓澎：《制度变迁视角下宅基地使用权流转市场研究——基于义乌市宅基地"三权分置"改革实践》,《财经论丛》2019 年第 11 期。

吕军书、张文赟:《农村宅基地使用权流转的风险防范问题分析》,《河南师范大学学报》(哲学社会科学版)2013 年第 2 期。

罗瑞芳:《农村宅基地产权制度变迁的方向和路径分析》,《农村经济》2011 年第 9 期。

马翠萍、郜亮亮:《农村集体经济组织成员资格认定的理论与实践——以全国首批 29 个农村集体资产股份权能改革试点为例》,《中国农村观察》2019 年第 3 期。

孟光辉:《农户语境下的住房财产权与抵押登记问题》,《中国土地科学》2016 年第 9 期。

孟勤国:《物权法开禁农村宅基地交易之辩》,《法学评论》2005 年第 4 期。

孟勤国:《物权法如何保护集体财产》,《法学》2006 年第 1 期。

米运生、罗必良、徐俊丽:《坚持、落实、完善:中国农地集体所有权的变革逻辑——演变、现状与展望》,《经济学家》2020 年第 1 期。

欧阳安蛟、蔡锋铭、陈立定:《农村宅基地退出机制建立探讨》,《中国土地科学》2009 年第 10 期。

潘德勇:《宅基地"三权分置"的意蕴和实现》,《西部法学评论》2019 年第 1 期。

彭长生:《农民宅基地产权认知状况对其宅基地退出意愿的影响——基于安徽省 6 个县 1413 户农户问卷调查的实证分析》,《中国农村观察》2013 年第 1 期。

彭诚信:《论禁止权利滥用原则的法律适用》,《中国法学》2018 年第 3 期。

彭华民、黄叶青:《福利多元主义:福利提供从国家到多元部门的转型》,《南开学报》2006 年第 6 期。

秦晖：《城市新贫民的居住权问题——如何看待"棚户区""违章建筑""城中村"和"廉租房"》，《社会科学论坛》2012年第1期。

渠敬东：《迈向社会全体的个案研究》，《社会》2019年第1期。

冉瑞平、李俊明、尹奇：《宅基地资格权：内涵、权能、困境与实现路径》，《农村经济》2023年第1期。

阮梅洪、陈希周、马永俊：《宅基地价值化与宅基地制度改革——以义乌市城乡新社区集聚建设为例》，《规划师》2019年第10期。

上官彩霞、冯淑怡、吕沛璐、曲福田：《交易费用视角下宅基地置换模式的区域差异及其成因》，《中国人口·资源与环境》2014年第4期。

沈国明、章鸣、蒋明利：《关于省级层面引导地方规范开展宅基地"三权分置"改革的建议——从闲置农房激活看浙江宅基地"三权分置"改革》，《浙江国土资源》2018年第8期。

石敏：《农村集体经济组织成员资格认定的实践逻辑——基于广东省三个村的调查》，《农林经济管理学报》2016年第1期。

宋冬林、谢文帅：《新中国成立七十年农村经济体制改革的政治经济学逻辑》，《苏州大学学报》（哲学社会科学版）2019年第5期。

宋戈、徐四桂、高佳：《土地发展权视角下东北粮食主产区农村宅基地退出补偿及增值收益分配研究》，《自然资源学报》2017年第11期。

宋志红：《宅基地"三权分置"的法律内涵和制度设计》，《法学评论》2018年第4期。

宋志红：《宅基地资格权：内涵、实践探索与制度构建》，《法学评论》2021年第1期。

孙德超、周媛媛：《农村土地"三权"分置面临的现实困境、政策供给体系及其保障措施》，《经济问题》2020年第1期。

孙宪忠：《农村土地"三权分置"改革亟待入法》，《中国人大》2018年第15期。

孙宪忠:《推进我国农村土地权利制度改革若干问题的思考》,《比较法研究》2018 年第 1 期。

孙晓勇:《宅基地改革:制度逻辑、价值发现与价值实现》,《管理世界》2023 年第 1 期。

孙永军、付坚强:《论农村宅基地取得纠纷的表现、原因和处理》,《中国土地科学》2012 年第 12 期。

覃一冬:《20 世纪以来我国农村土地制度变迁及创新路径》,《理论月刊》2010 年第 6 期。

谭峻、涂宁静:《农村宅基地取得制度改革探讨》,《中国土地科学》2013 年第 3 期。

田莉、陶然:《土地改革、住房保障与城乡转型发展——集体土地建设租赁住房改革的机遇与挑战》,《城市规划》2019 年第 9 期。

田莉、姚之浩:《中国大城市流动人口:家居何方?》,《比较》2018 年第 1 期。

童列春:《论中国农民成员权》,《浙江大学学报》(人文社会科学版) 2015 年第 2 期。

童列春:《中国农地集体所有权的虚与实》,《农村经济》2011 年第 10 期。

汪明进、赵兴泉、黄娟:《农村宅基地"三权分置"改革的经验与启示——基于浙江省义乌市的实践视角》,《世界农业》2019 年第 8 期。

汪杨植、黄敏、杜伟:《深化农村宅基地"三权分置"改革的思考》,《农村经济》2019 年第 7 期。

汪洋:《从用益权到居住权:罗马法人役权的流变史》,《学术月刊》2019 年第 7 期。

王丹秋、廖成泉、胡银根、章晓曼:《微观福利视角下农户宅基地置换意愿及其驱动因素研究——基于湖北省 4 个典型村的实证分析》,《中国土地科学》2015年第11期。

王静、朱琳：《基于可持续生计分析框架的农户宅基地流转意愿研究》，《中国农业资源与区划》2018年第6期。

王利明、周友军：《论我国农村土地权力制度的完善》，《中国法学》2012年第1期。

王宁：《代表性还是典型性？——个案的属性与个案研究方法的逻辑基础》，《社会学研究》2002年第5期。

魏治勋：《"规范分析"概念的分析》，《法学论坛》2008年第5期。

温世扬、梅维佳：《宅基地"三权分置"的法律意蕴与制度实现》，《法学》2018年第9期。

温世扬、潘重阳：《宅基地使用权抵押的基本范畴与运行机制》，《南京社会科学》2017年第3期。

吴明发、严金明、蓝秀琳、蔡子宜：《基于模糊综合评价模型的农村宅基地流转风险评价》，《生态经济》2018年第1期。

吴宇哲、沈欣言：《农村宅基地资格权设置的内在逻辑与实现形式探索》，《中国土地科学》2022年第8期。

吴郁玲、杜越天、冯忠垒、王梅：《宅基地使用权确权对不同区域农户宅基地流转意愿的影响研究——基于湖北省361份农户的调查》，《中国土地科学》2017年第9期。

席志国：《民法典编纂视域中宅基地"三权分置"探究》，《行政管理改革》2018年第4期。

夏方舟、严金明：《农村集体建设用地直接入市流转：作用、风险与建议》，《经济体制改革》2014年第3期。

夏方舟、严金明、刘建生：《农村居民点重构治理路径模式的研究》，《农业工程学报》2014年第3期。

夏敏、林庶民、郭贯成：《不同经济发展水平地区农民宅基地退出意愿的影响因素——以江苏省 7 个市为例》,《资源科学》2016 年第 4 期。

夏沁:《论宅基地制度有偿改革的基础权利构造》,《农业经济问题》2023 年第 2 期。

肖碧林、王道龙、陈印军、陈静、钟志君、陈学渊:《我国农村宅基地置换模式、问题与对策建议》,《中国农业资源与区划》2011 年第 3 期。

肖瑛:《从"国家与社会"到"制度与生活":中国社会变迁研究的视角转换》,《中国社会科学》2014 年第 9 期。

谢怀栻:《论民事权利体系》,《法学研究》1996 年第 2 期。

邢姝媛:《农村宅基地退出补偿机制建立研究——以陕西省为例》,《中国农业资源与区划》2016 年第 1 期。

徐志强:《农地流转改革的所有权基础:集体抑或国家?》,《经济与管理研究》2014 年第 12 期。

徐忠国、吴次芳等:《农村宅基地问题研究综述》,《农业经济问题》2019 年第 4 期。

徐忠国、卓跃飞、吴次芳、李冠:《农村宅基地三权分置的经济解释与法理演绎》,《中国土地科学》2018 年第 8 期。

许恒周、吴冠岑、郭玉燕、密长林:《宅基地确权对不同代际农民工宅基地退出意愿影响分析——基于天津 248 份调查问卷的实证研究》,《资源科学》2013 年第 7 期。

严金明:《土地高效配置关键不在于所有制》,《中国土地》2014 年第 8 期。

严金明、陈昊、夏方舟:《深化农村"三块地"改革:问题、要义和取向》,《改革》2018 年第 5 期。

严金明、迪力沙提、夏方舟:《乡村振兴战略实施与宅基地"三权分置"改革的深化》,《改革》2019 年第 1 期。

严金明、张雨榴、夏方舟:《土地利用规划管理的供给侧结构性改革》,

《中国土地科学》2017年第7期。

杨成：《村民自治权的性质辨析》，《求实》2010年第5期。

杨丽霞、朱从谋、苑韶峰、李胜男：《基于供给侧改革的农户宅基地退出意愿及福利变化分析——以浙江省义乌市为例》，《中国土地科学》2018年第1期。

杨善华、孙飞宇：《"社会底蕴"：田野经验与思考》，《社会》2015年第1期。

杨一介：《农村宅基地制度面临的问题》，《中国农村观察》2007年第5期。

杨英法：《中国农村宅基地产权制度研究》，《社会科学家》2016年第2期。

杨玉珍：《农户闲置宅基地退出的影响因素及政策衔接——行为经济学视角》，《经济地理》2015年第7期。

姚如青、朱明芬：《行政配置与市场配置：基于城乡统筹背景之下的宅基地使用权制度研究》，《中国土地科学》2014年第6期。

姚树荣、熊雪锋：《宅基地权利分置的制度结构与农户福利》，《中国土地科学》2018年第4期。

姚洋：《集体决策下的诱导性制度变迁——中国农村地权稳定性演化的实证分析》，《中国农村观察》2000年第2期。

于毅：《浅议农村集体经济组织成员资格的界定》，《农业经济》2014年第6期。

喻文莉：《论宅基地使用权初始取得的主体和基本方式》，《河北法学》2011年第8期。

喻文莉、陈利根：《农村宅基地使用权制度嬗变的历史考察》，《中国土地科学》2009年第8期。

岳永兵：《宅基地"三权分置"：一个引入配给权的分析框架》，《中国国土资源经济》2018年第1期。

曾芳芳、朱朝枝、赖世力：《法理视角下宅基地使用权制度演进及其启示》，《福建论坛》（人文社会科学版）2014年第8期。

曾旭晖、郭晓鸣：《传统农区宅基地"三权分置"路径研究——基于江西省余江区和四川省泸县宅基地制度改革案例》，《农业经济问题》2019年第6期。

张慧：《宅基地使用权制度中所有权权能虚化问题之辨析——以山东省莱阳市两村为例》，《山东农业大学学报》（社会科学版）2019年第4期。

张建文、李红玲：《宅基地使用权继承取得之否定——宅基地"法定租赁权"的解释路径》，《河北法学》2016年第12期。

张力、王年：《"三权分置"路径下农村宅基地资格权的制度表达》，《农业经济问题》2019年第4期。

张钦、汪振江：《农村集体土地成员权制度解构与变革》，《西部法学评论》2008年第3期。

张秋琴、罗海波、严金明、黄璐水：《农村宅基地退出意愿调查与可行性评价——以贵州省样本区为例》，《国土资源科技管理》2014年第4期。

张婷、张安录、邓松林：《期望收益、风险预期及农户宅基地退出行为——基于上海市松江区、金山区农户的实证分析》，《资源科学》2016年第8期。

张晓云、常军、杨俊：《户籍改革背景下宅基地使用权继承问题的思考》，《农村经济》2015年第1期。

张义博：《我国农村宅基地制度变迁研究》，《宏观经济研究》2017年第4期。

张雨榴、杨雨濛、严金明：《福利多元主义视角下宅基地资格权的性质与实现路径——以北京市魏善庄镇试点为例》，《中国土地科学》2020年第 1 期。

赵明月、王仰麟、胡智超、宋治清：《面向空心村综合整治的农村土地资源配置探析》，《地理科学进展》2016 年第 10 期。

浙江省农村宅基地制度改革政策研究课题组、徐幸、庞亚君：《农村宅基地"三权分置"的实践探索——浙、陕、赣宅基地改革调研报告》，《浙江经济》2019 年第 24 期。

郑风田：《让宅基地"三权分置"改革成为乡村振兴新抓手》，《人民论坛》2018 年第 10 期。

钟荣桂、吕萍：《江西余江宅基地制度改革试点经验与启示》，《经济体制改革》2018 年第 2 期。

钟文晶、罗必良：《禀赋效应、产权强度与农地流转抑制——基于广东省的实证分析》，《农业经济问题》2013 年第 3 期。

周文、赵方、杨飞、李鲁：《土地流转、户籍制度改革与中国城市化：理论与模拟》，《经济研究》2017 年第 6 期。

周小平、王情、谷晓坤、钱辉：《基于 Logistic 回归模型的农户宅基地置换效果影响因素研究——以上海市嘉定区外冈镇宅基地置换为例》，《资源科学》2015 年第 2 期。

周星：《基于共同富裕逻辑的土地制度改革研究》，《行政管理改革》2023 年第 2 期。

朱宝丽：《农村宅基地抵押的法律约束、实践与路径选择》，《生态经济》2011 年第 11 期。

朱涛：《论农民集体土地所有权之主体定位》，《人民论坛·学术前沿》2019 年第 22 期。

朱新华、蔡俊：《感知价值、可行能力对农户宅基地退出意愿的影响及其代际差异》，《中国土地科学》2016 年第 9 期。

朱新华、陈利根、付坚强：《农村宅基地制度变迁的规律及启示》，《中国土地科学》2012 年第 7 期。

诸培新、曲福田、孙卫东：《农村宅基地使用权流转的公平与效率分析》，《中国土地科学》2009 年第 5 期。

诸培新、曲福田、孙卫东：《农村宅基地使用权流转的公平与效率分析》，《中国土地科学》2009 年第 5 期。

邹伟、徐博、王子坤：《农户分化对宅基地使用权抵押融资意愿的影响——基于江苏省 1532 个样本数据》，《农村经济》2017 年第 8 期。

（二）外文期刊论文

Beresford P., Croft S., "Welfare Pluralism: The New Face of Fabianism", *Critical Social Policy*, Vol. 3, No. 9, 1983.

Cao, Q., Sarker, Md N. I., Sun J., "Model of the influencing factors of the withdrawal from rural homesteads in China: Application of grounded theory method", *Land Use Policy*, No. 85, 2019.

Chen, H., Zhao, L., Zhao, Z., "Influencing factors of farmers' willingness to withdraw from rural homesteads: A survey in zhejiang, China", *Land Use Policy*, No. 68, 2017.

Evers A. & Olk. T., "Wohlfahrts Pluralismus: Vom Wohlfahrts Staat Zur Wohlfahrts Gesellschaft", *Opladen*, No. 7, 1996.

Evers A., "Part of the Welfare Mix: the Third Sector as an Intermediate area", *Voluntas*, Vol. 6, No. 2, 1995.

Gao, J., Liu, Y., Chen, J., "China's initiatives towards rural land system reform", *Land Use Policy*, No. 94, 2020.

Kong, X., Liu, Y., Jiang, P., Tian, Y., Zou, Y., "A novel framework for rural homestead land transfer under collective ownership in China", *Land Use Policy*, No. 78, 2018.

Li, H., Zhang, X., Li, H., "Has farmer welfare improved after rural residential land circulation?", *Journal of Rural Studies*, 2019.

Li, Y., Liu, Y., Long, H., Cui, W., "Community-based rural residential land consolidation and allocationcan help to revitalize hollowed villages in traditional agriculturalareas of China: Evidence from Dancheng County, Henan Province", *Land Use Policy*, No. 39, 2014.

Liu, Y., Fang, F., Li, Y., "Key issues of land use in China and implications for policy making", *Land Use Policy*, No. 40, 2014.

Liu, Y., Li, J., Yang, Y., "Strategic adjustment of land use policy under the economic transformation", *Land Use Policy*, No. 74, 2018.

Long, H., Li, Y., Liu, Y., Wood, M., Zou, J., "Accelerated restructuring in rural China fueled by 'increasing vs. decreasing balance' land-use policy for dealing with hollowed villages", *Land Use Policy*, No. 29, 2012.

Lyu, P., Yu, M., Hu, Y., "Contradictions in and improvements to urban and rural residents' housing rights in China's urbanization process", *Habitat International*, Vol. 97, 2020.

L. E. Grand, J., Knights, "Knaves or Pawns? Human Behavior and Social Policy", *Journal of Social Policy*, Vol. 26, No. 2, 1997.

Michelman F. I., "In Pursuit of Constitutional Welfare Rights: One View of Rawls' Theory of Justice", *University of Pennsylvania Law Review*, Vol. 121, No. 5, 1973.

Pinker R., "Making sense of the mixed economy of welfare", *Social Policy and Administration*, Vol. 26, No. 4, 1992.

Shen, J. F., "A study of the temporary population in Chinese cities", *Habitat International*, No. 26, 2002.

Su, K., Hu, B., Shi, K., Zhang, Z., & Yang, Q., "The structural and functional evolution of rural homesteads in mountainous areas: A case study of

Sujiaying village in Yunnan province, China", *Land Use Policy*, No. 88, 2019.

Tian, C., Li F., "The Impossible in China's Homestead Management: Free Access, Marketization and Settlement Containment", *Sustainability*, Vol. 10, No. 3, 2018.

Wang, Q., Zhang, X., "Three Rights Separation: Chinas Proposed Rural Land Rights Reform and Four Types of Local Trials", *Land Use Policy*, No. 63, 2017.

Wang, H., Wang, L., Su, F., Tao, R., "Rural residential properties in China: Land use patterns, efficiency and prospects for reform", *Habitat International*, No. 36, 2012.

Wang, Y., Chen, L., Long, K., "Farmers' identity, property rights cognition and perception of rural residential land distributive justice in China: Findings from Nanjing, Jiangsu Province", *Habitat International*, No. 79, 2018.

Wu, Y., Mo, Z., Peng, Y., Skitmore, M., "Market-driven land nationalization in China: a new system for the capitalization of rural homesteads", *Land Use Policy*, No. 70, 2018.

Wu, L., Zhang, W., "Rural migrants' homeownership in Chinese urban destinations: Do institutional arrangements still matter after Hukou reform?", *Cities*, No. 79, 2018.

Zhou, Y., Li, X., Liu, Y., "Rural land system reforms in China: History, issues, measures and prospects", *Land Use Policy*, No. 91, 2020.

Zhou. M., Liu. S., Kate Bundorf M., et al., "Mortality In Rural China Declined As Health Insurance Coverage Increased, But No Evidence The Two Are Linked", *Health Affairs*, Vol. 36, No. 9, 2017.

三 学位论文类

陈扬众:《农村土地制度改革中农民集体成员权行使机制研究——基于农民财产权利自我保护的视角》,博士学位论文,中国人民大学,2017年。

黄贻芳:《农村宅基地退出中农民权益保护问题研究》,博士学位论文,华中农业大学,2014年。

任中秀:《德国团体法中的成员权研究》,博士学位论文,山东大学,2014年。

谭荣:《农地非农化的效率:资源配置、治理结构与制度环境》,博士学位论文,南京农业大学,2008年。

王乾熙:《集体土地所有权基础构造及其区域分异形式》,博士学位论文,浙江大学,2018年。

吴睿:《论农民的法定权利及其实现》,博士学位论文,苏州大学,2013年。

张勇:《农村宅基地退出补偿与激励机制研究》,博士学位论文,中国矿业大学,2016年。

张振勇:《农村宅基地制度演化研究》,博士学位论文,山东农业大学,2013年。

附录 1

改革开放以来中央一号文件涉及宅基地制度的文件

时间	政策文件
1982 年	《全国农村工作会议纪要》：给包产到户正式上社会主义户口
1984 年	《关于一九八四年农村工作的通知》：发展商品生产，抓好商品流通
1985 年	《关于进一步活跃农村经济的十项政策》：调整产业结构，取消统购统销
2005 年	《中共中央 国务院关于进一步加强农村工作提高农业综合生产能力若干政策的意见》：加强农民宅基地管理，鼓励农村开展土地整理和村庄整治，推动新办乡村工业向镇区集中，提高农村各类用地的利用率
2006 年	《中共中央 国务院关于推进社会主义新农村建设的若干意见》：加强宅基地规划和管理，大力节约村庄建设用地
2008 年	《中共中央 国务院关于切实加强农业基础建设进一步促进农业发展农民增收的若干意见》：第三次明确城镇居民不得到农村购买宅基地、农民住宅或"小产权房"。依法规范农民宅基地整理工作
2009 年	《中共中央 国务院关于2009年促进农业稳定发展农民持续增收的若干意见》：科学合理安排宅基地，根据区域资源条件修订宅基地使用标准
2010 年	《中共中央 国务院关于加大统筹城乡发展力度进一步夯实农业农村发展基础的若干意见》：加快宅基地使用权确权登记颁证工作
2012 年	《中共中央 国务院关于加快推进农业科技创新持续增强农产品供给保障能力的若干意见》：推进包括农户宅基地在内的农村集体建设用地使用权确权登记颁证工作
2013 年	《中共中央 国务院关于加快发展现代农业进一步增强农村发展活力的若干意见》：改革和完善农村宅基地制度，加强管理，依法保障农户宅基地使用权。加快宅基地所有权和使用权地籍调查，尽快完成确权登记颁证工作
2014 年	《中共中央 国务院关于全面深化农村改革加快推进农业现代化的若干意见》：第十九条首次专门对完善宅基地管理制度进行要求
2015 年	《中共中央 国务院关于加大改革创新力度加快农业现代化建设的若干意见》：现阶段，不得将农民进城落户与退出宅基地使用权相挂钩。分类实施农村土地征收、集体经营性建设用地入市、宅基地制度改革试点

附录1 改革开放以来中央一号文件涉及宅基地制度的文件

续表

时间	政策文件
2016年	《中共中央 国务院关于落实发展新理念加快农业现代化实现全面小康目标的若干意见》：维护进城落户农民宅基地使用权，加快推进房地一体的宅基地使用权确权登记颁证，推进宅基地制度改革试点，完善宅基地权益保障和取得方式，探索农民住房保障新机制
2017年	《中共中央 国务院关于深入推进农业供给侧结构性改革加快培育农业农村发展新动能的若干意见》：统筹协调推进"三块地"改革
2018年	《中共中央 国务院关于实施乡村振兴战略的意见》：将宅基地"三权分置"改革构想在乡村振兴战略制度性供给中进行部署
2019年	《中共中央 国务院关于坚持农业农村优先发展做好"三农"工作的若干意见》：要求稳慎推进农村宅基地制度改革
2020年	《中共中央 国务院关于抓好"三农"领域重点工作确保如期实现全面小康的意见》：扎实推进宅基地使用权确权登记颁证。以探索宅基地所有权、资格权、使用权"三权分置"为重点，进一步深化农村宅基地制度改革试点
2021年	《中共中央 国务院关于全面推进乡村振兴加快农业农村现代化的意见》：加强宅基地管理，稳慎推进农村宅基地制度改革试点，探索宅基地所有权、资格权、使用权分置有效实现形式。规范开展房地一体宅基地日常登记颁证工作

附录 2

北京市大兴区宅基地制度改革相关政策

附表 2-1　　大兴区宅基地制度改革试点制度汇总

序号	文件名	主要内容
1	《北京市规划和国土资源管理委员会关于印发〈大兴区农村宅基地及房屋确权登记试点工作指导意见〉的函》	充分保护不动产权利人的合法权益，保障宅基地制度试点改革工作顺利进行
2	《关于印发〈关于规范引导盘活利用农民闲置房屋增加农民财产性收入的指导意见〉的通知》	规范引导利用农民闲置房屋，增加农民财产性收入
3	《北京市规划和国土资源管理委员会大兴分局关于征求〈大兴区农村宅基地及房屋确权登记试点工作方案〉意见的函》	充分保护不动产权利人的合法权益，保障宅基地制度试点改革工作顺利进行
4	《中共北京市大兴区委、北京市大兴区人民政府印发〈落实乡村振兴战略的实施意见〉的通知》	推动农村土地制度改革
5	《村庄规划导则》	促进村庄规划编制的科学性、实用性、示范性
6	《大兴区实施村庄整体改造加强农村住宅用地管理的若干意见（试行）》	优化城乡空间布局结构，提高土地利用效率，破解土地资源约束瓶颈，推进以人为核心的新型城镇化发展
7	《大兴区农村宅基地管理办法（试行）》	规范宅基地审批管理，建立宅基地有偿使用制度和自愿有偿退出机制
8	《大兴区农村有机更新及整体改造基本流程》	推进农村改造
9	《大兴区农村宅基地取得置换暂行办法》	探索农民住房保障的多种实现形式，确保农民"户有所居"

附录2 北京市大兴区宅基地制度改革相关政策

续表

序号	文件名	主要内容
10	《大兴区农村宅基地使用权流转与退出暂行办法》	加强农村宅基地管理,规范农村宅基地使用权流转,维护集体土地所有权和宅基地使用权人的合法权益,促进土地资源的优化配置和高效集约利用
11	《大兴区农村宅基地有偿使用暂行办法》	分类建立农村宅基地有期、有偿使用制度,依法保障宅基地用益物权,提高农村宅基地节约集约利用水平
12	《大兴区农村宅基地历史遗留问题处理暂行办法》	妥善解决全区农村宅基地历史遗留问题
13	《大兴区农村土地民主管理暂行办法》	充分发挥村民自治组织对农村土地的民主管理作用,建立健全村级民主管理制度,提升村级集体经济组织依法管理土地的能力
14	《大兴区农村集体经济组织成员和户的认定办法》	深化农村产权制度改革,切实保障集体经济组织成员的合法权益
15	《大兴区农民住房财产权抵押贷款实施办法》	加大对"三农"金融支持力度,赋予农民更多的财产权利,同时防范贷款风险,维护借贷双方合法权益,审慎稳妥推进农民住房财产权抵押担保转让试点
16	《大兴区农村集体经济组织宅基地收益分配管理办法》	做好农村集体经济组织宅基地收益分配管理

附录3

魏善庄镇三村宅基地改造的相关资料

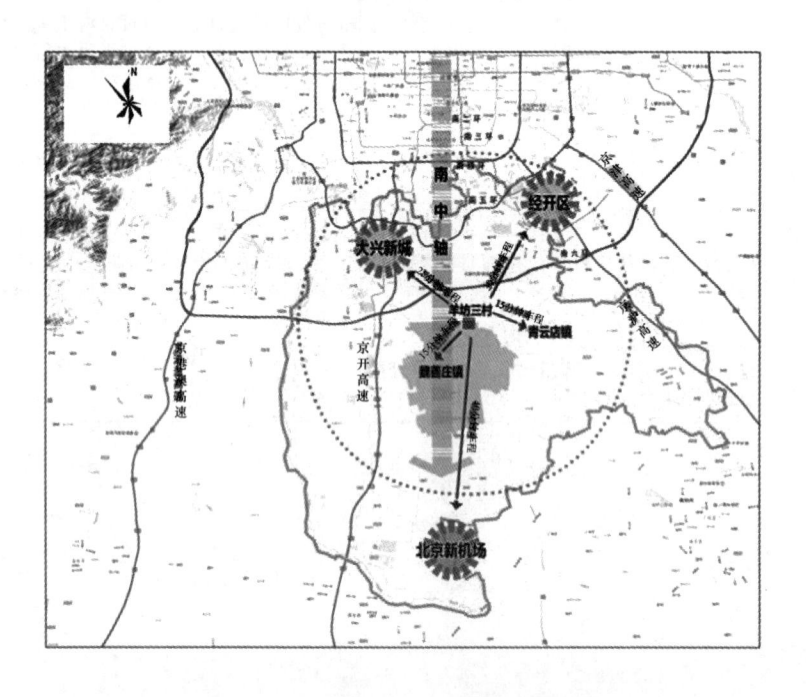

附图3-1 魏善庄镇羊坊三村区位

附录3 魏善庄镇三村宅基地改造的相关资料

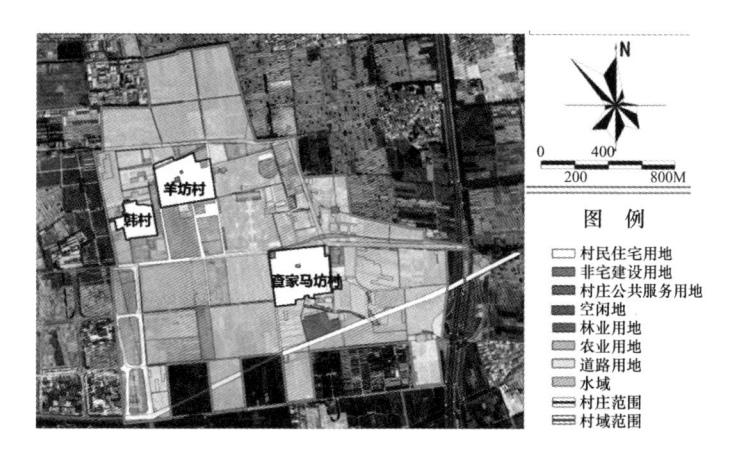

附图3-2 羊坊村、韩村、查家马坊村现状宅基地位置关系及土地利用现状

附图3-3 魏善庄羊坊三村调研实拍（2019年）

附录 4

安定镇四村宅基地改造的相关资料

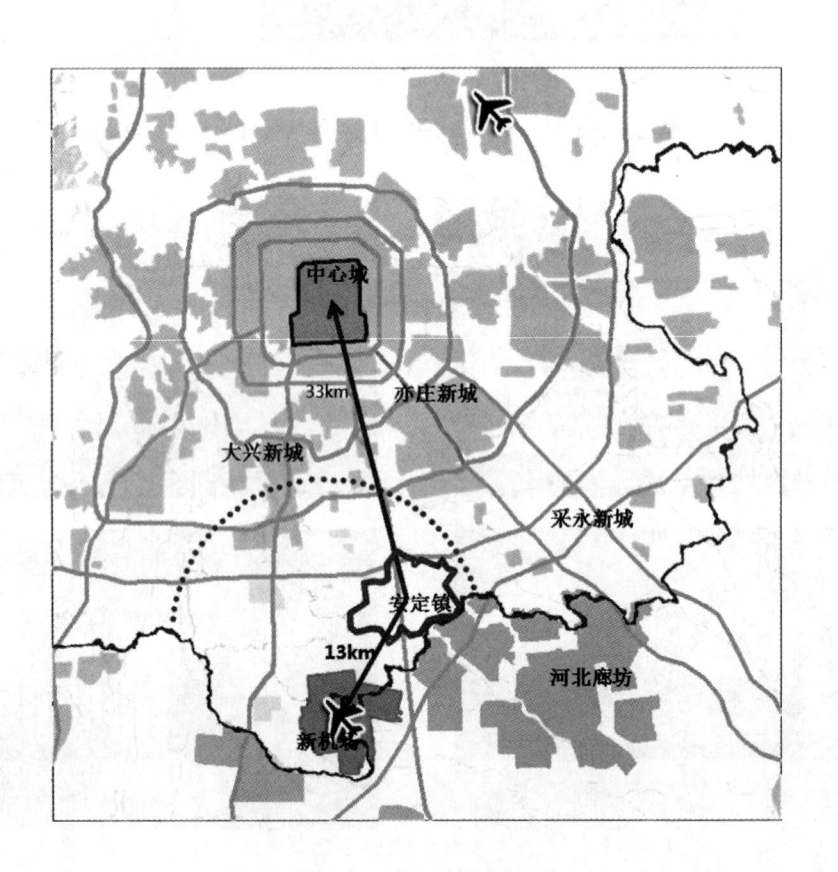

附图 4-1 安定镇区位示意

附录4 安定镇四村宅基地改造的相关资料

附图4-2 站上村、高店村、郑福庄村、善台子村及垃圾填埋场现状宅基地位置关系

附图4-3 安定镇四村改造前村庄调研实拍（2019年）

· 251 ·

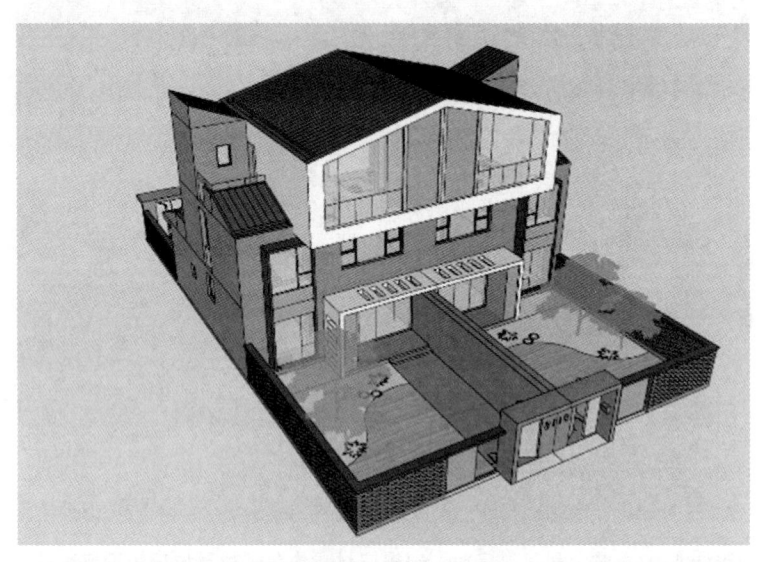

附图4-4 安定镇四村改造后部分农宅设计图与实景

附录 5

重庆市梁平区闲置宅基地盘活试验改革相关资料

附表 5-1　梁平区闲置宅基地盘活试验相关制度梳理

序号	年份	文件名称
1	2020 年	《梁平区关于农村宅基地审批管理的通知》
2	2020 年	《梁平区农村闲置宅基地盘活利用改革实施方案》
3	2020 年	《梁平区农村闲置宅基地退出管理办法（试行）》
4	2020 年	《重庆市梁平区农村宅基地流转管理办法（试行）》
5	2020 年	《梁平区农村居民房屋抵押登记实施细则》
6	2020 年	《梁平区农村宅基地资格权认定暂行办法》
7	2020 年	《梁平区竹山镇农村闲置宅基地退出管理办法（试行）》
8	2022 年	《梁平区农业农村委员会关于农村闲置宅基地盘活利用的自评报告》
9	2023 年	《重庆市梁平区农村宅基地资格权认定管理办法（试行）》

附录 6

竹山镇闲置宅基地盘活试验相关资料

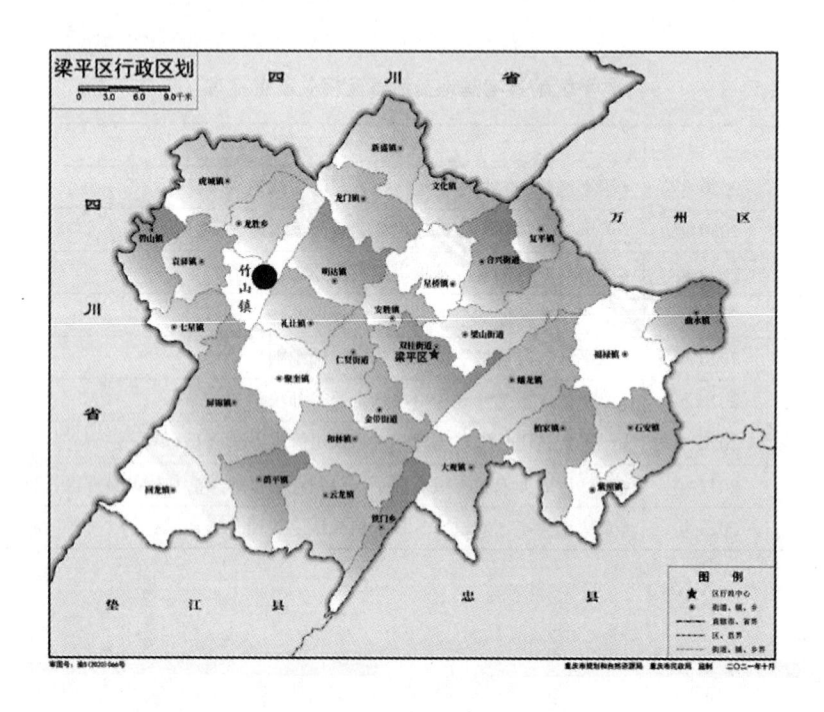

附图 6-1　梁平区竹山镇区位

附录6　竹山镇闲置宅基地盘活试验相关资料

附图6-2　竹山镇闲置宅基地盘活改造后实景

后　记

　　本书起源于北京市大兴区宅基地制度改革经验调研。调研契机来源于我的博士生导师严金明教授与北京市规划与自然资源委员会大兴分局的课题合作。在严金明教授的支持下，我和我的同门师弟、师妹们对大兴区宅基地制度改革进行了前后长达半年的深入调研和资料搜集。在这个过程中，严金明教授从理论和调查研究方面都给予了深入的指导。大兴分局的主要领导和相关工作人员为我们展开细致的调研给予了极大的便利，尤其非常支持我们对其中涉及的问题进行研究。在各方的支持和帮助之下，我形成了以大兴区试点经验为基础的博士学位论文稿件并顺利毕业。在毕业之后，严金明教授多次主动关心我博士学位论文转化情况，在得知我希望将博士学位论文出书的时候，也给予了我极大的鼓励和帮助。

　　在我希望对重庆市宅基地制度改革经验做出对比研究时，单位领导和同事都给予了我非常关键的帮助。谢来位教授对书稿的最终形成给予了指导，文茂伟教授为我联系梁平区竹山镇负责宅基地制度改革的干部，为我后续的调研提供了极大的便利。

　　2020这个庚子年，注定不凡。在这一年完成博士学业，拿到人生中的最高学位，我将毕生难忘。2022年末我决定开始对博士学位论文

后 记

进行集中修改完善,并最终在世纪疫情结束之时有了书稿初稿并最终在 2023 年的冬天成稿。感谢这个时代给予我在彷徨和挣扎中保持前进的机会。

张雨榴

2020 年于北京

2023 年于重庆